Klaus Harms · Der Möglichmacher

Klaus Harms, geboren 1950 in Wuppertal, einer der Geburtsstädte des Free-Jazz, studierte Theologie, Pädagogik und Psychologie. In Schülerzeiten gehörte er als Gitarrist zur Beat-Band-Szene. Später folgte mit dem Kontrabass die Öffnung für den Jazz. Als Angehöriger der 68er – Generation studierte er an der »roten« Uni Marburg. Die südamerikanische »Theologie der Befreiung« übte einen prägenden Einfluss auf ihn aus. Emanzipation und Selbstwerdung waren die Themen dieser Zeit. Durch die frühe Begegnung mit dem Buddhismus bekamen diese Impulse einen spirituellen Grund. Es folgten Jahre in psychosozialen und lehrenden Berufen. Klaus Harms lebt z.Z. in Wuppertal, schreibt, komponiert – und arbeitet als psychologischer Berater.
Bisherige Veröffentlichungen – neben diversen wissenschaftlichen Publikationen: »Die Reise nach überall«, »Der Ralasander«, »Das Mondschiff«.

Klaus Harms

Der Möglichmacher

Roman

NORDPARK

Bibliografische Information der Deutschen Nationalbibliothek
Die Deutsche Nationalbibliothek verzeichnet diese Publikation in der Deutschen Nationalbibliografie; detaillierte bibliografische Daten sind im Internet über http://dnb.d-nb.de abrufbar.

Originalausgabe
2017

Umschlagbild: Jorgo Schäfer

Gesetzt in der Sabon
Herstellung: Books on Demand GmbH, Norderstedt

ISBN 978-3-943940-36-7

NordPark Verlag · Klingelholl 53 · D 42281 Wuppertal
www.nordpark-verlag.de

MIX
Papier aus verantwortungsvollen Quellen
Paper from responsible sources
FSC® C105338

Prolog 9

I Unsere Tour hatte begonnen, zweifellos 13

II Sie kam leise im Dunkeln 74

III Fahr! 93

IV Es war der erste Wolf 152

V Ausfallstraße nach Westen 247

Epilog 270

Ich habe keine Lebensgeschichte.
Ich habe nur Tee getrunken
und Tsampa gegessen.

Lama Gendün Rinpoche

Für Röckchen

Prolog

Die Rückschau ist nicht meine Lieblingsperspektive. Aber sie stellt sich ungebeten ein, ausgerechnet, seit mir das Umdrehen schwerer zu fallen beginnt. Das Älterwerden bringt Paradoxien mit sich. Es ist nicht notwendig an ein bestimmtes Lebensalter gekoppelt. Zahlen sind nicht bindend. Es schleicht sich irgendwann an, und wenn du es bemerkst, hat es längst Teile deines Innenraums erobert.

Auf einmal siehst du Krähen auf dem Dach. Auf einmal sinkst du nach einem Konzert in graue Leere, bist erstaunlich lange zufrieden, wenn du mittags unter einem Plaid auf der Liege gar nichts denkst. Oder der Winter wird dir zum Feind, die Kälte greift dir an´s Gemüt. Blattlose Bäume werden zum Symbol.

Nein, schön ist das nicht. Ein Hauch von Melancholie und Abschied legt sich über Kinobesuche, Wanderungen und Beischlaf. Ein leises, trauriges Ziehen im Inneren wird zum ständigen Begleiter. Es ist die Einsamkeit dessen, der weiß, dass er demnächst gehen wird. Es ist phasenweise ein Schonnicht-mehr-so-richtig-Dazugehören, unterbrochen von dem trügerischen Gefühl, alles sei unverändert intakt.

Das alles spielt sich im Verborgenen ab. Das Leben drumherum bleibt vorerst, wie es ist. Die heimliche Wandlung vollzieht sich für andere unsichtbar. Willst du sie mit jemandem teilen, stößt du auf Unverständnis oder joviales Schulterklopfen.

Noch mit vierzig habe ich in die Zukunft geschaut wie auf´s offene Meer. Jetzt erscheint mir die kommende Zeit wie der Aufschub des Unvermeidlichen. Eine ungemütliche Furcht hat Besitz von mir ergriffen.

Auch macht sich in mir eine Unsicherheit breit. Von allen Seiten wird mir angetragen, ich solle mich im Loslassen üben, das Leben mit leichter Hand dahin zu geben, sei die Kunst des Altwerdens.

Aber wie kann ich etwas leichthin aufgeben, womit ich glücklich bin? Je mehr ich fühle, dass mir das Leben gelungen ist und dass ich Erfüllung gefunden habe, desto schwerer muss es mir doch fallen, es preiszugeben. Auch so eine Paradoxie. Viele versuchen es auf dem Umweg über die Entwertung: das Leben als Jammertal, der Tod als Erlösung, die Zukunft danach als eschatologisches Wunder. Aber das liegt mir nicht. Ich halte es für wenig wahrscheinlich, dass es so kommt. Da bin ich nüchtern.

Eher bin ich bereit zu sagen: Es ist genug. Auf das, was kommt, bin ich nicht neugierig. Die mentalen Aussetzer, die Paradontose, den süßlich milden Geruch des Alters in den Klamotten, die hilflosen Fragmente der Lust und die Harmlosigkeit des Greisen will ich nicht erleben.

Es ist unverantwortlich, aber ich möchte gehen. Ja, ich denke, es ist Zeit.

Wenn es doch etwas gibt, das einen Aufschub rechtfertigt, dann ist dies der frühe Tod meines Freundes Pecko. Von allen, denen ich durch Freundschaft verbunden bin, ist er der Prägnanteste, der, der den meisten formenden Einfluss auf mich hatte. Sicher auch der, der die meisten Fragezeichen hinterlassen hat. Unser beider Leben berührten sich nur an den Rändern. Wir haben nicht viel Zeit miteinander verbracht, aber immer folgten unseren Begegnungen Richtungswechsel, Bedeutungswandel, Suche.

Nie bin ich mit ihm mitgefahren. Ich habe nicht einmal gefragt.

Gäbe es etwas, wofür zu bleiben sich noch eine Weile Gründe fänden, wäre dies eine wilde und gefährliche Reise mit Pecko.

Es wäre schön, würde sich unter meinen Erinnerungen die an eine gemeinsame Tour mit ihm finden.

Nein, es wäre nicht nur schön, es ist mir unverzichtbar. Ich werde mir noch eine Zeit nehmen, um diese Reise zu schreiben.

Die Imagination hat ja eine ähnliche Qualität wie die Erinnerung. Beide sind Bilder für etwas, das es nicht gibt, reine Gedankenräume. Und so können wir fehlende Erinnerungen und Erfahrungen durch Einbildung ersetzen, Imagination, können reisen, wohin und mit wem wir wollen. Ein freies Spiel des Geistes.

I

Es war der Tag, an dem Pecko seinen Wagen packte. Einige seiner wenigen Habseligkeiten waren schon im Tourbus verschwunden, da nahm er ein letztes Mal den Weg vom Haus zum Wagen, auf dem Rücken sein riesiger, schwarz umhüllter Kontrabass, in der Linken eine Segeltuchtasche. Er sah mich mit geradem Blick an, nahm ein Briefcouvert entgegen, das ich ihm hinstreckte, und sagte: »Danke.« Ein Lächeln noch, das seine Augen für einen Moment wärmer werden ließ, dann stieg er ein.

Das war der Augenblick, in dem ich rief, was ich ihm so oft stumm hinterher gerufen hatte. Wenn er bei mir im Garten gesessen und nach dem letzten Grappa gesagt hatte: »Ich muss jetzt los.« Wenn ich ihm im Café du Congo den obligatorischen Umschlag über den Tisch geschoben hatte und die Antwort bekam: »Das ist es, was ich an dir so schätze.« Er schaute nie hinein. Er wusste, dass das kleine, schwere, spindelartige Ding darin wieder intakt war für die nächste Konzertreise. Ich rief also, ohne es geplant zu haben und mit der Ahnung, dass dies die letzte Möglichkeit war: »Nimm mich doch gottverdammtnochmal mit!« Und schon gefiel es mir nicht mehr. Besser wäre ein lautes und klares: »Ich will ...!« gewesen.

Er drehte sich um. Ich sah, dass er blass war und müde. Die Operation hatte Spuren hinterlassen. Noch einmal wurden seine Augen wärmer. Ich hörte sein Ok nicht, aber es kam rüber, in einem kaum sichtbaren Nicken, fast ein bisschen erleichtert. Mir war eine leise Traurigkeit in seinem Abschied nicht entgangen. Für gewöhnlich reiste er voller Ideen und eher euphorisch ab. Vor seiner Amerikatournee hatte er für niemanden Zeit gehabt. Vor seiner letzten Griechenlandtour hatte er nur so gesprüht. Aber diesmal war ein feiner Zug von Melancholie und Zurückhaltung zu spüren, vielleicht auch ein leises Ahnen, dass seine schier unauslotbaren Kräfte an ihre Grenze geraten waren.

Von allem, was dann war, ist mir nur noch sein leicht amüsiertes Erstaunen in Erinnerung, als er mich wenig später mit meinem Kontrabass da stehen sah. Er sagte nichts, aber alles in ihm fragte: »Was willst Du jetzt damit?« Und wir hatten eine Weile damit zu tun, unser Gepäck und die beiden Bässe zu verstauen.

Bevor er losfuhr, schaute er mich noch einmal an. Dann zog er die Nase hoch und legte den Gang ein.

Ich war nur kurz zu Hause gewesen. Ich brauchte nicht viel Zeit, um zu packen. Pecko hatte mir von seiner New Yorker Wohnung erzählt, wo es außer ein paar Gegenständen für den täglichen Bedarf nur ein Futonbett und seinen Kontrabass gab. Das Bild einer bis auf diese wenigen Dinge leeren Wohnung half mir, mich zu beschränken. Schreibzeug brauchte ich, meinen Bass, Wäsche, Outdoorklamotten, keine Noten, meine Kamera, mein Tagebuch. Irgendwie nur mich. Zurück blieb mein bisheriges Leben. Henriette, der ich keine Gelegenheit zu Verstehen und Abschied bot, meine beiden erwachsenen, mit ihrem Leben und mit ihren Familien befassten Söhne, denen ich keine Erklärung gab, und eine Menge unerledigter beruflicher und privater Verbindlichkeiten, mit denen ich Henriette allein ließ, ich Schwein. Das Haus, das ich jahrelang saniert hatte, die Holzdielen, die Kopfsteinpflaster-Terrasse, der sorgsam nach dem Plan einer Gartenbauarchitektin angelegte Garten, der kleine Erker mit dem Frühstückstischchen und den beiden grau lackierten Stühlen. Die Bücher, – die Bücher. Ich schloss ein Leben ein, das nicht mehr meines war, als ich die Haustüre absperrte, und wunderte mich, wie leicht mir das fiel, wie brutal ich mit Henriette sein konnte, wie feige ich war, wie fahnenflüchtig. Ich drehte mich nicht einmal mehr um, als sei diese Reise eine längst beschlossene Sache gewesen, als hätte ich dieses eben abgesperrte Leben schon vor langer Zeit verlassen.

Im Bus kramte ich in meiner Hosentasche nach einem Taschentuch und tastete den Hausschlüssel. Er flog im Bogen aus dem Fenster, bevor irgendeine Aufsicht führende Instanz in meinem Inneren Einspruch erheben konnte.

Unsere Tour hatte begonnen, zweifellos.

Ein langgezogener Trompetenton drang in meinen Schlaf und zog mich unnachgiebig ins dämmrige Hier und Jetzt.

Pecko hatte das Autoradio eingeschaltet und suchte vergeblich nach einem Verkehrsfunksender. Schließlich blieb er an einer alten Miles Davis-Nummer hängen und klopfte mit den Fingern den Beat ins Lenkrad.

Mein Mund war trocken. Ich fühlte mich klamm.

Draußen zogen Weinberge vorbei. Kaum zu erkennen in Zwielicht und Regen. Der Fahrtwind trieb Tropfen fächerförmig über die Seitenscheibe. Ein glitzernder, perlender Vorhang, der den letzten, fahlen Lichtschimmer brach.

Ich lehnte mich zurück und fühlte, wie die Spannung im Bauch nachließ. Ich atmete tief und langsam. Es gab nichts zu tun im Augenblick. Ich konnte nicht mehr eingreifen. Alle Entscheidungen waren gefallen.

Eigentlich hätte ich jetzt Angst haben müssen, richtige Angst, existenzielle Angst. Aber nichts tat sich. Ich horchte eine Weile in mich hinein, als würde ich auf einer Kellertreppe stehen, um da unten im Dunkeln nach verdächtigen Geräuschen zu forschen.

Aber keine Spur von Bedrohung, kein Laut, der Böses ahnen ließ.

Ich war im Schlaf tief in den Sitz gerutscht und blieb erst einmal so liegen, ohne zu erkennen zu geben, dass ich wach geworden war. Durch schmale Lidschlitze sah ich das graue Straßenband auf uns zu treiben. Der alte Bus schluckte die weißen Fahrbahnmarkierungen wie ein behäbiges, gefräßiges Tier. Mal langsam, wenn er mühsam eine Steigung nahm, mal flotter, wenn er sich stöhnend zu Tal gleiten ließ. Der Diesel ließ alles um mich herum vibrieren. Die Scheibenwischer fuhren müde hin und her.

Ein fast vergessenes, lange nicht empfundenes Gefühl stellte sich ein. Ich hatte nichts Wichtigeres zu tun, als hier in diesem Bus zu sitzen. Ich hatte nichts vor, keine Pläne, kein Ziel.

Es war, als hätte ich unter eine lange Aufgabenliste einen Strich gezogen: erledigt.

Und alles war gut. Für den Moment jedenfalls.

Meine zum Spalt geöffneten Augen legten eine Art Unschärfe und Unwirklichkeit über alles, was draußen an uns vorüber zog. Manchmal hatte ich das Gefühl, der Bus würde sich von dem grünbraunen Band der Landschaft langsam ablösen und zu fliegen beginnen. Könnte ich sonst glaubhaft machen, dass wir in so kurzer Zeit solche Distanzen überwanden? Wir sind zeitweise geflogen. Ich bleibe dabei. Das erspart mir Erklärungen. Und wir konnten fremde Sprachen und Dialekte verstehen und sprechen. Das erleichtert mir das Erzählen, außerdem bliebe sonst manches unverständlich. In besonderen, mit Bedeutung aufgeladenen Zeiten ist das möglich, dass man fliegt und versteht. Es ist wie im Traum, nur klarer und wirklicher.

Vor vier Tagen hatte ich noch wie so oft mit Pecko im Garten gesessen. Regelmäßig, alle paar Monate stand er plötzlich da. Er meldete sich nie an. Kam von irgendwo und musste meist schnell wieder weg nach anderswo. Und diese Pausen, wenn er das kleine Messingding zur Reparatur mitbrachte, gehörten uns. Er besaß zwei dieser sensiblen Polytone-Pickups, die mit schöner Regelmäßigkeit ihren Dienst quittierten, weil er sie wie alle seine Sachen nachlässig behandelte. Sie flogen in einer verschossenen blassgrünen Leinentasche herum – zusammen mit verdreckten Kabeln und Kolophonium. Er liebte diesen Polytone-Sound. Er passte perfekt zu seinem alten Sunn-Verstärker, den er Dave Holland einmal abgehandelt hatte. Ein elend schweres Röhrenmonstrum, dessen klangliche Schwächen sich eigentümlich ergänzten mit der Charakteristik der Pickups. Ihr von Hause aus knochiger, hohler und in den Bässen eher flacher Sound wurde irgendwie geheilt, wenn Pecko den Klinkenstecker unter dem Sunn-Logo einstöpselte. Die ungeheure Basswucht der alten Röhrenkolben riss den Ton in die Tiefe und füllte ihn mit Wärme und Behaglichkeit. Den Überschuss an hohen Frequenzen konnte der Amp eh nicht verarbeiten und ignorierte ihn einfach. So formte sich ein kraftvoller, entschlossener und unwiderstehlicher Bass-Sound, der sich durchsetzte, ob Pecko allein auf der Bühne stand oder gegen ein vielköpfiges Orchester anspielen musste.

Vor Jahren, als dieses Verstärker-Urgestein einmal versagt hatte und mit einem schrillen Laut abgeraucht war, hatte er lange nach einem Techniker suchen müssen, der helfen konnte. Schließlich stellte sich heraus, dass das Innenleben des Veteranen marode und nicht mehr zu retten war.

Kurzerhand ließ Pecko den Amp komplett rekonstruieren, was der Tüftler so großartig hinbekam, dass der Sound um noch ein paar Spitzlichter reicher wurde und Pecko restlos begeisterte.

Nun besaß er ein Unikat: In einem abgeschabten Gehäuse, dessen fleckiger Tweedbezug in Fetzen hing, steckte ein nagelneues, gediegenes, handverlötetes Verstärkerchassis, dem man ein langes Leben und jede Menge Kraft zutrauen konnte.

Ähnlich verhielt es sich mit seinem Kontrabass. Eines Morgens – lange her – stand er plötzlich in Peckos Wohn-Arbeits- und Schlafraum. Düster, trotzig, abgewrackt – aber irgendwie imposant. Wie ein großes Stück Treibholz. Mehr schwarz als braun. Die Ränder der Decke und des Bodens ausgefranst und brüchig. Der Saitenhalter hing ohnmächtig herab. Der voluminöse Korpus war übersät mit Schrammen, tiefen Wunden und Verfärbungen.

Ein langer Riss zog sich vom unteren Korpusrand bis über die Stelle, unter der gewöhnlich der Stimmstock klemmt. Der jedoch war nicht mehr auf seinem Posten und kollerte müde im Inneren des toten Giganten.

Pecko fing meinen hilflosen Blick auf und erklärte mir, er habe das Teil von einem alten Mann – Dachbodenfund. Mehr war nicht aus ihm heraus zu bekommen. Er murmelte noch etwas von »Substanz« und »Fritz wird sich drum kümmern«.

Fritz war ein Alleskönner, der gut versteckt in einem Hinterhaus eine kleine Werkstatt betrieb. Wer ihm jemals Aufträge gab, womit er eigentlich sein Geld verdiente, blieb mir immer unklar. Er war kein gelernter Geigenbauer, konnte aber ein Kontrabassgriffbrett abrichten wie kein Zweiter. Er hatte ganz sicher keinen Gewerbeschein, handelte aber mit Basssaiten und machte die besten Preise. Er besaß kein

Kapital, hatte aber einen alten Feuerwehrmaterialwagen erworben und so clever ausgebaut, dass er in den Sommermonaten, die er regelmäßig in Südeuropa verbrachte, keine Ferienwohnung und kein Hotel brauchte. Seine roten, drallen Wangen und die dunklen Knopfaugen waren umrahmt von einem kohlrabenschwarzen Bart und einer in alle Richtungen explodierenden Haarmähne. Sprach man mit ihm, wurde der Blick unwillkürlich in die Mitte gezogen und auf seine kurze Nase gelenkt, was er überhaupt nicht gut vertrug und mit Stottern und Stammeln quittierte. Wollte man etwas mit ihm klären, musste man seitlich an ihm vorbeischauen, unauffällig, keinesfalls so, dass er die Absicht durchschaute. Dann hatte man Chancen.

Für Reparaturaufträge brauchte Fritz jede Menge Zeit. Drängeln führte unweigerlich zu weiterer Verzögerung. Ließ man ihm den Eigensinn, wurde man mit einem bestens bespielbaren und wunderbar klingenden Instrument belohnt.

Es dauerte also lange, bis Pecko seinen Bass wiedersah. Und es war ein imponierender Anblick. Noch immer schwärzlich – braun, noch immer mit Abschürfungen und Wunden übersät stand er mächtig da in Fritzens Werkstatt. Als hätte er sich aus einem Meer von Dreck, Spänen und Ebenholzlöckchen erhoben, um sich nach langen Jahren wieder zu Wort zu melden. Was noch vor Wochen leblos an ihm herabgehangen hatte, befand sich nun in straffer Ordnung. Der kräftige, breitbeinige Steg stemmte sich unter einen nagelneuen Satz Thomastik-Saiten, deren rote Strümpfe in einem gleichfalls neuen Saitenhalter steckten. Auch den Stachel hatte Fritz ausgetauscht: gebürsteter Edelstahl. Der lange Riss im Korpus war ausgespänt und geheilt. Die Decke war wieder glatt und ließ die prüfenden Fingerkuppen keinerlei Versprung fühlen. Was aber das Beeindruckendste war: Fritz hatte Korpus, Hals und Wirbelkasten gelassen, wie sie waren. Keine Auffrischung des Lacks. Keine Schönheitsreparaturen. Pure Geschichte. Es war, als würde eine Mumie unvermutet den Mund öffnen und von vergangenen Epochen erzählen. Eine unglaubliche Auferstehung. Pecko, der jeden Bass, den er in die Finger bekam, augenblicklich anspielte, blieb erst einmal stumm in der Tür stehen. Dann näherte er sich vorsichtig der Respekt einflößenden Erscheinung. Mir fiel, als ich diesen Bass sah, das Wort »Vater« ein. Das war nicht irgendein Bass. Das war der Vater aller Bässe. Vielleicht ist es Pecko in diesem Augenblick ähnlich ergangen. Die ersten Spielversuche fielen jedenfalls zurückhaltend aus. Und es waren noch einige Veränderungen nötig, bis Pecko und Vater Bass zueinander fanden. Dann aber endlich nach noch einmal ein paar Wochen hörte ich ihn auf der Straße schon: tief, voller Kraft, warm und singend. Das war er, das war Peckos Bass. Voluminös, von hässlicher Schönheit, aufrecht, unbeugsam wie ein Kriegsveteran, älter und erfahrener als jeder, der ihn von nun an zum Klingen brächte.

Mir lag er nicht. Ich habe ihn nur wenige Male zu spielen versucht. Bei mir klang er stumpf, ohne dieses wohlige Schnurren. Die Saitenlage war so hoch eingestellt, dass es enorme Kräfte brauchte, um den nötigen Anpressdruck auf dem Griffbrett zu erzeugen. Der Hals lag schwer und klobig in der Hand. Ihm fehlte jede Eleganz, dieses feine Schimmern der Ahornflammen, das seidigglatte Gleiten beim Lagenwechsel, das ich von anderen Bässen kannte. Er fühlte sich an wie ein Knüppel – ein Halbrund aus einfacher Buche, gedeckelt von einem kantigen, dicken Ebenholzgriffbrett. Nicht seidig, eher speckig. Und das ranzige Aroma, das Peckos Handschweiß auf den Saiten hinterlassen hatte, wirkte auch nicht einladend. Die beiden waren eins geworden, und es machte keinen Sinn, auf seinem Bass zu spielen. Es war seiner.

Peckos Hände waren breit, kräftig und entschlossen. Er suchte keinen Ton auf dem Griffbrett, er forderte ihn. Wenn er loslegte, war es, als warteten sämtliche spielbaren Töne in gespannter Bereitschaft. Da schlummerte keiner, da waren alle hellwach und augenblicklich bereit zu reagieren. Wie eine Belegschaft, durch die spürbar ein Ruck geht, wenn der Chef den Laden betritt. Peckos Finger schnappten zielsicher und perkussiv zu, sodass schon ein Ton entstand, bevor er mit dem seitlich abwärts gewandten Zeigefinger seiner rechten Hand die Saite anriss. Wechselte er in die Daumenlage, schlug er die Schwielen seines linken Daumens so hart und trocken auf die Oktave, dass der Ton sich nahtlos in eine nach oben gespielte Linie fügte und zur Basis für seine ausgedehnten Ausflüge in die obersten Lagen wurde. Minutenlang hing er dann über dem schwärzlichen Korpus, verschmolz im trüben Licht verrauchter Clubs mit den Umrissen seines Vertrauten. Ergiebig tropfte sein Schweiß, während der Bogen über die Saiten flog, wispernd und schwirrend, sägend und penetrant, singend und schwadronierend. Aderbäumchen schwollen an seinen Schläfen, Speichel rann aus seinem zum O geformten Mund, wenn er dazu unterirdisch tiefe Borduntöne sang. Weiß der Teufel, wo er die herbekam. Da stand dann ein dreibeiniges Tier und brachte einen Orkan von Klängen hervor. Und man fragte sich, wie zwei Hände und vier Saiten in der Lage sein konnten, solch eine musikalische Wucht zu entfesseln.

Dabei war Pecko kein Gewaltmensch. Ganz und gar nicht. Er konnte warmherzig und einfühlsam sein. Aber immer blieb, auch wenn er lächelte, ein harter, wissender Zug um den Mund, eine männliche Einsamkeit, die ihn von allem abhob, was ihn umgab. Häufig stand er allein auf kleinen und großen Bühnen. Aber auch, wenn er in Ensembles spielte, blieb er ein Einzelner, war meistens der, der die anderen zusammenführte, zum Dialog brachte, den Boden ebnete, auf dem sie solieren konnten.

Ich kannte Pecko seit meiner Schulzeit. Er war im Gymnasium ein paar Klassen über mir bei denen, zu denen man aufschaut. Er spielte damals im Schulorchester. Anders als die Anderen erschien er da im grobgestrickten Pullover. War nicht zu bewegen, einen dunklen Anzug zu tragen. Etwas Anarchisches haftete ihm an, und sein Eigensinn wurde nur geduldet, weil er unersetzlich war. Ich erinnere mich, dass er vor einem Konzert in der Stadthalle ins Publikum grinste, seine Zunge herausstreckte und ausgiebig die Hand anleckte, mit der er sich dann durch die Haare fuhr. Er machte keinen Hehl daraus, was er von Schülerkonzerten hielt.

Das machte mir Mut, wenn ich auch für alles, was ich von Pecko wahrnahm, nur meinen Gedankenraum hatte, während er seinen gesamten Lebensraum damit gestaltete und Schritt für Schritt von uns allen abrückte.

Mit den Jahren hatte er sich so weit weggespielt und – gelebt, dass es nur noch gelegentliche Berührungen gab. Zwischen unseren Gesprächen im Garten lagen Reisen in die DDR, tausende von Meilen auf amerikanischen Straßen, dutzende von Konzerten in Clubs mit großen und kleinen Bühnen, Begegnungen mit Straßenpredigern, Jazzlegenden und Tänzern, Zusammenbrüche im Alkoholrausch, Affären und Exzesse, ausgedehnte Aufenthalte in Griechenland, Bücher und Gedankenreisen.

Immer hatte ich gespannt gewartet, bis er kam und die Welt mitbrachte und vor mir ausbreitete wie eine Picknickdecke. Das war Lust und Schmerz zugleich. Ich konnte gar nicht genug hören von alledem und zugleich spürte ich meine eigene Steifigkeit, die tief in den Boden getriebenen Pfähle, auf denen mein Lebenshaus wie auf Stelzen stand.

Seit wir unterwegs waren, hatte sich dieses Gefühl verändert. Es war nicht mehr ganz so, wie ich vermutet hatte: Es lag nicht alles in Pecko´s Hand, was bei mir Widerstand ausgelöst hätte, weil ich versuchte, meine Rolle bei dieser Tour klarer zu bekommen. Er war der, der mir immer voraus war. Er war der professionelle Künstler, der Avantgardist in Sachen freier Musik. Er hatte schon vor Jahren die Bücher gelesen, die ich eben erst oder nie entdeckte. Aber seit wir die großen Straßen verlassen hatten und gelegentlich auch einmal unbefestigten Pisten folgten, waren wir aufeinander angewiesen. Der Eine grub mit dem Klappspaten die eingesunkenen Hinterräder aus, während der Andere den Bus mit Kupplung und Gas aus dem Schlamm schaukelte. Ich verstand nicht, wie er das allein hatte schaffen wollen nach seiner Operation.

Es lag nicht in seiner Hand, auch nicht in meiner, ob nach der nächsten Kurve Geröll die Piste versperrte oder eine Fahrbahnabsenkung für stundenlange Plackerei sorgte. Und keiner von uns konnte diesen Regenvorhang einfach beiseite ziehen. Wir waren gemeinsam äußeren Einflüssen ausgesetzt, denen wir nicht immer gewachsen waren.

Unser Aufbruch war ins Stocken geraten. Die Tour war erst einmal versoffen. Die Pause füllten wir mit stummem Warten auf ein Ende des Regens. Ich hatte keine Ahnung, warum und mit welchem Ziel wir ausgerechnet diese Route gewählt hatten, und wurde den Verdacht nicht los, dass

Pecko etwas suchte und nicht fand. Wir hatten uns ganz einfach mächtig verfahren.

Für einen Moment überkam mich ein Gefühl von Wehmut. Napoleon hatte seinen Soldaten während des Russlandfeldzugs verboten, Feuer zu machen, damit sie nicht sentimental wurden und Heimweh bekamen. Ich hätte gern den milden Schein einer Kerze gehabt. Aber daran hatte ich beim Packen nicht gedacht.

Dafür ließ ich Erinnerungen in mir aufsteigen.

Eine war mir besonders wichtig, weil sie meine Beziehung zu Pecko betraf. Er war mir nämlich nicht in allem voraus. Es gab etwas, das ich vor Pecko entdeckt hatte und das mich erst später so eng mit ihm verband.

Dreizehn war ich.

Der Sommer hatte das Tal bis in die Hinterhöfe durchdrungen und die steilen Straßen und Treppen regelrecht geflutet. Die Stadt räkelte und dehnte sich im Sonnenschein.

Ein sanftes, warmes Wehen hüllte mich ein und machte mich so leicht, dass ich das Gefühl bekam, die Straße hinab zu schweben.

Ich breitete die Arme aus und ließ mich dem Sadowaberg entgegentreiben. Dann hielt ich eine Weile inne, bevor ich die Briller Straße überquerte.

Autos, Motorroller und Straßenbahnen schoben sich lärmend durch den Schatten der Häuserschlucht.

Aus der geöffneten Türe der Neuen Apotheke drang ein herber Arnika-Duft und mischte sich, als ich die Einmündung der Luisenstraße erreicht hatte, mit einer strengen Terpentinnote, welche die Farben und Lacke verströmten, die der kleine, weißbekittelte Herr Hausmann in seiner hellgrau lackierten Holzbaracke verkaufte.

Ich schaute hinüber zum Kiosk an der Ecke. Umrahmt von Illustrierten lächelte mir Frau Schürmann zu, eine freundliche, grauhaarige Dame, die meinem Vater jede Woche eine dicke Rolle aus mindestens fünf Zeitungen wickelte. Ich riskierte einen verstohlenen Blick auf das Dekolleté einer schwarzhaarigen Schönen auf der Umschlagseite der Quick. So etwas wie »Lolita« hatte ich wahrgenommen und eine dunkle Corsage, die sich von der schmalen Taille aus nach oben öffnete wie ein Blütenkelch.

Ich dachte in diesem Augenblick an Rolf, Rolf Timmermann, sah, wie dessen schmuddelige rechte Hand hervorzuckte und ein kleines, rotes Matchbox-Auto begrub, um es rasch in die Tasche seiner Kordhose gleiten zu lassen. Bei Spielwaren Sasse. Und der Verkäufer hatte nichts bemerkt, weil Rolf ihn gebeten hatte, den Bausatz für ein Faller-Häuschen aus dem Regal zu holen. Ich hatte immer ein schlechtes Gewissen, wenn Rolf und ich mit unseren Autos spielten. Ich mied den roten Jaguar, obwohl er mir besonders gut gefiel und obwohl Rolf weltmännisch beschwichtigte: »Was macht das schon – so´n kleines Auto bei so´nem Riesenladen! Das hau´n die doch auf die Preise drauf; das macht denen gar nichts!«

Ich lächelte zurück. »Tag, Frau Schürmann!« Und Fred Bertelmann lächelte gleichzeitig von der Titelseite der Neuen und der Revue. – Der lachende Vagabund, dem keiner böse sein konnte, auch wenn man munkelte, er sei ein Trinker. Die Bildzeitung meldete für einen Groschen Waldbrände an der spanischen Mittelmeerküste.

»Und grüß deinen Vater!»

»Ja, mach ich.«

Ich nahm den Weg in die Innenstadt durch die stilleren Seitengassen und umging die Friedrich-Ebert-Straße, die mir immer anstrengend war. Zu viele Leute, die sich drängten, zu viele Gesichter.

Ich war außer Stande, eine Menschenmenge einfach so zu durchschreiten. Ich sog Bilder, Düfte, Sprachfetzen in so großer Zahl und Intensität ein, dass ich den Strom begrenzen musste, um nicht überschwemmt zu werden. Mein Blick war nie auf ein fernes Ziel gerichtet, er fokussierte jedes einzelne Gesicht, das mir begegnete. Dann tastete ich die ganze Gestalt ab – ihre Bewegung, Mimik, Aura. Und ich schaute tiefer. Phantasien stellten sich ein, Geschichten, Spekulationen, was dieser Mensch gerade erlebt haben könnte, was ihn erwartete. Ich sah nicht einfach Menschen, ich sah Schweißränder in längsgestreiften Seidenanzügen, nervös trippelnde lila Pömps, steile Stirnfalten und zartgeschwungene Augenbrauen. Ich sah unter den Arm geklemmte, braune Aktentaschen, hastig hinterhergezerrte Kinder in kurzen, grauen Lederhosen, geblümte Einstecktücher. Ich roch den frischen Schweiß einer hübschen, üppigen Frau in einem ärmellosen, weißgetupften Sommerkleid. Mich wehte der süßlich–herbstliche Duft einer alten Dame an, die trotz der Wärme einen Schal aus Tüll trug und einen Strohhut über erloschenen Augen, und ihre welken Lippen waren über die Ränder hinweg feuerrot geschminkt, mit einem dunklen Saum. Ich hörte, wie ein Mann an einer Zigarette sog, mit einem deutlich wahrnehmbaren Verschlusslaut – »mbh, mbh …«.

Ich brauchte Zeit, um Menschen zu begegnen. Niemals ließ ich von jemandem ab, ohne wenigstens einen Fetzen von dessen Geschichte erhascht zu haben. Bis in die Nacht bewegten mich solche Eindrücke und ließen mich oft selbst im Traum nicht los.

Dem ging ich heute aus dem Weg. Ich wollte keine Invasion fremder Geschichten. Ich wollte allein sein, fort sein. Möglichst ohne Begegnungen das neue Radiogeschäft in der Friedrich Ebert Straße erreichen, um endlich in den Besitz der Schallplatte zu kommen, auf die ich seit Wochen gespart hatte: eine 45er Single –»King Creole« von Elvis Presley. Mir war festlich zu Mute. Ich war im Begriff, etwas zu tun, das niemand, wirklich niemand, wissen durfte und das mir ganz sicher auch niemand zutraute. Ich würde sie heimlich hören, nachts in den Schlitz des kleinen, grauen Philipps – Plattenspielers schieben und dann unter der Decke genießen. Und im Dunkel, in dem ich mich so gut auskannte, würde sich eine neue Welt auftun, eine ganz eigene, aufregende, von der nicht einmal meine Schwester wusste.

Als ich die drei steinernen Stufen genommen hatte und die Glastüre öffnete, schlug mir ein edler Geruch entgegen. Ich stand auf einem grauen Velourssteppich und schaute in beleuchtete Vitrinen voller Radios – »Grundig«, »Nordmende«, »Graetz«, las ich. Auf einem Podest stand ein Fernseher; die bleigraue Bildröhre spiegelte mich verkleinert wieder. Einen Moment lang dachte ich, das Gerät sei eingeschaltet. Ich hatte noch nie einen Fernseher in Betrieb gesehen. Verlegen schaute ich mich nach der Plattentheke um. Meine Vorfreude begann, in Beklommenheit umzuschlagen. Solange ich es nur vorgehabt hatte, die verbotene Musik in mein Leben zu holen, war es mir verheißungsvoll erschienen und ganz leicht. Man ging eben hin, schob fünf Mark über die Theke und nahm sich, was man wollte. Eine Art aufständischer Lust hatte ich bei diesem Gedanken empfunden. Jetzt, da ich an Ort und Stelle war, fühlte ich mich eher schwach. Ein kränkliches Gefühl breitete sich um den Magen und in den Kniekehlen aus. Ich furzte leise und war enttäuscht von meiner Stimme, als ich – angekommen an der Theke – brüchig sagte: »Die neue von Elvis Presley bitte«, ich räusperte mich – »King Creole!« .

Ich erwartete, dass die Verkäuferin umgehend ihren Chef rufen oder mindestens die Herausgabe der Platte verweigern würde. Stattdessen hörte ich ein knappes »Gern!« Und wenig später baumelte eine dünne, quadratische Plastiktüte an meinem Handgelenk.

Kein Blitz aus dem Himmel, keine apokalyptische Stimme, die mich zurückpfiff.

Langsam kehrte die Kraft in meine Beine zurück, als ich, immer noch die Ebert-Straße meidend, im Schatten der Laurentiuskirche die Luisenstraße entlang nach Hause schlich. Ich fieberte dem Erlebnis entgegen, den King of Rock and Roll ganz und gar zu genießen. Mit viel Glück war es mir einige Male gelungen, ihn mit meinem kleinen Detektor unter Rauschen und Knacken für Sekunden halbwegs klar zu bekommen. Aber nun konnte ich ihn hören, so oft ich wollte! Vorausgesetzt, es gelang mir, die Platte unerkannt ins Haus zu schmuggeln.

Ich lächelte bei dem Gedanken und ahnte nicht, dass ich gleich darauf etwas erleben würde, das alles in den Schatten stellen sollte, was mich bisher an diesem Tage bewegt hatte.

Am 27. Juli 1963 gegen 17.30h machte ich eine Entdeckung. Ich sah etwas Außerordentliches, das außer mir niemand sonst zu bemerken schien. Ich schaute, was nur Augen sehen, die Schatten abtasten, hinter den Kulissen forschen.

Mein Blick war im Vorübergehen in das Innere eines Lädchens gedrungen, das mir bis dahin nie aufgefallen war. Ein schmales, unauffälliges Schaufenster, von einer dunkelgelben, gewellten Folie gegen die Sonneneinstrahlung geschützt. Im Halbdunkel dahinter sah ich auf verschossenem Samt eine

Geige liegen – still und blass wie eine Kinderleiche. Daneben ein Notenheft, dessen Einband sich wölbte, und ein kleines, rundes, rotes Döschen – Kolophonium. Vorne an der Scheibe lagen tote Fliegen auf dem Samttuch, das ein Muster von willkürlich verteilten Wasserflecken trug.

Im Hintergrund rechts sah ich neben einem runden, schwarzen Kanonenofen eine Stiege und ein Geländer mit gedrechselten Sprossen, die sich im Dunkel verloren. Links zeichnete sich die Kontur einer Ladentheke ab. Und dazwischen im Schatten eine Gestalt. Kaum wahrnehmbar hob sie sich von der Wand des düsteren Raumes ab. Sie zog all meine Aufmerksamkeit auf sich, als hätte sie lange dort auf mich gewartet, mir nach langem Schweigen eine geheime Botschaft zugeflüstert, als hätte sie leise meinen Namen gesagt. Nur ein schwacher Lichtsaum machte sie sichtbar. Und nur für kurze Zeit konnten die Augen sie fixieren, die Pupillen sich soweit dehnen, dass sie das zarte Raumlicht einließen. Dann zogen sie sich unter der Wirkung der Sonne rasch zusammen, und das Bild erlosch und war nicht mehr zu beleben, so sehr ich mich auch mühte.

Nun hatte ich mehr als nur eine Schallplatte ins Haus zu schmuggeln.

Am Sadowaberg wurden meine Schritte schwerer, und als ich den kleinen Platz erreichte, den die Einmündung der Von-der-Tann-Straße in die Viktoriastraße bildete, drückte ein altbekanntes Gefühl meinen Brustkorb zusammen. Auf den Stufen vor dem Eingang war es mir, als müsse ich einen Schleier aufheben, der über dem Haus lag und jeden Blick zurück grau und verwaschen machte. Kühl empfing mich der Hausflur. Ich setzte mich eine Weile auf die weißgrauen Marmorstufen, bevor ich den Anderen unter die Augen trat.

Ich wollte dahin zurück. Ich wollte diesen Laden betreten.

Ich wollte diese seltsam ernste Gestalt von nahem sehen. Ich wollte dieses düstere Instrument, das so viel größer war als ich, klingen hören. Ich wollte es zum Klingen bringen! Die Jahre im Schulchor waren eine Quälerei gewesen, die Klavierstunden bei Ursula Weitz nichts als eine lästige Übung, die mir zu allem Überfluss die Verpflichtung eintrug, bei Geburtstagen und anderen festlichen Anlässen vorzuspielen, was ich hasste.

Aber nun hatte ich einen großen, dunklen Verbündeten, der leise meinen Namen gesagt, mich aus der Flut der flanierenden und einkaufenden Menge herausgefischt hatte, weil er etwas mit mir vorhatte, etwas, das außer mir und ihm niemand wusste.

Ich sehnte mich nach einer Musik, die anders war als Bach und Schütz und Telemann und Reger. Anders als Mozart´s Klaviersonaten. Ich sehnte mich nach einer Musik, in der es dunkel glomm, die Raum hatte für meine Verlassenheit, die warm war und tröstete und die mir im Herzen blieb, wenn sie verklungen war.

Und diese Sehnsucht war tiefer und stärker als die anarchische Freude an Presley´s »King Creole«.

Dennoch dauerte es mehrere Wochen, bis ich den Mut fand, das Lädchen an der Friedrich-Ebert-Straße zu betreten. Eine scheppernde Türglocke kündigte meinen zögernden Auftritt an und weckte einen alten Herrn aus dem Dusel. Sein Gesicht war zerfurcht und müde. Unter den buschigen Brauen lagen seine Augen im Dunkeln. Er trug trotz der Wärme graue Strickhandschuhe, die die Fingerspitzen freiließen, und wischte sich damit die Nase. Bevor ich etwas sagen konnte, zog er mich am Ärmel zum Fenster.

»Komm hierher, Jingele!« sagte er freundlich, »damit ich dich besser seh´.«

»Nu?«

Ich sagte, ich käme wegen dieses großen Instrumentes.

»Und?«

Ich sagte, ich wolle es spielen, also vielmehr, ich wolle lernen, es zu spielen.

»Und?«

Ich sagte, ich könne es ja nicht kaufen, aber ich käme jeden Tag hier vorbei und da hätte ich mir gedacht, ich dürfte, wo doch offenbar selten jemand im Laden sei, möglicherweise hier üben und lernen. Hier, bei ihm.

»Hm.«

Mein Taschengeld in Höhe von fünf Mark im Monat werde vielleicht reichen.

»Hm.«

Ich sagte, es sei dringend.

»Na, jo, – gut!«

Von da ab war ich bei ihm, sooft ich konnte. Der Kontrabass bekam einen neuen Platz. Oberhalb der Stiege öffnete sich hinter einem verfilzten, dunkelbraunen Vorhang ein kleiner Nebenraum. Dort stand er nun auf einem seiner Korpusform nachempfundenen Holzständer. Daneben hatte mir der alte Herr Stern eine Munitionskiste zurecht geschoben, von der ich nie wusste, ob sie leer war. Stand ich drauf, waren meine Augen genau in der Höhe des Sattels, der die Saiten auf das Griffbrett führte. Mir gegenüber saß Herr Stern hinter einem riesigen Akkordeon. Es schillerte perlmutten und seufzte tief, wenn er es auf die Knie nahm, um die Gurte hinter dem Rücken zu verschließen. Und dann spielte er. Und ich hörte lange nur zu. Er schloss die Augen, als reise er durch ein fernes, untergegangenes Land. Es war eine dunkle, schöne Musik, die immer, wenn sie traurig war, zugleich etwas Frohes und Mutiges hatte, und wenn sie nach Feiern und Glück klang, eine Beimischung von Melancholie besaß. Nicht immer konnte ich den Takt mitzählen. Es waren oft ungerade, mir ganz unbekannte Rhythmen, fünf Achtel, sieben Achtel, vierzehn Achtel. Ich musste die Augen schließen und mich mitreißen lassen. Und eben diese leichte Orientierungslosigkeit, dieses Nicht-mitzählen-Können, machte, dass ich mich ganz der Musik überließ, und gab ihr etwas Leichtes und einen weiten Flug, an dessen Ende ich nur einen Wunsch verspürte: Dass er weiterspiele, noch eins und noch eins und noch eins. Und irgendwann zupfte ich dazu eine dumpfklingende Darmsaite, deren Tonhöhe kaum auszumachen war. Und als ich rhythmisch sicherer wurde, wies Herr Stern mich in die erste Lage ein. Nun hatte ich ein kleines Arsenal von Grundtönen, mit denen ich ihn schon ganz ordentlich begleiten konnte. So verbrachten wir viele Nachmittage.

In meinem Rücken verströmte ein kleines Kohleöfchen den Geruch von feuchtem Ruß. Im Winter schenkte es mir Wärme, sprühte aber auch gelegentlich Funken, was mich hätte beunruhigen müssen, wegen meiner Unklarheit bezüglich der Kiste. Ich habe nie gefragt, ob sie noch Munition enthielt. Wenn wir spielten, gab es keine Angst. Das waren Stunden voll von Geborgenheit und Erfüllung. Und die Vorstellung, in solch einer Stunde unvermittelt in die Luft zu fliegen, wäre mir nicht einmal bedrohlich erschienen.

Gelegentlich kam Frau Stern herein. Sie brachte ihrem Mann Tee und ein wenig Gebäck. Anfänglich schaute sie mit einem fragenden Blick erst ihn und dann mich an. Als er nickte, reichte sie mir auch etwas herüber. Später begriff ich, dass sie kaum das Geld für ihren Lebensunterhalt verdienten, und schmuggelte kleine Proviantpakete aus dem üppig gefüllten Familienkühlschrank.

Ich hatte mit vierzehn, fünfzehn Jahren mehr Terkish, mehr

Bulgar und Tango gehört und gespielt als jeder andere in der Stadt – mit Ausnahme von Herrn Stern.

Und als er starb, habe ich haltlos um ihn geheult, mehr als um meinen Vater, der im selben Jahr die Erde verließ.

Da hatte ich also eine eigene Wurzel. Der Bass war schon da, bevor ich Pecko kennenlernte. Und er verband sich für mich mit ganz anderen Vorstellungen und Erfahrungen als für ihn. Pecko riss die Musik ein und erfand sie neu. Der Bass war für ihn ein Politikum, ein Mittel, mit dem er nationale und kulturelle Grenzbefestigungen schleifte. Ein Mittel zur Kommunikation in einer entgrenzten Welt.

Für mich war der Bass mein Mittel, Herrn Stern zu begleiten in ein fernes, untergegangenes Land. Und die leise Zwiesprache mit diesem riesigen Ding, das mich überragte, war Einkehr, Suche nach Geborgenheit und Erfüllung – vor dem Öfchen in Sterns Hinterzimmer. Ich habe mich nie sicherer gefühlt als auf dieser explosiven Kiste.

Nach tagelanger, monotoner Fahrt durch nicht enden wollende Wälder hatten wir uns in die Berge hinaufgeschraubt. Die Bäume um uns her waren nicht mehr so üppig, so dunkel, bildeten kein zusammenhängendes Blätterdach mehr. Sie standen meist für sich, kauzig, gebückt und verwachsen. Ihre Blätter waren klein und hart, die Rinde rissig. Der Boden bedeckt mit Baumleichen, verblichenen, zu silbrigem Grau verschossenen Stämmen und Ästen. Die Straßen mitunter schwer passierbar, obwohl es hier lange nicht geregnet hatte.

Am Abend erreichten wir ein Dorf. Avrig. Unser Bus zog eine gewaltige Staubfahne hinter sich her, die uns, vom Rückenwind getrieben, allmählich überholte, als wir anhielten. Zu unserer Verblüffung waren wir auf eine geteerte Straße gestoßen, ein Wegweiser zeigte nach Sibiu.

»Das hätten wir auch einfacher haben können!«, stöhnte Pecko. »Scheißkarte!«

Wir sahen seltsam windschiefe, schmale Fachwerkhäuser, die sich aneinander lehnten wie Betrunkene auf dem Heimweg. Ihre spitzen Giebel staken wie Zipfelmützen in den schwefelgelben Abendhimmel. So ähnlich hatte ich mir Rumänien vorgestellt.

Ein Gewitter kündigte sich an.

Viele Schlagläden waren verschlossen. Eine grau schwarz getigerte Katze strich um uns herum. Sie legte ihr Gewicht auf die Hinterbeine, senkte den Kopf und drückte ihren Nacken aufwärts gegen meine Wade. Einen Moment lang fühlte ich ihre Wärme. Die erste Berührung seit Tagen.

Pecko hatte seinen Rucksack ausgeladen und suchte nach Proviant. Sie stellte die Ohren auf und schlich sich lauernd und gespannt an. Er wischte sie mit einer Handbewegung weg, worauf sie sich umdrehte und mit einer tänzelnden Bewegung und zitternd aufgestelltem Schweif ein paar Kleckse auf das grüngraue Leinen spritzte.

Pecko versetzte ihr einen wütenden Tritt und sie sprang im Zickzack davon wie ein Knallfrosch.

In einem Vorgarten hing von einem Pfahl herab an einer ausgefransten Schnur kopfüber der Kadaver einer Krähe. Gegenüber gab ein halb geöffnetes Holztor Einblick in einen Innenhof. Auf dem buckligen Pflaster Innereien, ein Schweinskopf, einige Kübel und eine Axt.

Die Straße wand sich zwischen den unregelmäßigen Häuserfronten bergauf und verschwand in einer Linkskurve.

Wir sahen niemanden, hörten aber etwas: ein fernes Summen.

Nach einigen vergeblichen Versuchen gelang es uns, die Richtung, aus der das Geräusch kam, genauer zu bestimmen.

Es wurde lauter. Wir kamen näher. Es wurde deutlicher. Wir gingen weiter und hörten bald, dass es Stimmen waren, Menschen, die durcheinander redeten, viele Menschen. Ein Brausen von vielen menschlichen Stimmen. Und als wir einmal und noch einmal abgebogen waren, öffnete sich die Straße zu einem weiten, länglichen Platz. Das Brausen wogte zwischen ausladenden, alten Linden, unter denen auf langen Bänken hunderte von Menschen saßen, lachten, tranken, sangen und aßen. Ihr Gelächter und ihr Gesang hallten von den Häuserzeilen wider, die den Platz umstanden.

Nach der Einsamkeit und dem Schweigen der vergangenen Tage hatten wir Mühe, diesem Gewimmel standzuhalten.

Aus den Häusern traten junge Mädchen mit Weinkrügen. Die Tische standen voll mit Brotkörben, Speckseiten, Trauben, Käse und Wurst. Die Menschen waren dunkelhaarig und zierlich, die Frauen hatten kleine Brüste und straffes Haar. Unter den Bänken balgten sich Hunde und jagten Hühnern nach, die sich flügelschlagend und gackernd durch die Menge schlugen. Ein alter Mann mit vergilbtem Schnauzbart hockte selig lächelnd auf seinen Stock gestützt hinter einem grauen Weinkrug, die Hose vom Schritt bis auf die Schuhe nass. Als er uns bemerkte, grüßte er feierlich mit einer ausladenden Armbewegung. Kinder trieben Gänse in einen Pferch. Und der Himmel, eben noch gewittrig verhangen, riss auf und ließ die Abendsonne heraus, die all den Menschen, Tieren und Dingen einen feinen Lichtsaum verlieh und sie für Augenblicke mit Gold überzog.

Mitten in diesem Wogen saß ein Mann schweigend und unbewegt. Die anderen hielten ein wenig Abstand zu ihm.

Pecko ging auf ihn zu und begann, gestenreich mit ihm zu reden.

Der Mann antwortete leise und würdevoll. Er sei der

Bürgermeister. Und wir sollten den Bäcker fragen, da gebe es Quartier. Aber der Bäcker sei bestimmt nicht in seinem Haus. An diesem Abend sei niemand in seinem Haus, da seien sie alle hier. Wo genau der Bäcker zu finden sei, wisse er auch nicht. Aber seine Frau, die stehe da drüben an der Kelter, mit blauer Schürze und schwarzem Kopftuch. Man werde schon sehen.

Wir gingen hinüber und sahen, dass die Kelter im Betrieb war. Rings um sie her standen kübelweise Trauben. Weinbauern warteten auf Abfertigung und Bezahlung. Und über allem lag ein schwerer Mostduft, halb säuerlich, halb süß.

Das Zimmer, das die Frau uns öffnete, befand sich in einem der schiefen Giebel auf der ruhigen, dem Platz abgewandten Seite. Ein kleines Sprossenfenster wies nach Südwesten und bot über die Dächer der Nachbarhäuser hinweg einen weiten Blick über das Tal, durch das wir gekommen waren. Ein kräftiges Holzaroma lag in der Luft. Über uns schauten wir in das rohe Balkenwerk des Daches. Auch die wenigen Möbel waren vermutlich aus dem Holz der Bäume gearbeitet, die seit einigen Tagen unsere Straße säumten: Koniferen. Die Bettwäsche war zerschlissen aber sauber. Mir wurde klar, dass ich mir mit Pecko ein Doppelbett teilen musste. Eine seltsame Vorstellung. Bisher hatten wir in Schlafsäcken im Bus übernachtet. Da hatte jeder seine Ecke.

Pecko grinste: »Ich nehm die Fensterseite – ok?«

Er war wie immer schneller als ich. – »Ok!«

Wir fuhren den Bus hinters Haus und brachten unser Gepäck über die enge, knarrende Stiege in unsere Herberge.

Pecko ließ sich krachend auf das Bett fallen, streifte mit den Füßen seine Schuhe ab, stieß einen Laut zwischen Stöhnen und Grunzen aus und schloss die Augen.

Ich sah mich nach einer Waschgelegenheit um und fand nichts weiter als eine Handpumpe und einen Blecheimer auf dem Hof. Über dem Pumpenschwengel hing ein frisches Leinentuch – offenbar für uns. Neben dem Eimer stand eine Dose mit Seifenflocken. Als ich daran schnupperte, wurde mir ganz warm. Sie dufteten frisch und natürlich und auf eine diskrete Weise sinnlich.

Es wurde dämmrig. Auf dem Platz schien das Fest jetzt erst richtig in Schwung zu geraten. Nach einer kurzen Ruhepause mischten wir uns unter die Menge. Kaum hatten wir uns niedergelassen, stellte man uns ungefragt Wein, Brot, Speck und Schmalz hin. Links und rechts drängten immer mehr Menschen nach und bald saßen wir dicht an dicht mit diesen kleinen Wesen und wurden Teil ihres Lachens und ihres Gesangs. Der Wein machte uns leicht und gelassen, wir wurden satt und zufrieden und als ein Arm um meine Schulter flog, wiegte ich mich mit den anderen und summte mit und sah die Lindenkronen über mir hin und her schaukeln und fühlte mich irgendwie geborgen, selig und ganz in mir und ganz in der Menge. Der Atem meiner Nachbarn war aromatisiert von Wein, Knoblauch und Geräuchertem. Ihre Kleider rochen nach Feld und Stall und Weinbergen. Und immer kamen Weinbauern nach, die in riesigen Kiepen Trauben anschleppten und nach und nach in die Kelter einfüllten. Der Most floss in einer offenen Rinne in ein hell erleuchtetes Gebäude, aus dem metallenes Klappern und energische Stimmen drangen. Zu einem Berg aufgeschichtet lag die Maische schwer duftend vor dem Tor.

Musiker packten aus löchrigen Leinensäcken Instrumente aus und begannen, auf einem Holzpodest unter einer der Linden zu spielen. Fremde, nasale Klänge, schnelle, fliegende Rhythmen.

Peckos Gesicht hatte sich gerötet und glänzte im Schein der Fackeln. Er lachte zu mir herüber und hob seinen Krug. Als ich dasselbe tat, stieß er mit mir so heftig an, dass der Wein über den Tisch sprenkelte. Unsere Nachbarn lachten und stießen ebenfalls ihre Krüge gegeneinander. Ein feister Mann mit Glatze fuhr mit dem Zeigefinger über den Tisch und leckte bedeutungsvoll den Wein ab, als wolle er allen noch einmal zeigen, wie gut der Neue schmeckte. Als ich ihm amüsiert zuschaute, fühlte ich einen Blick herüber blitzen – aus dunklen, ernsten Mädchenaugen. Er galt nicht mir. Pecko fing ihn auf, nickte und schloss dabei kurz die Augen. Dann schaute er auf seine Hände.

Vom Nachbartisch kam mit nicht mehr ganz sicherem Schritt der Bürgermeister heran. Er habe gehört, wir hätten Instrumente dabei, wir seien also Musiker. Und Musiker seien immer gern gesehen im Dorf.

Ob es uns wohl etwas ausmache, ein wenig zur Musik beizutragen?

Ich erschrak. Ich hatte keine Noten. Mir waren diese Klänge zwar irgendwie vertraut. Aber es war so lange her, dass ich Ähnliches von Herrn Stern gehört hatte. Was konnte man schon beitragen, so aus dem Stegreif?

Pecko dagegen erwiderte, er habe selber gerade Lust bekommen mitzuspielen. Er erhob sich freudig und sank gleich wieder auf die Bank zurück. Erst der zweite Versuch glückte. Und wenig später stand er da, den Bass geschultert, dessen Hals hoch in den schwarzen Himmel ragte. Er schaute mich fragend an und nahm, als ich eilig den Kopf schüttelte, allein Kurs auf die Musik. Mühsam zwängte er sich durch die Reihen. Dann hielt er für einen Moment inne. Neben ihm sah ich die schlanke Gestalt der jungen Frau, deren Blick über den Tisch geflogen war. Sie saß abgewandt und kehrte ihm den Rücken zu. Ihr schwarzes Haar trug sie geflochten und hochgesteckt. Pecko trat an sie heran und legte für eine Sekunde sanft seine Hand auf ihren Nacken. Sie drehte sich nicht um, richtete sich nur ein wenig auf und blieb so eine Weile schweigend, aufrecht, dem Fest und der Menge entrückt, als er schon fort war.

Nach einer Weile ging ich ihm nach und erwartete, ihn auf dem Podest zu finden. Stattdessen sah ich ihn vor den Musikern auf dem Boden hocken. Er hörte zu. Lange. Dann schälte er seinen Bass aus der Hülle und legte die Hände an die Saiten. Er blieb, wo er war, ließ den anderen das Podium und legte seinen Kopf an das Instrument, als höre er, wie im voluminösen Körper seines Veteranen die fremde Musik Resonanzen erzeugte. Und er wartete, bis dieser Bass, der alles schon kannte, der die ganze Welt umfahren hatte, dem kein Klangereignis fremd war, begann, sich zu erinnern. Dann irgendwann löste sich ein langer Bogenstrich und flog zu den Musikern hinüber. Die spielten unbeeindruckt ihre aufgekratzte Musik. Einer von ihnen strich ein Instrument, das er auf den Knien hielt. Die Saiten waren über einen krummen Knüppel gespannt. Als Resonanzkörper diente eine Kalabasse, die die Schwingungen der Saiten nasal und penetrant verstärkte. Ein anderer schlug eine Art Hackbrett, das neben den wenigen notwendigen Akkorden auch den Rhythmus beisteuerte. Der dritte blies einen Zwitter aus Flöte und Klarinette. Ein wunderbar luftiger, ein wenig rauchiger Klang.

Die drei schienen Pecko gar nicht zu bemerken. Er nahm ihren Rhythmus auf und begab sich auf ihre Fährte. Einen ganzen Takt legte er jeweils auf einen Bogenstrich, mit dem er die betonten Taktteile schwer machte, und schwang in ihrem Tempo mit. Das ging eine ganze Weile so. Fast unmerklich begann er dann, die Betonungen zu verschieben. Erst nur ganz wenig, dann ein wenig mehr und noch mehr. Und als er sicher war, dass die drei Musiker ihm unwillentlich und unwissend folgten, wagte er mehr, bis sie ihn schließlich wahrnahmen und mit einem irritierten aber freundlichen Lachen begrüßten. Sie winkten ihn heran und bedeutetem ihm, er solle zu ihnen auf das Podium steigen. Und schon war Pecko oben und spielte mit. Aber diesmal heftete er sich nicht an ihre Fersen. Er setzte Ihrem Spiel etwas entgegen. Eine kleine Klangkaskade, die sich zunächst zufällig anhörte, die er aber immer lauter und immer deutlicher wiederholte. Und dann geschah das, was ich schon so oft mit ihm erlebt hatte. Die Anderen begannen, nun absichtsvoll auf ihn zu reagieren. Sie waren besoffen genug und es machte ihnen Spaß, etwas Schräges zu versuchen. Sie äfften seine Tonfolge nach und lachten, weil Kniegeige, Hackbrett und Flöte so ganz anders klangen als der ruhige, beharrliche Bass. Und als ihnen das Imitieren langweilig wurde, wagten sie eigene Klangentwürfe. Der Geiger gab großartig fünf Töne bekannt, denen er eine lange Pause folgen ließ, um die Wirkung abzuwarten. Pecko griff den letzten auf und bog ihn nach oben, wie wenn er ihn in den Nachthimmel hinauskatapultieren würde. Das Hackbrett warf frotzelnd einen hinkenden Walzer in die Runde, den Pecko mit dem Bogen in die Bewegung einer eiernden Drehleier überführte. Der Bläser brauchte lange, bis er frei genug war, aber dann war er gar nicht mehr zu halten und als er schließlich puterrot und hysterisch kreischende, überblasene Laute produzierte, fiel Pecko ihm aggressiv ins Wort und antwortete mit einer Mischung aus Trommeln und Springbogen, dass die Haare rissen und seine Bewegungen wie eine feine Fontäne umwehten. Dem expressiven Chaos folgten Phasen der Einsilbigkeit und Stille, in die immer wieder einmal die vitale Kraft einbrach, bis endlich alle vier in einem einzigen, klaren, wissenden Ton mündeten, der langsam verklang.

Die Festgesellschaft auf dem Platz hatte ihnen schon lange nicht mehr zugehört. Ich stand einsam in der Menge und applaudierte.

Ich fühlte, wer neben mir stand. Ich brauchte nicht hinzusehen.

Als wir unsere Herberge erreichten, sangen die ersten Vögel. Pecko begann, schon fast wieder etwas nüchterner zu werden. Im ersten Licht sah ich, wie blass und erschöpft er war. Er schlief sofort ein. Ich beneidete ihn darum und fand noch lange keine Ruhe. In mir spielte Musik, ich sah den Platz vor mir, die Linden, die Traubenberge. Ich schloss die Augen und sah die grauschwarz getigerte Katze am Fenster vorbeifliegen. Sie schaute kurz herein und lächelte und der Wind fuhr ihr in die hochgesteckten Haare, die sich lösten und sie wie eine Fontäne umwehten.

Die Nacht war kalt. Wir hatten vergessen, das Fenster zu schließen.

Am Morgen lag das Dorf im Schlaf. Nur das Nötigste wurde getan. Kühe wurden gemolken, Kinder gestillt, Hühner gefüttert. Der Rest hatte Zeit. Ich möchte gern bleiben, dachte ich. Es gefällt mir hier. Wenigstens ein paar Tage. Ich weiß nicht, wie lange es her ist, dass ich so lebendig war.

Das ist mein »Jetzt«, dachte ich. Hier ist alles, wie es ist. Und es ist unkalkulierbar. Ich kann nur mitschwimmen.

Ein innerer Widerstand richtete sich gegen die Vorstellung, Pecko alles zu überlassen. Ich spürte, dass es zwischen uns ein ungelöstes Problem gab. Pecko war der, der immer vor mir her lebte. Er war schneller, begabter, geistesgegenwärtiger, erfahrener, skrupelloser, stärker. Solange wir uns in Abständen begegneten, konnte ich gut damit leben. Jetzt stellte sich mir zunehmend die Frage, wer ich eigentlich neben ihm war. War ich nur der, der gebettelt hatte, er möge ihn mitnehmen auf seine nächste Tour? War ich der, den er noch brauchen würde, weil er geschwächt war und über seine Kräfteverhältnisse lebte? War ich ganz einfach der Schwächere, der – gleichgültig, worum es ging – weniger von dem hatte und konnte, was ihm zu eigen war? Oder war ich ein eigener, der sich gar nicht mit ihm messen und vergleichen musste?

Es war kühler geworden. Einzelne, ballige Wolken trieben rasch und entschlossen westwärts. Der Wind war frisch.

Ich hatte meinen Wunsch nach Bleiben provisorisch durchgesetzt. Pecko wäre wohl gern gleich weitergefahren. Ich bekam heraus, dass wir zufällig hier waren, weil er den Bogen nach Süden zu weit genommen hatte. Er hatte andere Ziele, viel weiter entfernt. Viel, viel weiter. Er war auf der Suche nach Obertonsängern. Ich erinnerte mich, dass er vor einigen Jahren eine mongolische Frau zu Gast hatte, die den Obertongesang beherrschte. Sie begegnete mir in seiner Küche oder besser: in der Ecke seines Allzweckraumes, die er als Küche nutzte. Pecko´s Wohnung bestand aus zwei Räumen. In dem einen, dessen bis auf den Boden reichendes Fenster sich zur Straße öffnete, gab es links an der Wand entlang einen langen Tisch, auf dem sich Sedimente von Rechnungen, Notizzetteln, Zeichnungen, Briefen, Flugbuchungen und Reminiszenzen angesammelt hatten. Auf der anderen Seite hatte er aus Obstkisten ein provisorisches Regal aufgestapelt, in dem seine Wäsche, seine Schuhe und andere Kleidungsstücke lagen. Er liebte vor allem Arbeiterkleidung, besaß aber auch ein Paar Halbweltschuhe aus New York – schwarz mit weißen Kappen.

Etwa ein Drittel des Raumes war mit einer zweiten Ebene überbaut, die er aus rohem Holz und Balkenwerk errichtet hatte. Dort oben schlief er. Sein Besuch wohl auch, denn ich habe nie eine andere Schlafstatt bei ihm gesehen.

Der zweite Raum war einfach Raum. Er wandelte seine Beschaffenheit je nach Phase, Anlass oder Aufgabe. Mal stand er vollgepfropft mit Exponaten anderer Künstler, mal war er Zimmertheater, mal diente er als Seminarraum für workshops. Immer aber blieb da ein großer Tisch, beschienen von einem Oberlicht.

Dort sah ich diese Frau abgewandt im Halbdunkel sitzen. Pecko war wie so oft noch nicht da, obwohl wir verabredet waren. Auf dem Tisch stand eine weiße Emailleschüssel, daneben ein Durchschlag, aus dem es dunkelrot schimmerte: Kirschen, von denen noch Wasser tropfte.

Die Frau erschrak nicht, als ich den Raum betrat. Sie reagierte erst, als ich in Ihr Gesichtsfeld trat. Sie lächelte und schaute mich an. Und auch, als ich begann, hilflos mit ihr in meiner Sprache zu reden, lächelte sie schweigend weiter und schaute. Ich wich ihrem Blick aus und wünschte mir Pecko herbei. Wo blieb er bloß! Er hätte uns einander vorstellen können. Er hätte uns ins Gespräch bringen können. Er hätte mich erlösen können. Stattdessen blieb ich dem ruhigen, unbewegten Blick zweier Mandelaugen ausgeliefert, den ich nicht gut aushielt. Ich hatte ihm nichts entgegenzusetzen. Alles, was ich sagte oder tat, blieb unbeantwortet. Bis mein Blick auf die Kirschen fiel. Sofort schob sie mir den Durchschlag zu und lächelte ein wenig mehr, als ich eine zwischen Daumen und Zeigefinger zum Mund führte.

Dann schaute sie mir beim Essen zu. Ich hatte den Eindruck, meine Kaugeräusche seien unzumutbar laut, und versuchte, geräuschlos zu kauen. Auch das Ausspucken der Kerne bereitete Probleme. Ich besorgte das hinter der vorgehaltenen Hand.

Nach einer endlosen Viertelstunde kam Pecko. Er klopfte mir kurz und trocken auf die Schulter und umarmte wortlos die Frau, die daraufhin den Raum verließ.

Ich fragte ihn, in welcher Sprache er sich mit ihr verständige. Und er antwortete: in der Sprache der Menschen. Wenn ich ihren Gesang hören wolle – sie träten am Abend miteinander im Forum auf: Ihre Stimme sei sensationell.

Er hatte nicht übertrieben. Ich sah die beiden abends auf der kleinen, halbrunden Bühne im gut besuchten Saal. Pecko hatte den linken Bühnenraum eingenommen. Er stand leicht vornübergebeugt, halb mit dem Rücken zum Publikum und spielte ihr zu. Sein Amp stand hinter ihm auf einem Stuhl, sein Bass war größtenteils von seinem Körper abgedeckt und wirkte wie eine Erweiterung seiner Gestalt zu einem massigen Dreibein. Aus dem Amp quietschte, gröhlte und schrie es. Schwingungen breiteten sich im Raum aus, die mal nach menschlicher Stimme, mal nach Maschinenlärm, dann wieder nach Tieren oder einfach unverschämt klangen.

Sie hielt mit der linken Hand ein Mikrophon, die rechte hatte sie auf Peckos Bass gelegt. Und sie schaute ihn ununterbrochen an, während ihre Stimme ein Inferno produzierte, Kinderwimmern, Schreie, Grunzen, helle Koloraturpassagen, stakkatoartige, labiale Verschlusslaute, Tierstimmen, Motorgeräusche – es brach aus ihr hervor wie aus einer jenseitigen Welt. Als hätte sich eine Schleuse geöffnet, durch die eine dramatische Dämonenwelt den Saal flutete.

Ich hatte so etwas noch nie erlebt und war hin und her gerissen zwischen Schrecken und Begeisterung. Ich fand es bedrohlich und anziehend zugleich. Wo sie herkam, gab es Schamanen.

Und genau da wollte er hin, Pecko. Und ich würde dabei sein.

Bis dahin wollte ich ein wenig wandern. Die Tage waren mild und freundlich.

Bis der Morgen kam, der sich so anders anfühlte, so wund und aufgewühlt. Die Erinnerung an die vorangegangene Nacht hatte mich noch fest im Griff, als ich längst, bevor alle erwachten, mit unsicheren und eiligen Schritten zum Dorf hinaus ging und lange nicht wiederkam. Diese Nacht … Gestern war gestern, versuchte ich mir zu sagen. Heute ist heute. Gestern war gestern. Heute ist heute. Gestern war gestern. Ich wusste nicht, wie weiter mit Pecko zusammensein nach dieser Nacht, wie weiterreisen, wie weiterreden. Ich war noch gar nicht im Heute angekommen. Meine Träume und Nachtgedanken ragten wie Trümmer in die Morgensonne und lähmten mich mit einem Gefühl von Sehnsucht und Trauer. Die vergangene Nacht hatte etwas zwischen Pecko und mir verschoben. Ich suchte nach einem Bild für diese Verwerfung und fand keins. Oder doch:

Zwei Bären vielleicht, die in benachbarten Käfigen leben, jahrelang. Gewohnheiten geben den Rhythmus. Sich durch die Gitter beschnüffeln, sich gegenseitig imponieren, bei der Fütterung rituelle Kämpfe austragen, ohne Schrammen, ohne wirkliche Berührung. Tag für Tag in getrennter Nähe, ohne sich je schrankenlos zu begegnen. Die Begegnung lebt von der Käfignaht, Posen und Gesten müssen sich nicht im offenen Kampf bewähren. Das macht Mut zur Provokation und schafft Gelassenheit, für Wagnisse nicht einstehen zu müssen.

Was, wenn eines Tages ein unwissender Tierpfleger den Schieber zwischen den Käfigen offen lässt? Werden die beiden sich freundschaftlich füreinander interessieren? Oder tasten sie sich erst ab wie Boxer in der ersten Runde? Oder werden sie sich sofort bis aufs Blut bekämpfen? Vielleicht können sie sich auch, gefangen im Ritual, gar nicht mehr schrankenlos begegnen und werden die Tatsache ignorieren, dass da ein Stück Gitter fehlt. Fortsetzung der Routine. Angst vor der dramatischen Veränderung. Ich wusste es nicht.

Es war spät geworden gestern. Wieder so eine laue Nacht, wieder schwer vom Wein. Die Musiker waren für ein paar Tage im Dorf geblieben. Wir trafen uns mit ihnen Abend für Abend und spielten ihre erdigen Lieder, die Pecko immer wieder in freie Improvisationen lenkte. Allmählich wurden auch sie mutiger und gingen rascher auf seine Impulse ein. Ich packte meinen Bass aus und wagte im Schutz von Pecko´s Klanggewitter ein paar Ausflüge in die mir so fremde Welt der freien Musik.

»Leben ist Improvisation und Improvisation ist Leben«, sagte Pecko wichtig zwischen zwei großen Schlucken Wein und wischte sich mit dem Ärmel den Mund. Ich mochte ihn nicht, wenn er dozierte. Sein Altersabstand zu mir betrug sechs Jahre. Sein Erfahrungsabstand war erheblich größer, das war mir klar. Das musste er mich nicht fühlen lassen. Was ich mir angelesen hatte, hatte er erfahren. Was ich in Roadmovies gesehen hatte, hatte er erlebt und gedreht. Was ich in Fragmenten versuchte, lebte er exzessiv aus. Ich hatte so lange von seinem ruhelosen Leben profitiert, hatte mir in Zeiten des Umbruchs und innerer Wandlung seine Schrankenlosigkeit und Kraft geliehen und hatte all das dann doch gleich wieder auf Flaschen gezogen, damit es erträglich blieb. Ich hatte mein bürgerliches Leben lediglich mit ihm gewürzt, damit ich es nicht verlassen musste. Nun aber erlebte ich ihn pur. Und er war schwer auszuhalten. Es war bemerkenswert, wie viel er von allem vertrug. So viel Wein, eine solche Menge von Klangeindrücken, derart lange Phasen von musikalischer Extase. Mich kostete das regelmäßig den Nachtschlaf. Mein Nervensystem brauchte lange, bis es sich von solcher Intensität gelöst und zu innerer Balance gefunden hatte. Manchmal Tage.

Pecko lebte von Rausch zu Rausch. Dazwischen schlief er. Komatös. Später in der Nacht unruhig. Furzte im Schlaf, flüsterte und murmelte, wand seine Decke um den Bauch und trat sie wieder weg. Schnarchte und schnappte nach Luft. Es war nicht leicht, neben ihm Ruhe zu finden. Meist ging ich Stunden vor ihm zu Bett – in der Hoffnung, schon zu schlafen, wenn er kam.

Gestern wachte ich auf, als er die Türe öffnete. Sonst hatte mich das unaufdringliche Knarzen der Türangeln nicht gestört. Aber diesmal fand ich mich in einer Art gespannter Wachsamkeit. Als hätte ich vorher gar nicht geschlafen. Irgend etwas war anders. Ich hörte nicht nur seine Schritte auf den knarrenden Dielen. Ich hörte ein leises Lachen.

Eine Frauenstimme.

Vorsichtig öffnete ich ein Auge zum Spalt, ohne zu erkennen zu geben, dass ich wach war. Ich sah die Umrisse von Pecko´s massiger Gestalt im Türrahmen. Sonst nichts. Er bewegte sich nicht. Und doch geschah etwas. Eine Spannung, eine Energie breitete sich aus. Und erst nach einer Weile hob sich aus der Schwärze von Pecko´s Schatten allmählich eine zweite Gestalt hervor, eine viel kleinere, zierliche Frau, die auf den Zehenspitzen stehend die Arme um seinen Hals geschlungen hatte.

Die beiden umarmten sich ruhig und ausgiebig.

Sie griff sich ins Haar, löste eine Spange, legte den Kopf in den Nacken und strich ein paarmal ihren Zopf entlang, bis ihr die schwarze Mähne in Wellen über den Rücken floss. Pecko streichelte den Träger ihres Hemdchens von der Schulter und küsste sie behutsam auf den Hals. Ich staunte, wie sanft er sein konnte. Seine Hände glitten dunkel über ihre helle Haut. Das Hemd glitt herab und blieb wie ein Kranz auf ihren Hüften liegen. Wieder reckte sie sich zu ihm hoch und fuhr unter sein T-shirt. Er zog es sich über den Kopf und sie schmiegte sich an seine Brust. Er wiegte sie leise und flüstere ihr etwas ins Ohr. Sie machte einen gurrenden Laut und löste seinen Gürtel. Ihr Rock glitt zu Boden, umgrenzte ihre nackten Füße. Sanft aber bestimmt strich Pecko ihr den Schlüpfer über den Po. Er umfasste sie mit beiden Händen und bog ihre Gesäßhälften ein wenig auseinander. Sie drängte sich an ihn, zog sich an ihm hoch und schlang ihre Beine um ihn. Pecko machte ein paar unsichere Schritte Richtung Bett, wobei er hinter sich die Tür zutrat. Behutsam legte er das Mädchen in das Knäuel von Decken und Kissen direkt neben mich. Sie hielt ihn noch immer umklammert, sodass er sich vornüberbeugen musste. Sein von Wein und Knoblauch angereicherter Atem streifte mich. Sie ließ ihn erst los, als ihr Blick auf mich fiel. Ein leises Erschrecken, dann bekamen ihre tiefdunklen Augen etwas Samtenes. Es gibt Weine, spanische Weine, in denen alle dunklen Noten sich begrüßen: Lakritz, Beeren, Tabak, Zimt, Kardamom, Leder, Holz. Von der Sonne in den Wein gebrannt leuchtet es aus jedem Schluck. Weich, voll, intensiv und sanft zugleich. Sie war kein Mädchen mehr. Sie war eine junge, aber reife Frau. Es gibt eine Schönheit, der die Jahre nichts anhaben können. Eine Art von Unzerstörbarkeit, mit der nur wenige beschenkt sind. Eine Aura, die mit der Zeit still an Strahlkraft gewinnt.

So schaute sie unter Pecko´s verschwitztem Körper hervor, der sie für einen Moment unter sich begrub. Als er sich aufrichtete, wurde das Wunder sichtbar – glatte, mondblasse Haut, kleine, runde Brüste mit dunklen Höfen, zarte Schultern, schlanke Arme, die ausgeprägte Neige zwischen Taille und Becken, ihr üppiges, schwarzes Schamhaar. Pecko ließ sich vor dem Bett auf die Knie nieder und begann, ihre Beine zu massieren. Er streichelte und knetete ihre Füße, sog an ihren Zehen. Ihre Augenlider senkten sich ein paar Mal genussvoll, ohne dass sie aufhörte, mich anzuschauen. Silbrig wie ein Schilfhalm die lange Narbe, die seitlich ihren Schenkel hinaufführte. Wie war ihr zarter Körper damit fertig geworden? Ihr noch immer auf mich gerichteter Blick wurde unter Pecko´s Liebkosungen wärmer, bis sie mich schließlich kraftvoll umarmte und nach meinen Lippen schnappte. Sie zog die Decke zwischen uns weg. Als Pecko in sie eindrang, preßte sie ihre Brüste an mich und saugte sich an meinen Lippen fest. Ich fühlte ihre Wärme. Ein süßer, würziger Duft stieg auf. Sie fuhr mir durchs Haar, während sie, während wir von Peckos Stößen sanft erschüttert wurden. Irgendwann hörte ich seine Stimme, ein Seufzen, ein Singen. Ungewöhnlich hoch für ihn. Aus den Augenwinkeln sah ich ihn zu Boden sinken.

Der Atem des Mädchens flog. Sie drängte sich an mich, nahm mich zwischen ihre Beine und presste ihre Scham an meinen Oberschenkel. Ein Zittern. Sie kam ohne einen Laut. Ein klares Speicheltröpfchen in ihrem Mundwinkel, ich küsste es weg, nahm sie in die Arme und schaukelte sie leise, bis ihr Atem sich beruhigt hatte.

Als ich mich von ihr lösen wollte, hielt sie mich fest. Ich

atmete ihren Atem, roch ihre Haut, fühlte ihre Schulter auf meinem Arm. Sie sprach kein Wort. Irgendwann schliefen wir ein.

Als ich erwachte, lag Pecko noch immer vor dem Bett. Er schnarchte. Neben mir war der Abdruck in den Decken und Kissen noch warm.

Meine Arme lagen um sie, die gar nicht mehr da war.

An dem Kopfkissen haftete wie angeweht eine kleine, schwarze Feder.

Aus dem Wald auf der gegenüberliegenden Anhöhe flog mich eine Traurigkeit an, legte sich wie ein Schleier über mein Gemüt. Ich fühlte mich alt. Stand da wie einer, der am Ende einer Mole aufs Meer schaut. War da, wo alles Land endet, und wusste nicht weiter.

Ich wollte jetzt fort von hier. Ich verhandelte nicht mehr um weitere Tage. Die Sonne in meinem Rücken warf meinen Schatten vor mir auf den Weg. Ich folgte dem dunklen alter ego.

Pecko hatte das wohl geahnt. Als ich unser Zimmer betrat, stand sein Gepäck schon an der Tür. Er nickte kurz, als er mich sah, zog die Nase hoch und ging hinunter, um den Wagen zu holen. Im Zimmer schwebte noch ein würziger, süßer Duft.

Trotz des Sonnenscheins war es kühl. Die Autoscheiben trugen zu den Rändern hin glitzernde Schwaden. Ich hatte den Wunsch geäußert, für heute der Fahrer zu sein, und saß jetzt auf Pecko´s Platz. Es gab nur eine Straße, die nach Nordosten – Schlaglöcher, die dem alten Bus alles abverlangten. Das Land um uns wurde flacher, wir fuhren in die Einsamkeit hinaus. Das Fahren wurde allmählich wieder ein

Gleiten. Unter dem Bus zog die jetzt topfebene Landschaft durch wie eine endlose Filmrolle, Vögel segelten eine Weile mit uns und drehten dann ab. Die Sonne beschrieb einen Halbkreis und verschwand so rasch, wie ich es nie erlebt hatte, irgendwo in der Erde. In dem trüben Licht, das blieb, brütete stumme Trauer. Ein altes Verlassenheitsgefühl näherte sich, das sich nicht abweisen ließ. Ich hatte gehofft, es mit unserer Reise hinter mir lassen zu können. Aber es war mir schattenhaft gefolgt und stand dunkel am Weg. Immer wieder. Die Sonne ging unter und auf und unter. Oft war sie nur als fahle Scheibe hinter den Wolken zu sehen. Nur selten ein flüchtiges Gleißen. Es wurde kälter. Silbrige Flechten bedeckten die wenigen Baumstämme, die sich knorrig in der Ebene erhoben, stumme Veteranen.

Pecko war einsilbig. Gelegentlich erzählte er von Workshops, die er bei seinem letzten Aufenthalt in New York gehalten hatte. Von seiner Wohnung dort, in der es ja bekanntlich nur ein Bett und einen Bass gab, damit er durch nichts abgelenkt würde. Nur ein Bett und einen Bass. Er besaß so eine unverschämte Eindeutigkeit. Er konnte so kompromisslos in eine Richtung gehen und sich um niemanden und nichts scheren. Wie damals, als ihm der »Von-der-Heydt–Preis« seiner Heimatstadt verliehen wurde. Nach den Reden des Oberbürgermeisters und einiger Kulturschaffender griff er zu seinem Zweitbass, rotzte eine unverständliche Improvisation hin und nahm dann die Glückwünsche – auch meinen – wie ein Roboter entgegen. Maschinell wie eine Aufziehpuppe ließ er die Hand vorschnellen, sagte unter ruckartiger Verbeugung des ganzen Oberkörpers mit fremder Fistelstimme »Danke! Bitte! – Danke! Bitte!«. Dazu lächelte er wie die Karikatur eines Chinesen. Das Ganze wiederholte er bis zum letzten Gratulanten. Niemand sagte etwas, um die feierliche Note der Preisverleihung nicht auf´s Spiel zu setzen. Ich hasste ihn dafür. Ich fand das unverantwortlich – auch mir gegenüber. Immerhin war ich sein Freund und Bass-Schüler. Bei ihm wollte ich lernen zu improvisieren, nicht nur musikalisch. Vielleicht wollte ich in Wahrheit einfach nur teilhaben an seinem unorthodoxen Leben. Einmal in der Woche eine Stunde. Das war die Dosis, die ich gerade so vertragen konnte, ohne nachhaltig erschüttert zu werden und ohne Gefahr zu laufen, meinem Leben eine neue Richtung geben zu müssen. Das System der Kirchentonarten, das dem Jazz sein Material gegeben hatte. Die Ära Charly Parker und der Bebop. Coltrains freie Improvisationen als Vorahnung der Auflösung tonaler Bindungen. Das Ende der Kadenz, der 2-5-1-Verbindungen. Die völlige Freiheit musikalischer Lautäußerung, verantwortlich nur dem inneren Selbst und dem äußeren Reiz. Aber da war Charly Parkers beiläufiger Satz, der mir zur ewigen Grenze wurde:

»Was nicht in dir drin ist, kann auch nicht aus deinem Horn rauskommen.«

Ja, verdammt noch mal!

Ich war immer nur ein Schüler, ein Epigone, einer, der an dem nippte, was Pecko in einem Zug heruntergoss. Einer, der seine lines nachspielte und sich gelegentlich nach New York träumte.

An ihm spürte ich meine Unentschiedenheit, an seiner Klarheit meine Skrupel. Er machte, was er dachte. Ich machte, was kalkulierbar war. Er setzte sich aufs Spiel, ich sicherte mich ab. Ihm gaben sich die Frauen hin, bei mir suchten sie Verständnis.

Ich hatte keine klare Vorstellung von unserem nächsten Ziel. Meine Leere ließ sich mit nichts erfüllen. Aber irgendwie war ich mir in dieser Leere nah, fühlte, dass ich nichts fühlte, und wurde langsam eins mit dem Bewusstsein, nicht zu existieren. Meine Hände steuerten noch. Meine Füße bremsten, kuppelten, wenn es nötig war. Ich reagierte noch auf die Richtungsveränderungen der Piste. Aber mich gab es nicht mehr. Ich war richtig abgestürzt. Vielleicht fühlte ich, was schon lange der Fall war: Ich existierte nicht. Ich hatte dieses Leben irgendwann schleichend verlassen, ohne es zu merken.

Die bürgerlichen Räume um mich hatten mir lange Zeit äußere Grenzen geschenkt, ein Gefühl von Intaktheit. Aber drinnen war ich leer wie ein Theater am Morgen.

Ich suchte in meinen Erinnerungen nach dem Zeitpunkt, an dem es begonnen hatte, dieses schleichende Verlassen. Ich schritt immer wieder den Zeitstrahl meines Lebens ab, blieb beim dreißigsten Jahr stehen und zoomte es größer.

Ein Seewind wehte mich an. Damals auf Amrum, mit Henriette, die Kinder waren noch klein. Da war es mir zum ersten mal bewusst geworden, dieses Nicht – Sein.

Es ist ein geheimnisvolles Schattenreich, unser Gedächtnis. Du betrittst es nie, ohne zu erleben, was Du siehst. Das ist kein bloßes Protokoll deines Lebens, das man mal so durchgeht mit dem Finger auf den Zeilenanfängen. Das ist ein Panoptikum mit tausend Türen, hinter denen Stürme toben, Ebenen sich still weiten, Kinder geboren werden und Verletzte schreien. Das kannst du nicht einfach hinter Glas anschauen. Da fällt die Tür, die du aufstößt, gleich hinter dir ins Schloss und du bist mittendrin. Ausgeliefert. Das brandet dich an, das reißt dich fort und lässt dich nicht, bis du dich selbst befreit hast.

Ich stieß die Tür zum dreißigsten Jahr auf und fand mich in einem Traum, der mich in diesem Jahr mehrmals heimgesucht hatte.

Stets hatte er damit begonnen, dass ich auf einer mit rotem Kunstleder bezogenen, speckigen Bank liegend erwachte. Rhythmisches Stoßen und Schlingern brachte meine Wahrnehmung allmählich auf die Spur. Aus einem Nebel von Müdigkeit und Traumschwere stieg in mir die Ahnung auf: fahrender Zug. Ich in einem fahrenden Zug. Schwindel, Übelkeit, ein fischig-fader Geschmack auf der trockenen, klebrigen Zunge. Ich fahre Zug. Eine Cola-Dose rollte zögernd und entschlusslos kleine, braune Kleckse malend unter das Klapptischchen am Fenster.

Ein Rumoren im Bauch, als sei dort unterhalb des Magens das Zentrum eines Erdbebens. Das Fenster, schwarz wie Tusche. Wellenartig breitete sich Unruhe in mir aus. Nie zuvor hatte ich ein solch totales Gefühl erlebt, das mein Bewusstsein zum Statisten machte und mich ohnmächtig miterleben ließ, wie in meinem Bauch eine Art seelischer Kernschmelze einsetzte, die bald auch auf Beine und Arme übergriff. Supergau der Gefühle, Lähmung des Bewegungsapparates. Enge, Atemnot, Herzklopfen, heiße Angst, die mich weich machte wie Magma und zu einem riesigen vulkanischen Trichter stülpte. Wie wenn ich zum Rand eines lodernden, brodelnden Lochs mutierte, mich in einer gewaltigen Eruption atomisieren und nach außen katapultieren würde, um mich in einem Regen anonymer Partikel im All zu verlieren.

Ich sprang auf, taumelte zwischen leeren Bänken an kalten, metallenen Streben Halt suchend auf eine Schiebetür zu, in deren Glas ich meine angstvoll starren Augen unter wirren Haaren wiedererkannte. Ich riss die Tür auf, mein Zerrbild verschwand. Ich hastete durch mehrere Wagen hindurch zur

Toilette. In der jähen Bewegung ebbte die Panik ab, als hätte ich sie vorübergehend abgehängt, als ließe sie sich von der eilig verschlossenen Klotüre aussperren. Schwankend stand ich in der engen Kabine. Noch immer Herzklopfen bis zum Hals. Die explosive Panik war einem Gefühl zittriger Schwäche gewichen. Mein Penis hatte sich schreckhaft verkrochen – kaum zu finden. Die verknautschte Vorhaut zauberte ein bizarres Tropfenmuster neben den Klotopf, bis der Strahl sich unter gleichmäßigem Druck seinen Weg bahnte: Erdverbindung, ruhiger Durchfluss, Entspannung, Atmen.

Schlapp und schwer wie nach langer Krankheit schlurfte ich zurück an meinen Platz. Ich hätte überall sitzen können. Andere Fahrgäste waren nicht auszumachen. Ich war offenkundig allein in diesem Zug. Aber ein vager Ordnungssinn wies mir den Platz an, auf dem ich eben erwacht war. Verzweifelt versuchte ich, aufrecht sitzend und angestrengt, meine Gedanken zu organisieren. Ich konnte mich nicht erinnern, jemals irgendwo abgefahren zu sein. Ich fand mich auf unerklärliche Weise unterwegs, ohne zu wissen, wo und wann ich diesen Zug bestiegen hatte. Ich wußte nichts über die nächtliche Fahrt, wußte nur meinen Namen: Harry. Ich, Harry, fahre nachts allein Zug. Das war der vorläufige Stand meiner Erkenntnisse. Müde sank ich auf die Bank zurück. Keine Aussicht auf Klärung.

Gegenüber an der Wand warb ein Foto hinter Plexiglas für einen bayrischen Kurort. In der abgestandenen Luft schwebte der Geruch von Zigarettenkippen, 4711 und Apfelsinenschalen. Eine Spur von Menschen. Nur dass ich niemanden fragen konnte. Allein. Ich versuchte mich zu beruhigen, aber es blieb die unerträgliche Vorstellung, mich in einer ungewissen Lebenslage zu befinden. Grübelnd fuhren meine Überlegungen Karussell. Das Fenster.

»Ich öffne das Fenster und lese Städtenamen auf Bahnhofsschildern«, fuhr es mir durch den Kopf. Ich brauchte lange von diesem Gedanken bis zu dem Versuch, das Fenster tatsächlich aufzuschieben. Es ging nicht. Mit aller Kraft zog ich an den Griffen: Nichts. Ich versuchte es mit dem nächsten Fenster und dem übernächsten: Verdammt! Unruhe stieg wieder in mir auf.

»Ich werde im Zug nach vorne gehen«, sagte ich mir. Vorne ist ein Triebwagen, eine Lokomotive, irgendein Mensch, der diesen Zug fährt. Den werde ich fragen. Ich lief den Gang entlang, riss eine Schiebetür nach der anderen auf, bis ich an die letzte kam. Die war verschlossen, schwarz, undurchdringlich. Schreiend schlug ich mit den Fäusten gegen das kalte Glas, trat gegen den Aluminiumrahmen, dass es schepperte, und spuckte meinem Spiegelbild voller Zorn und Verzweiflung ins Gesicht. In zwei glitzernden, blasigen Bahnen rann mein Speichel nach schräg rechts unten: Kurvenfahrt. Immerhin. Eine direkte Verbindung nach draußen gab es nicht. Aber ich konnte von den Phänomenen im Zug, von meinem kriechend langsam rechts abdriftenden Speichel, wenigstens bruchstückhaft auf meine Lage schließen. Im Augenblick befand ich, Harry, mich zugfahrend nachts allein in einer Linkskurve.

Soweit der Traum. Seine Wiederholungen variierten. Träume sind dennoch präzise.

Das dreißigste Jahr hatte mich mit Panikattacken bekannt gemacht. Ich erlebte sie zum ersten Mal während eines Urlaubs auf der Nordseeinsel Amrum mit Henriette und den Kindern.

Ich erinnerte mich an den Morgen, nachdem ich den Traum zum ersten Mal geträumt hatte.

Sonnenstrahlen bahnten sich vorsichtig den Weg durch einen Schlitz zwischen schweren, braunen Vorhängen. Ich spürte Kopfschmerzen und hielt Umschau. Geblümte, gelbe Wände umstanden mich. Neben dem Bett dehnte sich ein blaugrüner, mit großen Ornamenten gemusterter Teppichboden. Um mich ein klumpiges, kaltes Daunenplumeau. Ich klebte zwischen Deckbett und Laken in einem durchgeschwitzten Flanellschlafanzug. Es roch muffig, unbewohnt. Neben mir kringelten sich dunkelbraune Locken auf rosafarbener Bettwäsche. Henriette. Sie schlief noch. Im Schutz ihres gleichmäßigen Atems konnte ich ungestört zu mir kommen. Ein übles Gefühl war von der Nacht geblieben. Der Druck schwerer Traumbilder, ohne dass sich Einzelheiten ins Licht hoben. Etwas mit einem Zug. Ich würde später versuchen, mich zu erinnern. Erst einmal beschäftigte mich mein erkalteter Nachtschweiß. Langsam, zentimeterweise hob ich das Plumeau auf. Ein kühler Hauch fuhr unter das Deckbett. Ich fror, stellte mir vor, wie ich mich vorsichtig über meine rechte Seite aus dem Bett wälzen könnte, ohne dass Henriette etwas bemerkte, blieb aber liegen. In meiner Vorstellung schlich ich mich langsam, ohne ein Geräusch zu verursachen, aus dem Zimmer und tastete mich zum Bad vor, bis mich in sicherem Abstand unter der Dusche ein heißer Wasserschwall belebte. Ich malte mir aus, dass ich meine von der Hitze noch dampfende Haut mit einem frischen, dunkelblauen Frotteehandtuch trocken rubbelte. Ein kühlender Sprühnebel Deodorant unter jede Achselhöhle, ein wenig Eau de Cologne auf die Brust.

Tatsächlich aber lag ich zwischen matschigkalten Daunenklumpen. Unruhe überkam mich. Ich fühlte mich einsam. Seit dem Vorabend waren wir auf der Insel. Henriette war es nach See gewesen, nach Strandkorb und Lesen.

»Amrum«, hatte ich gesagt. Das war´s, was mir zu See eingefallen war. Amrum, das ewige Ferienziel meiner Kinderzeit. Warum bloß? Und warum jetzt wieder? Amrum, Nordspitze, Strandhalle, Teer an den Füßen, der lange Plattenweg zum Strand. Jonny, der Strandkorbvermieter, braungegerbt, Fernblick, muskulös in engen Jeans, von langbeinigen Mädchen sehnsuchtsvoll umlagert. Ich hatte das auch probiert, damals mit Mutter auf der Insel. Mein sehnlichster Wunsch: Jeans. Die Magie des Ruchlosen. Aber bei mir hatte das enge Hosenbund in den weichen Bauch gekniffen und Blähungen verursacht. Ich hatte sie dennoch getragen, die Nietenhosen, tapfer aber traurig, weil mir mein Becken breiter erschienen war als meine Schultern. Schrecklich.

Bei der Überfahrt hatten unsere Kinder, Julius und Felix, sich bei den Händen gefasst und waren um den Flaggenmast am Oberdeck getanzt. Ich hatte zu Henriette hinüber gelächelt.

»Das wird schön«, hatte sie in den Wind gerufen und mich dabei untergehakt. Vor uns war aus dem Dunst das Kurhaus von Wittdün aufgetaucht, davor das Filigran des Holzsteges. Ankunft Wittdün 17.45h. Unsterbliche Möwen, die noch immer artistisch nach den in die Luft geworfenen Brotresten jagten. Das »Kjäh, kjäh« der Austernfischer, warmer Dieselhauch und flatternde Kapuzen. An die zwölf Mal war ich hier angekommen. Das erste Mal fötal als Mitreisender im Mutterbauch. Danach krabbelnd, sitzend, sprechend, gehend, je nach Entwicklungsstand. Zuletzt mit achtzehn Jahren. Stets hatte mir das Klima zu schaffen gemacht, obschon ich der mütterlichen Weisung Folge geleistet hatte, unter keinen Umständen in den ersten drei Tagen auf der Insel den Strand aufzusuchen. Die Luft sei dort zu rau für mich.

»Nordsee – Mordsee«, hieß es.

Ein blassblauer Bus hatte uns nach Norddorf gebracht, 50er Jahre-Charme. Der Süd-Westwind hatte einen Hauch feinen weißen Sandes über die Straße gelegt und mir ein Gefühl vermittelt, das ich lange vergessen hatte: Fernweh. Dieser Sand, der mit dem Wind mitreist, hatte mich als Kind an Südseestrände erinnert. Die Phantasie hatte den eintönigen Inselalltag erträglich gemacht.

Der Inselbus war an einem kleinen, mit Stiefmütterchen bepflanzten Rondell zum Stehen gekommen.

»Ohne Auto ist es schöner auf der Insel«, hatte Henriette beim Aussteigen gesagt. Mir war es mulmig zumute gewesen. Das Auto bedeutete für mich Beweglichkeit, stete Möglichkeit zur Umkehr, potentielle Flucht, so etwas wie den Rest einer freien Entscheidung. Die gab es nun nicht mehr.

Die ersten Schritte in Norddorf hatten am Kaufhaus Jan Jannen vorbeigeführt. Alles wie früher: Der Geruch nach bunten Plastikbällen, Spielzeug, Andenken, in Harz gegossene Muscheln mit einem Stück künstlichem Seetang, Seepferdchen, Seesterne, kleine, blaue Schaufeln mit gelben Stielen, schnarrende Zelluloidflugzeuge. Aber dann die Buden auf der Dorfstraße. So hatte ich Norddorf nicht in Erinnerung. Ein Volksfest hatte eben erst begonnen und sollte noch Tage andauern. Volksmusik aus zig Lautsprechern und die Pension, unsere Pension, mitten drin. Ich hatte den Urlaub abgearbeitet und erschöpft angetreten und blieb nun ruhelos bis tief in die Nacht. Die stupide Musik war in meine Schlafbereitschaft eingedrungen und hatte sie nachhaltig zersetzt. Eine Invasion trivialer Vergnügungsseligkeit. Kein Gesetz, keine Kurordnung oder etwas ähnliches hatte mein Ruhebedürfnis geschützt. Henriette und die Kinder waren postwendend eingeschlafen.

Ich hatte mich noch lange dem Ärger und Selbstmitleid hingegeben. Reisen hatte ich stets als eine spezifische Weise empfunden, mein Dasein aufs Spiel zu setzen. Folglich strengten sie mich an. Niemals hatte ich Koffer gepackt ohne das skeptisch melancholische Gefühl: Kann sein, dass ich nicht wiederkomme. Dabei war dieses Ahnen nie mit Lust verbunden gewesen. Ich hatte Angst gespürt und Wehmut. Nicht wiederzukehren war mir das Schlimmste, was hätte passieren können. Auf der Anreise hatten wir irgendwo kurz vor Hamburg einen Menschen sitzen sehen auf dem Grünstreifen der Autobahn mit einem frischen Kopfverband, von hellem Blut durchtränkt, grün, weiß, rot, grell wie die italienische Flagge. Daneben – seltsam verrenkt – eine zweite Person vor einem Knäuel aus Blech, Grasfetzen und Glas. Nein, das war kein Un-fall gewesen, keine Ausnahme von der Regel. Das war eben der Fall. Es war an der Tagesordnung, dass so etwas geschah. Damit musste man rechnen. Jeder Aufbruch konnte so enden, und es war schon als Kind meine feste Überzeugung gewesen, dass es ein solches oder ähnliches Ende mit mir nehmen würde, falls ich nicht aufpasste. Jede Reise war darum für mich eine Prüfung meiner Wachsamkeit. Mehr Stress als Erholung.

Besser, man brach gar nicht erst auf.

Beim Frühstück hatte ich Umschau gehalten. Nur wenige Gäste an den übrigen Tischen. Keiner jünger als sechzig.

Henriette und ihr Feriengesicht, schon jetzt mit einem Anflug von Bräune. Sommerlicher Teint um ihre wasserblauen Augen. Nichts würde sie in den kommenden drei Wochen davon abhalten, sich ausgiebig zu erholen. Für ihr Leben gern lag sie in einem Strandkorb und las, knabberte Kekse und ließ den Tag verstreichen. Sie lebte dann einfach und brauchte nichts weiter. Julius und Felix spielten während dessen selbstvergessen mit den anlaufenden Wellen, ließen Burgen und Städte entstehen, Kanäle und Häfen, um später deren Zerstörung durch die fortschreitende Flut zu beobachten. Ich fiel dann regelmäßig in eine Mischung aus Wut und Einsamkeit. Das passte alles. Meine Frau – glücklich, Julius und Felix – versunken und beschäftigt. Es gab Zeit, endlich einmal Zeit genug, ohne Telefon, ohne Kindergeschrei, ohne Termindruck beieinander zu sitzen und Seele an Seele Ruhe zu fühlen, Behaglichkeit zu atmen, Wärme zu schenken. Ich hätte nur ja sagen müssen zu alledem. Ich hätte nur noch Platz nehmen müssen neben Henriette, hätte irgendwie da hinein passen müssen. Dann wäre alles ganz leicht gewesen. Stattdessen bemächtigte sich meiner in solchen Ferienzeiten ein Gefühl aus Kindertagen.

Ich fühlte mich nicht zugehörig. Ich wusste nicht, warum, und konnte diesem Gefühl nichts entgegensetzen. Ich fühlte mich ganz einfach fremd. Ausgesetzt in einem Paradies, das nicht meines war. Angeflogen von einer Sehnsucht, die mir zuflüsterte, dass ich irgendwann einmal gehen würde aus alledem.

Ich zoomte diesen Ausschnitt aus dem dreißigsten Jahr noch ein bisschen größer, holte ihn näher. Nicht alles fühlte sich fremd an.

Manchmal war ich, wenn ich das Gefühl hatte, nun lange genug mit den Kindern gespielt und lesend im Strandkorb gesessen zu haben, alleine losgezogen. So ein bisschen los schlendern und mit wachsender Entfernung sich selber näher kommen. Ruhiger werden mit zunehmender Distanz. So etwas wie die Süße der Einsamkeit. So etwas wie ein Ich erleben und es als Lust erleben. Das gelang mir manchmal. Die spitzen Enden des Dünengrases hatten winzig kleine Läsionen auf meinen Schienbeinen hinterlassen. Die Haut juckte und brannte ein wenig. Eben war ich auf einem schmalen Sandpfad eine steile Düne herab gerannt. Tief hatten meine Füße sich im abwärts quellenden Sand abgestützt. Zwischen Rennen, Fliegen und Stürzen: fünfzig Schritte Seligkeit wie damals, wenn ich mich von der Mouson-duftenden Mutter zu Alleingängen durch die Dünenwüste davongestohlen hatte.

Schwer atmend lag ich im heißen, rieseligen Sand. Vier Tage waren wir schon auf der Insel. Julius und Felix bauten mit anderen Kindern an einem größeren Burg-Projekt. Im Kaufhaus Jan Jannen hatte ich Henriette eine Brigitte gekauft. Mit einem Kuss hatte ich ihr viel Spaß beim Schmökern gewünscht. Niemand würde mich jetzt suchen.

Über mir gab eine Senke zwischen zwei grasbewachsenen Sanderhebungen den Blick auf den Spülsaum des Meeres frei. Für einen Augenblick ließ ich mich bäuchlings in den Sand gleiten, lag mit geschlossenen Augen in der wohligen Wärme. Dann blickte ich auf. Vor mir dehnte sich der Strand. Ich atmete tief und fühlte seit Tagen zum ersten Mal Ruhe, Behaglichkeit. Der Wind strich warm über mich hinweg. Das an- und abschwellende Rauschen der Brandung begann, die Leere meines Innenraumes zu füllen.

Ich wandte mich um, drehte mich auf den Rücken. Kleine Schauern rieselnden Sandes krochen an mir herab. Mein Blick glitt durch das Rund eines Dünentales mit einer tellerebenen Mitte. Dort unten war der Sand dunkler, wahrscheinlich feuchter und kälter, auch fester. Grete fiel mir ein. Grete aus Waltrop mit ihrem grau schwarz getigerten Badeanzug. Jedes Jahr war sie mit ihren Eltern hier gewesen. Jedes Jahr hatte ich mich auf sie gefreut. Jahr um Jahr waren ihre Wangenknochen stärker hervorgetreten, hatte sich aus einem runden Kindergesicht das Antlitz eines rassigen Mädchens entwickelt. Ihre schwarzen, dichten Haare trug sie bald jungenhaft kurz. Die kühne, von der Sonne rotbraun gegerbte Nase gab ihr etwas Habichtartiges. Grete hatte einen vollen, üppigen Mund, zu dem mir nur das Wort »schön« einfiel – ihre weißen Zähne, die sich in lebendiger Unordnung allen kieferorthopädischen Disziplinierungsversuchen widersetzt hatten. Grete hatte etwas Ungezähmtes, Eigenwilliges. Schlank war sie geblieben, langbeinig. Aber ihr grau schwarzer Badeanzug war mit den Jahren knapper geworden. Ein winziges bisschen wölbte er sich eines Sommers über kleinen, festen Brüsten, die eigentlich nur dann sicher zu lokalisieren waren, wenn Grete fror. Mehr wuchs auch später an dieser Stelle nicht. Aber meine Aufregung war groß gewesen, wenn mein Blick unter dem Vorwand der Beiläufigkeit sekundenschnell über die beiden Erhebungen geglitten war wie ein schamhaft-flüchtiges Streicheln. Das Blut war mir in den Kopf geschossen, wenn ich mich dabei ertappt gefühlt hatte. Zwei oder drei Jahre später hatte ich nur mit Mühe an einer weiteren Veränderung an Gretes Erscheinung vorbeisehen können: Irgendetwas unterhalb ihrer schlanken Taille war anders geworden. Ihre Hüften waren schmal wie eh und je gewesen. Aber sie war nicht gegangen wie sonst. Ihre Schritte hatten etwas Wiegendes bekommen. Der stramme Mädchenpo wirkte plötzlich herausfordernd, teilte sich so anmutig, zitterte ein wenig nach, wenn sie auftrat.

Ich fühlte mein Herz schlagen. Alles so nah, frisch wie ein angeschnittener Apfel. Meine Augen wanderten über die Dünenkette ins Tal hinab. Ich wünschte mir Grete her. Traurig blickte ich auf das leere Rund, hörte das ausgelassene Lachen, das sirrende Geräusch, mit dem ein Plastikball hochschnellt, wenn man ihn auf die Erde schmettert. Ich fühlte mich verlassen und wandte mich zum Gehen.

Mit schweren Schritten hielt ich auf die Strandkorbreihe zu, die am dichtesten am Spülsaum stand. Flache Wasserlachen waren von der letzten Flut geblieben, unangenehm kalt. Die Sonne zog sich allmählich hinter dichte Wolkenschleier zurück. Wind kam auf. Henriette war mir schon entgegen gegangen, einen Pullover um die Schultern. Ohne Schuhe war sie noch ein Stückchen kleiner. Ihr lockiges Haar fiel zu beiden Seiten über ihre schmalen Schultern herab.

»Du warst lange weg! Wie war´s?«

»Langweilig.«

»Willst du abgelöst werden?«, murmelte Pecko leise.

Das erste Mal, dass er sprach, seit wir von dem Dorf aufgebrochen waren. Er schien ganz zufrieden damit, dass er nicht fahren musste. Phasenweise schlief er. Dann las er in einem grünlichen Buch. Keith Jonestone: »Improvisationstheater«. Worum es da ginge, wollte ich wissen. Das müsse ich unbedingt lesen. Es sei schon faszinierend, wie der Status von Personen sich mit ihren Bewegungen verändere. Menschen zum Beispiel, die sich schnell bewegten, hastig und unruhig wirkten, hätten einen niedrigeren Status, also weniger Wertschätzung durch sich selbst und durch andere, als Menschen, die sich langsam und gelassen bewegten. Der Status steige mit der Fähigkeit, langsam zu sein. Langsamkeit verleihe einem Menschen Würde. Hektische Geschäftigkeit nehme sie ihm.

Pecko war nicht nur Musiker. Er hatte sich mit Kino beschäftigt, hatte in Paris und anderswo Stummfilme live vertont. Er wusste und fühlte, wie man Handlung durch Musik verstärken, konterkarieren oder umdeuten konnte. Die Korrespondenz mit Tänzern gehörte zu seinen Stärken. Zwei Menschen auf der Bühne, die mit unterschiedlichen Ausdrucksmitteln ins Gespräch kommen. Wie Migranten aus verschiedenen Ländern, die jeder in seiner Sprache suchen deutlich zu werden. Tastende Versuche, welcher Impuls beim Andern welche Wirkung hervorruft. Offensives Behaupten, stilles Lauschen, wildes Durcheinander, liebevolles pas des deux. Ein Sich – Einlassen auf einen Prozess, dessen Verlauf und Ausgang meist gar nicht und selten vage vorgeplant ist. Improvisation im Dialog. Dazu braucht man Mut und Abenteuerlust.

Ich hatte mit Pecko vor längerer Zeit einen Workshop veranstaltet. Meine Arbeit als Lehrer hatte ich mit Kulturarbeit verknüpft. Mir war bewusst geworden, dass Schule einen umfassenden Bildungsauftrag besitzt. »Türen und Fenster auf!«, hatte ich gerufen. Und die Wirkung tat nicht nur mir gut. Die Verantwortlichen in der Schulleitung konnten dem nur zögernd folgen. Und so blieben meine Kulturveranstaltungen irgendwie brav, halbherzig finanziert, wenig bewegend. Aber gut.

Der Workshop mit Pecko war da schon von ganz anderem Kaliber. Zum ersten Mal waren Menschen aus der freien Musikszene in die Aula gekommen. Ein Eigenwille schaffte sich Raum. Wir wollten gemeinsam mit Schülern musikalische Improvisation und Lebensgestaltung in Beziehung bringen.

»Leben als Akt der Improvisation.« So hieß der Workshop.

»Wie können wir Erfahrungen aus der musikalischen Improvisation in Lebensvollzüge überführen?«, fragten wir uns an Pecko´s rundem Tisch im zweiten seiner beiden Räume. Ein Lautpoet war mit von der Partie, ein ehemaliger Buchhändler und Taxifahrer. Er wurde, als er seine Vorstellung vom Verlauf des Workshops skizzieren wollte, von Pecko ausgebremst. Er, Pecko, habe doch wohl mehr Erfahrung in diesen Dingen und stelle sich das Ganze folgendermaßen vor. Der Poet schwieg erschrocken und schaute ihn über geröteten Wangen durch seine runden Augengläser an. Mir war das peinlich. Aber wir akzeptierten Pecko´s Dominanz und folgten seinem Aufriss, weil wir spürten, dass es stimmte: Er hatte die meiste Erfahrung, es war einfach so.

Wir begannen in einer Gruppe zu etwa zwanzig Menschen mit sehr einfachen Signalen, die wir im weiten Raum der Aula auf die Reise schickten. Jeder spielte oder sang eine kurze improvisierte Tonfolge, und Pecko fragte ab, was wir beim Spielen und Singen von den Anderen gehört hatten: Nicht viel. Jeder war bei sich geblieben.

In mehreren Stufen sollten wir dann unsere Botschaft deutlicher werden lassen, sie verdichten, expressiver machen, unseren musikalischen Gedanken prägnanter auf den Punkt bringen. Und am Ende, als die Luft im Saal vibrierte von einem mächtigen Lärm, fragte Pecko wieder, was wir gehört hatten. Verblüfft stellten wir fest, dass wir viel mehr wahrgenommen hatten als am Anfang. Erstaunlich viele musikalische Botschaften hatten wir trennscharf herausgehört aus dem Brausen und Wogen. Und Pecko war sehr ernst, als er uns einschärfte, dass die Wahrnehmung von der eigenen Deutlichkeit abhängt, vom eigenen Ausdruck.

Diese Erkenntnis war der Grundstein seiner eigenen Kompromisslosigkeit. Er war nicht einfach monomanisch, ichverliebt, wie seine Kritiker ihm unterstellten. Er war deutlich er selbst und das machte ihn feinfühlig für andere. Abends beim Bier im Café du Congo konnte man ihm abspüren, wie sensibel er hinhörte und hinfühlte. Dann saß er einem gegenüber, vor sich ein altes, metallenes Brillenetui, in dem er neben seiner Lesebrille eine Kugelschreibermine und ein Stückchen Papier aufbewahrte. Interessante Gedanken notierte er während des Gesprächs, und es war wie eine Auszeichnung, wenn er zum silbernen Etui griff und rasch ein paar Zeilen festhielt. Dann war einem wohl gerade ein bedeutungsvoller Satz gelungen. Das waren die Abende, an denen man seine ungeteilte Aufmerksamkeit bekam.

Dieses Brillenetui war mit ihm um die Welt gereist, ein Zettelchen bot ihm genügend Raum für die wichtigsten Gedanken. Seine Wahrheiten waren kurz und prägnant. Selten hörte man ihn lange reden. Seine Geschichten waren einfach, hatten eine Pointe, bewegten einen Gedanken, nicht mehr. Aber sie prägten sich ein. Der alte Mann in Griechenland, mit dem er diesen hammerharten Schnaps getrunken hatte – Pecko beschrieb ihn so: »Der war sein Leben lang nicht aus seinem Dorf herausgekommen, aber der wusste alles.« Er ließ alle schmückende Redundanz, alle relativierenden Einreden, alles Sowohl-als-auch einfach weg und beschränkte sich auf den Kern. Das war das Geheimnis seiner Klarheit. Er sagte alles, es gab keine Tabus. Das ließ ihn mir völlig angstfrei erscheinen, was, wie ich später erfuhr, ein Irrtum war. Dieser Eindruck war das Resultat meiner Perspektive auf ihn. Ich schaute aus der Gebirgswelt eines in weiten Teilen angstgesteuerten Lebens auf seine scheinbar grenzenlose, ebene Freiheit. Ich nahm seine Klarheit wahr aus der Perspektive des wissenschaftlichen Denkens und Schreibens, das alle noch so kleinen Einwände und Widersprüche aufnimmt und behandelt. Wissenschaftlicher Diskurs führt nicht zu Klarheit, sondern in immer neuen wissenschaftlichen Diskurs. Die Einwände und Widersprüche wachsen mit der Erkenntnis und überragen sie womöglich.

Pecko vertraute nicht auf wissenschaftliche Stringenz, sondern auf pures Erleben. Auf seinem Zettel im Brillenkästchen standen keine langen Herleitungen, sondern vom Leben beglaubigte Erfahrungen. Die brauchten keine Begründung, keine Einbettung in logische Binnenstrukturen. Die waren eben seins.

Ich sah wieder einmal die Sonne untergehen und setzte mich auf dem Fahrersitz zurecht. Die fahle Landschaft erinnerte mich an die Sümpfe der Traurigkeit in Michaels Endes Unendlicher Geschichte. Ich hatte sie Julius und Felix vorgelesen und eine mir peinliche Rührung dabei nicht unterdrücken können.

Auch das war im dreißigsten Jahr geschehen.

Das dreißigste Jahr, – es war das Geburtsjahr meiner Angst. Sie flog mich auf Amrum, der Insel meiner ungeliebten Kinderurlaube, vom Meer her an, größer und gewaltiger als alles, was ich bis dahin erlebt hatte. Ich war am Abend noch einmal an die Luft gegangen. Wollte noch ein wenig mit mir allein sein. Leer und dämmrig erschien mir der Strand natürlicher, verständlicher als im bunten Wimmeln der Fähnchen und Badetücher. Ich verlangsamte meine Bewegungen, bis ich still stand und das Nichts des Unendlichen fühlte. Die große Sinnleere des Ganzen.

Im Halbdunkel konnte ich den Übergang zum Wasser nur erahnen. Kaum hob sich der Himmel von der Erde ab. Ein letzter Rest von irisierendem Türkis schwand in der Dämmerung.

Da schob sich langsam vom Meer her etwas Dunkles auf mich zu. Wie eine Wolkenbank. Schwer und drückend. Es war nicht zu sehen, es war zu fühlen. Und es fühlte sich riesig an, übermächtig, unausweichlich. Das große, schwere Dunkle. In einem ersten Impuls wollte ich weg, hastete zurück durch den feuchten Sand, wollte irgendwie in die schützende Nähe der ersten Häuser gelangen, Licht, warmes Licht, Abendessen, beisammen sein, Geschichten erzählen, weiche Kinderwangen küssen und zur Nacht streicheln, die Dunkelheit vertreiben. Gleich darauf aber spürte ich, dass jede Flucht sinnlos war. Das große, schwere Dunkle raste heran wie eine bombenschwere Fliegerstaffel, stellte den sich lächerlich am Boden abstrampelnden Flüchtling im Fadenkreuz seiner Bordkanonen. Zum ersten Mal fühlte ich eine grenzenlose Ohnmacht. Unwiderruflich vorbei das Gefühl der eigenen Unsterblichkeit. Ganz lebendig die Erinnerung an damals beim Völkerball: Wenn ich mich als einer der letzten Auge in Auge mit dem Werfer sah – aussichtslos – und dann wegdrehte, mich niederwarf und krümmte, als könne ich den klatschenden Treffer in einer verzweifelten Demutsgeste abwehren.

Immer war der Ball gnadenlos gewesen.

Mir war, als werde mir vom Meer her die Welt eng, als gebe es nun kein Entkommen mehr von der Insel, als sei der Seeweg für alle Entdeckungen meines Lebens versperrt. Mein Herz raste. Ich konnte trotz der Brandung mein Blut in den Ohren pulsen hören. Der Traum. Der Zug, die Glastür, die Explosion in meinem Innenraum. Meine Füße traten ins Leere, ich schwebte. »Das ist der Tod«, dachte ich, »so hab ich ihn geträumt, so fühlt er sich an.«

In diesem Augenblick begann der Albdruck zu weichen. Mein Herz beruhigte sich langsam. Die todbringende Enge weitete sich. Meine Beine fühlten sich weich und zittrig an, spürten aber festen Grund. Meine schweißschwere Wäsche klebte mir am Rücken. Ein Gefühl von Erleichterung stellte sich ein. Aber die Ansage einer fundamentalen Bedrohung blieb und die Angst, es könne sich jederzeit wieder ereignen. Was sich meiner an diesem Abend bemächtigt hatte, folgte mir fortan wie ein Hund.

Warum war sie jetzt nicht zu spüren, die Angst? Wohin hatte sie sich verkrochen? War es Pecko´s Anwesenheit, die sie in die Schranken wies? Oder hatte sich auf unbekannte andere Weise erfüllt, was ich mir so viele Jahre lang gewünscht hatte: Dass ich eines Tages aufwache und der Hund ist fort?

Ich schob eine CD in den Player – Türkis, eine wenig bekannte Gruppe, die ich in einem Club gehört hatte.

Pecko hatte den Sicherheitsgurt abgelegt und lag schräg über dem Beifahrersitz. Er hatte sich eine Wolldecke übergehängt, die ihn von Kopf bis Fuß bedeckte.

»Seit wann hörst Du Weltmusik?«, kam es schlecht gelaunt unter der Decke her.

»Du machst doch auch Weltmusik!«

Die Decke stülpte sich aus und ließ eine wegwerfende Handbewegung erkennen. Er kringelte sich ein und schien bald darauf zu schlafen.

Draußen war es inzwischen stockfinster geworden. Seit längerem sah ich ein Gewitter aufziehen. Die heranquellenden, schwarzen Wolken eroberten den Himmel und schoben sich über den letzten Lichtschimmer. Blitze in kurzer Folge ließen Bäume und Felsen im Stroboskoplicht tanzen. Der Regen hatte den Boden bald aufgeweicht. Kleine Rinnsale vereinigten sich an den Waldhängen auf beiden Seiten der

Straße zu großen und rissen Erde und Steine mit. Überall ergoss sich der Brei über die Fahrbahn.

Ich beugte mich zum Radio hinunter und drehte die Musik leiser. Ich wusste nicht, dass dies der Augenblick vor der Katastrophe war.

Bäume, hatte ich einmal auf einem Waldlehrpfad gelernt, die ungewöhnlich gewachsen sind, haben mit diesem Wachstum auf ein Trauma reagiert. Doppelte Stammbildung, halbrunder Wuchs zunächst in horizontaler, später in vertikaler Richtung, großflächige Vernarbungen, Äste, die sich wieder mit dem Stamm verbinden – immer war ein Trauma der Auslöser. Und erst durch langsames und beharrliches Wachstum konnte der Baum reagieren, das Unglück beantworten und, wenn es gelang, wenden. Viele Jahre vergingen darüber und irgendwann sah man die vollständige Gestalt dieser baumgewordenen Geschichte.

Der Augenblick des Unglücks weiß nichts von der langen Antwort, von Aufbäumen und Resignation, von Trauer, Wut und Anstrengung. Er ist das zufällige und pure Zusammentreffen mehrerer Ereignisse, mehr nicht. Er birgt keinen Sinn. Er ist eine Wahrscheinlichkeit, ein winziges Eiland in einem Meer von zufälligen Ereignissen. Später wird sich ein anderer Augenblick dem Gedächtnis aufprägen: Der Augenblick zuvor. Er bewahrt eine Art Unschuld, eine letzte Intaktheit. Man möchte ihn verewigen, ihn wie ein Photo rahmen. Zehntelsekunden vor dem Unglück ist alles, wie es war. Daran hält sich das Bewusstsein fest und übermalt die Schreckensbilder.

Als ich mich wieder aufrichtete, sah ich im Scheinwerferlicht ein Etwas, das sich von links über die Straße schob. Eine große, graue, blinde Masse, die plötzlich und langsam zugleich wie Magma daher floss und sich zu einem Berg aufwarf, der augenblicklich jeden Ausweg verschüttete. Mein rechter Fuß presste das Bremspedal noch mit aller Kraft gegen den Wagenboden, als die Scheinwerfer schon verloschen waren und das knirschende Krachen und Splittern von Stille erstickt war. Wie ein Film, den man plötzlich anhält.

Immer hatte ich eine Vorstellung davon gehabt, was ich im Falle eines Unfalls tun würde. Von den Signalwesten bis zur Absicherung der Unfallstelle war in meinem Kopf alles geordnet. Aber jetzt tat ich nichts. Ich stand auf der Bremse und hielt das Lenkrad umklammert, als gebe es noch irgendetwas zu verhindern, starrte mit großen Augen lange in die Finsternis und verstand nichts.

Als ich mich endlich löste und zu bewegen begann, stieß ich sanft mit dem Kopf an. Einer der Bässe hatte, den Hals voran, das Fenster zum Laderaum durchschlagen und ragte umhüllt und wattiert in das Führerhaus. Die Frontscheibe war heil geblieben. Ich löste den Gurt und fasste nach rechts. Pecko lag nicht mehr auf dem Beifahrersitz. Er war überhaupt nicht mehr im Wagen. Die rechte Tür stand offen. Keine Spur von ihm.

Ich stieg aus und lief um den Bus herum. Ich fand ihn neben der offenen Tür auf dem Bauch liegend. Sein Kopf war von Erde und Steinen bedeckt. Hektisch begann ich, mit den Händen den Schutt abzutragen. Vorsichtig drehte ich ihn auf die Seite, zog ihn ein wenig von dem Erdwall weg und – endlich begann ich wieder klar zu denken – setzte ihn auf, schob meine Arme unter seinen hindurch und zog ihn vom Wagen weg, bis ich zusammensank.

»Da sitzen wir wie zwei Bobfahrer«, dachte ich noch und fand die Vorstellung albern. Mein Blick glitt hinüber zur der dunklen Erdmasse. Der Hang war auf einer Breite von etwa zwanzig Metern abgerutscht. Bäume lagen kreuz und quer. Unser Tourbus steckte wie ein Pflanzstock in der lockeren Erde. Meine Arme lagen noch auf Peckos Brust. Er atmete. Gut! Gut! Ich tastete mit der rechten Hand nach seiner Halsschlagader. Sein Puls war schwach und schnell. Sein Kopf lag an meiner Schulter.

Neben uns schlängelte sich eine dunkle Flüssigkeit durch den Dreck. »Öl«, fiel mir ein. Es war Blut. Meine Hände waren voll davon.

»Man muss etwas tun«, dachte ich und fühlte eine Art weicher Eintrübung, ein heller Nebel, in dem ich mich zu verlieren begann.

»Jemand muss etwas tun, ich bin müde, ich kann es nicht.

Aber wer? – Ist denn hier niemand?«

II

Jelka kam in einer Neumondnacht zur Welt – anders als ihre Brüder ohne den obligatorischen Dammriss. Sie mochte keine Dramatik. Sie kam leise im Dunkeln, kein Schmerzgeschrei, keine kommandierende Hebamme. Noch halb im Schlaf nestelte die Mutter kurz nach Mitternacht das rosige, mit schwarzen Haaren beflaumte Wesen aus dem Fell, das ihr Lager war. Eine undramatische, stille Begegnung, die Mutter und Tochter viel Zeit ließ für eine erste, tiefe Zweisamkeit. Sie wurde ein fröhliches Kind, voller Entdeckerfreude, blieb aber dem Mond verwandt, dem stillen Himmelslicht, liebte den Rückzug, schöpfte ihre Kraft aus der Abgeschiedenheit, aus der sie dann unvermutet wie in der ersten Nacht auftauchen konnte. Sie liebte dieses lautlose Auftreten aus der Kulisse, dieses mit einem Male unangekündigt da Sein.

»In der Nacht, in der du geboren wurdest, war der Mond eine Weile fort«, hatte ihr eine Schamanin einmal gesagt, »damit du Zeit hattest, die Welt anzuschauen.«

»Aber im Dunkeln kann man doch nichts sehen!«, hatte die Achtjährige geantwortet.

»Aber schauen!«, sagte die Schamanin. »Im Dunkeln schaut man das Wichtige und mit geschlossenen Augen schaust du alles.«

Jelka hatte es ausprobiert. Mit offenen Augen spazierte sie morgens dem Dorfausgang zu, sah die zerbeulten Milchkannen auf der ausgeblichenen Rampe. In den Vertiefungen des Feldwegs spiegelte sich der Himmel in kleinen, blauen Pfützen. Neben den Spuren, die die Leiterwagen im Boden hinterlassen hatten, brachen Thymian und Löwenzahn aus der festgestampften Erde. Eine grünrote Raupe kroch über den Weg. In immer neuen Wellen glitt sie durch den Staub. Jelka hob sie auf und setzte sie ins tiefe Gras neben eine Glockenblume. Sie kannte Steinbrech und Wiesenampfer, Ziegenbart und Lichtnelke. Sie konnte Wanderfalken, Gerfalken und Turmfalken am Flugbild unterscheiden. Sie war eine so genaue Beobachterin, dass sie am Abend bei Tisch so lange ihre Eindrücke vom Tag schilderte, bis alle anderen fertig waren mit dem Essen. Nur ihr Teller stand sauber und unbenutzt da.

Ihr Schlaf war flüchtig und scheu wie eine Eidechse. Oft lag sie lange wach, weil die Bilder des Tages ihr keine Ruhe ließen.

Schloss sie die Augen, wurden die Bilder lebendig. Im hohen Schilf wisperten Elfen. Bäume wanderten aufeinander zu und umarmten sich zu einem Wald. Die Kuh des Nachbarn klagte über Bauchschmerzen und Einsamkeit. Und neben dem Beitel und dem Stecheisen, die sich seit Jahren mit Rost überzogen, erschien der Großvater und beugte sich im späneübersäten Lederschurz zu ihr herab. »Besuchst mich in der Werkstatt, Jelka! Hast du den Tabak dabei?« Und seine rauhe, warme Hand lag auf ihrer Wange, bis sie die Augen öffnete. Dann war alles wieder, wie es jeder sehen konnte.

Jardranka, die alte Schamanin, hatte Recht: Mit geschlossenen Augen konnte man die Welt hinter den Dingen schauen. Die Welt der Bedeutungen, die Welt des Gewordenseins und: die Welt des Werdens.

Sie wurde Jelka zur Lehrerin. Noch nie hatte Jardranka ein Kind von solch wacher Aufmerksamkeit erlebt. Etwas beseelte sie, das heller war als Klugheit, das keiner Schule bedurfte, eher einer Art Geburtshilfe.

Nach dem Mittagessen, wenn das Hofleben für eine Weile

ruhte, strich Jelka, so oft sie konnte, durch die Wiese hinter der Scheune, duckte sich unter dem Zaun hindurch und lief den Weg zu Jardrankas Hütte hinauf. Bei ihr gab es Ingwertee und einen unvergleichlichen Duft von hunderten getrockneter Kräuterbüschel, die kopfüber von der niedrigen Holzdecke hingen. Am Fenster standen zwei Schemel und ein kleiner Tisch aus abgewetzten Brettern, auf dem Brotkrümel und Reste kleingehackter Kräuter lagen.

Dort saß sie am liebsten, zog die Füße auf einen der Schemel und schaute in den verwilderten Garten. Jardranka folgte ihrem Blick geduldig und ließ ihr Zeit. Manchmal begann Jelka von sich aus zu erzählen und zu fragen. An anderen Tagen hielt Jardranka eine Belehrung bereit. Schritt für Schritt ging sie mit ihr durch den Spiegelsaal ihres Geistes und ihrer Weisheiten und Jelka hörte und fragte und verstand. In ihr wuchs langsam und bedächtig ein Schatz geheimen Wissens, den sie hütete und der sie mit der Alten verband. Von dem Schemel in der Hütte blickte sie mit offenen Augen in die Welt hinaus. Und aus dem ineinander verschlungenen Gewirr der Gartenblumen hoben sich Muster und Lichter, Gestalten und Formen hervor. Und kaum waren sie erschienen, sanken sie wieder zurück in das wirre Grün und wurden zu etwas Neuem.

»So muss das mit dem Geist sein«, dachte sie. »Alles, was wir sehen, alles, was wir denken und fühlen, entsteht in unserem Geist und vergeht wieder, sinkt in den Geist zurück. Der Geist ist wie Jardrankas Garten: ein Raum, der alles hervorbringen kann. Aber nichts kann allein für sich bestehen und nichts bleibt. Das meint sie, wenn sie sagt: ›Alle Dinge sind leer‹.«

Unter Jardrankas behutsamer Begleitung entdeckte Jelka bei sich bald eine Fähigkeit, die sie lange ängstigte und mit der sie sich erst spät befreunden konnte. Ihre Spielgefährtin war krank geworden. Der feine, kaum zu sehende Stichkanal von einem Brombeerdorn hatte sich entzündet. Unbemerkter roter Kranz um eine schmutzige Fingerkuppe. Die Schwellung war binnen weniger Tage vom Zeigefinger auf den Arm übergegangen und die rosa angelaufenen Lymphbahnen reichten bis zur Achsel. Die Schamanin hatte die großflächige, wattige Schwellung betastet, in der die prüfenden Fingerkuppen verräterische Vertiefungen hinterließen. Dann hatte sie die Geister befragt und den Eltern geraten, die Familie zusammen zu rufen. Es werde bald zu Ende gehen, keine der bekannten Tinkturen könne mehr helfen. Der Beschluss der Geister sei unwiderruflich.

Auch Jelka war an das umlagerte Sterbebett gerufen worden. Still legte sie die Hand auf die heiße Stirn und weinte. Und als sie dabei die Augen schloss, sah sie die Freundin als junge Frau mit einem Kind. Sie hielt den linken Arm um das Kleine und an ihrer Hand fehlte der Zeigefinger.

Am anderen Tag erzählte man im Dorf, dass Jardranka in der Nacht noch einmal gekommen war. Sie hatte unter dem Geschrei der Eltern dem ohnmächtigen Mädchen den todbringenden Finger abgehackt und ihr einen schwärzlichen, übelriechenden Sud aus Pilzen eingeflößt. Die Geister hätten ihren Entschluss noch einmal überdacht, hatte sie den Eltern erklärt. Sie habe eben davon erfahren, gerade noch rechtzeitig.

Wenige Wochen später traf Jelka die Freundin am Fluss. Sie umarmte sie schweigend.

Auch später sprach sie mit niemandem über diese Erscheinung. Sie nahm sie als erweiterten Gesichtssinn. Dabei war ihr unklar, ob sie schauen konnte, was im Werden war und woraufhin es wurde, oder ob sie bewirken konnte, was es wurde. War es die Kraft zu schauen, was sein würde, oder war es die Kraft ihrer Phantasie, ihrer Ideen, die Wirklichkeit werden wollte? Sie wusste es nicht und es überkam sie die Angst, Dinge zu schauen, die sie gar nicht schauen wollte, und Dinge zu bewirken, die zu groß waren, um sie verantworten zu können.

Vorerst beschloss sie, von dieser Fähigkeit keinen Gebrauch zu machen und ganz einfach mit offenen Augen durch das Leben zu gehen.

Ihre seherische Fähigkeit schien ihr nur für andere gegeben zu sein, sie bewahrte sie nicht vor einem schrecklichen Unfall. Eines Tages auf dem Weg von der Schule nach Hause überquerte sie wie immer die Durchgangsstraße, die das Dorf mit der Stadt verband. Der Geländewagen hatte sich nicht mit einer Staubwolke angekündigt. Er war plötzlich da und hatte ihr Bein zermalmt, ihre äußeren Grenzen verletzt, war in ihre körperliche und seelische Intaktheit eingebrochen und hatte nichts als Zerstörung hinterlassen. Menschen standen um sie herum, Ärzte operierten sie im Krankenhaus in der Stadt, richteten und ordneten Knochenfragmente und nähten alles mit einer langen Naht zu, die fast ihren ganzen Oberschenkel einnahm.

Danach Schmerzen, Schmerzen der Heilung, Schmerzen bei der Krankengymnastik, Schmerzen beim Gehenlernen.

Geduldig sei sie gewesen, hieß es im Krankenhaus. Sie habe andere, kleinere Kinder in ihren Zimmern besucht und ihnen Mut gemacht. Sie sei schon eine Besondere. Eine ganz Besondere.

Die Schule war für Jelka eine Tortur. Pünktlich an einem bestimmten Ort zu sein, fiel ihr ebenso schwer wie abzuwarten, bis es am Mittag endlich läutete. Was immer sie tat, geschah in einem ihr eigenen Rhythmus und es fiel ihr schwer, ihn für eine Pflicht unterbrechen zu müssen. Was sie gar nicht konnte und auch nie lernen wollte, war, sich zu beeilen. Eines Tages trug ihre Schürze eine kleine aufgestickte Schnecke, ein Gruß, eine kleine Neckerei der Mutter. Aber wirklich langsam war sie nicht. Gemessenheit träfe es eher. Sie hatte bereits als Kind eine ausgeprägte Würde. Sie erledigte nichts, sie tat es mit Achtsamkeit und Hingabe, sie widmete allem eine angemessene Zeit. Betrat sie einen Raum, blieb sie erst einmal im Türrahmen stehen und schaute. Nicht selten wurde sie dann von einer nachdrängenden Meute kurzerhand hinein geschoben.

Was die Schule ihr abverlangte, fand wenig Interesse bei ihr. Es war das Wissen vor dem Eigentlichen, die Welt der Zahlen und Fakten, eine Wirklichkeit zum Hersagen, eine Wirklichkeit für andere. Die Mathematik, die die Welt in richtig und falsch spaltete, wurde ihr zum erklärten Feind. Es war ihr der Mühe nicht wert, sie zu erlernen. Unter ihren Aufsätzen stand oft »Das war nicht das Thema« oder »Deine Phantasie hat große Flügel!«.

Einzig die Musik machte ihr Freude. Sie ließ sie in sich ein und nahm sie mit. Und erst draußen, im Wald, wenn sie allein war, einen umgestürzten Baum oder Stein gefunden hatte, auf dem sie sitzen und schauen konnte, zog sie ihre Flöte aus dem Leinensäckchen und spielte.

Das Alleinsein schützte ihre kostbare und scheue Innenwelt. Andere Kinder hatten Angst, allein in den Wald zu gehen, sie fühlte sich dort sicher. Manchmal kam ihr Vater dorthin. Vor zwei Jahren war er gestorben. In seinem Gehirn war etwas gewachsen, was dort nicht hingehörte. Wenn der Arzt in der Stadt davon gesprochen hatte, hatte Jelka eine Art

Flechte gesehen, wie sie Baumrinden überzieht. Ein Gewüchs, das am Ende so viel Platz beanspruchte, dass die Gedanken des Vaters sich nur noch am Rande drängten. Zum Schluss war er nicht mehr er gewesen, hatte sie aus leeren Augen angestarrt. Ein Verlorener, dessen Leben sich irgendwann, eines winterlichen Abends auflöste. Er war einfach gegangen, wortlos, ziellos, hilflos. Niemand hatte es bemerkt. Mit Fackeln und Laternen waren sie in den Wald gelaufen, hatten seinen Namen gerufen, hatten mit Stangen im nahen Teich gestochert und schließlich den Hund losgemacht. Der fand ihn. Weit weg, so weit, wie niemand gedacht hatte. Unter den Klippen eines Steinbruchs. Grausam entstellt lag er eine Weile auf der Bahre im Haus, wie ein Fremder.

Jelka hatte das später geträumt – immer wieder. Wie er da lag. Bis eines Nachts im Traum die Bahre leer war. Die Blutflecken waren noch zu sehen, die Decke, in die man ihn gehüllt hatte. Und er, der Vater, lag nicht mehr dort. Er saß als junger Mann auf dem Rand der Bahre. Schlank und beweglich mit haselnussbraunen Augen und einem klugen Lächeln im Blick.

Von da an besuchte er sie im Wald. Wann immer sie dort war, kam er vorbei. Sie sprachen miteinander, saßen dicht bei dicht wie Vertraute. Seitdem war er nie mehr wirklich fort gewesen.

Jelka´s Mutter hatte den Tod ihres Mannes mit erstaunlicher Stärke aufrecht und ungebeugt überstanden. Schon zu seinen Lebzeiten war sie die Stärkere gewesen, hatte in der Familie die unangefochtene Position der bestimmenden, leitenden und lenkenden Kraft inne. Das war nicht ihr Ziel gewesen. Sie hatte nicht darum gekämpft. Es verhielt sich eher so, dass ihr Mann ihr immer mehr Raum gab in all den

Jahren. Kritische Einwände nahm er beim ersten Zeichen von Widerstand zurück. Er fühlte eine Art Zufriedenheit, im Einklang mit ihr zu leben, hinter der seine eigenen Bedürfnisse mehr und mehr zurückstehen mussten. Und mit der Zeit wuchs in ihm ein Glücksgefühl, das seinen Ursprung in einer immer größeren Angleichung an seine Frau hatte. Ein Heimatgefühl, bergend und beschützend, dem er bald Teile seiner Männlichkeit geopfert hatte.

Jelka, die ihm in Gestalt und Wesen sehr nahe war, nahm bald nach seinem Tod seinen Platz ein.

Der Zusammenbruch der Mutter ließ nicht lange auf sich warten. Ein paar Monate hatte sie die Energie aufgebracht, alle Aufgaben zu erfüllen, die nun allein auf ihr lasteten. Dann schwanden ihre Kräfte. Die beiden kleinen Jungen, das bescheidene, nicht eben rentable Gehöft, die Pacht für die beiden Wiesen, die Pflege und Fürsorge für den Großvater, der ungeklärte Grenzstreit mit dem Nachbarn, dem auch die Wiesen gehörten, dazu die Last der Erinnerungen an die Zeit der Krankheit, die Ferne und Fremdheit eines Menschen, der mit einem Tumor im Hirn Unsinn redet, in eine unbekannte Welt verschwindet: Das alles drückte sie zu Boden. Ihr fehlte der Mensch, der ihre Stärke spiegelgleich ergänzt hatte. Sie knickte ein, weil es niemanden mehr gab, der ihr zustimmte, der ihr Souveränität zusprach und Macht zuteilte, der sein Glück darin suchte und fand, ihr zu entsprechen.

Jelka´s feinem Gespür entging nichts. Auch nicht die sich ankündigende Schwäche der Mutter. Sachte schlüpfte sie in die großen Schuhe des Vaters, trat an dessen Stelle und wurde ihr zur Vertrauten, zur Stütze, zur Heilerin, zum Gegenüber schlechthin, bis die Krise überstanden war. Beide besiegelten in dieser Zeit unwissend einen Pakt, der durch niemanden erschüttert werden konnte und in den niemand einzudringen vermochte. Das änderte sich auch dann nicht, als Jelka zur jungen Frau heranwuchs. Andere Mädchen hatten längst Verehrer und Verlobte. Jelka zog noch immer allein in den Wald, verlor sich in den Klängen ihres Flötenspiels und schuf aus Zweigen, Steinen und Blüten kleine Zauberwelten. Sie wurde eine Weltgestalterin. Was auch immer sie fand, wurde unter ihren Händen schön. Immer entdeckte sie mit wachen, suchenden Augen kleine Fundstücke, Schätze, die niemand sonst sah: Mauseschädel, irisierende Kieselsteinchen, vom Wasser rundgeschliffene Hölzchen, versteinerte Hummelnester, schillernde Federn, verschossene Stofffetzen, rostige Hufnägel. Es gab für sie kein größeres Glück, als voller Hingabe und in großer Bedächtigkeit all diese vom Wetter und vom Leben geschundenen und geformten Kostbarkeiten zueinander zu fügen, ausfindig zu machen, wie sie zusammen passten, welches gestalterische Wollen ihnen innewohnte und welche Geschichte sie erzählten. So lernte sie, von dem zu leben, was sie fand. Eine für andere schwer zu verstehende Genügsamkeit war ihr zu eigen. Nie hörte man sie Ansprüche stellen. Leise fügte sie sich in jede Gesellschaft. Nie sah man sie im Mittelpunkt. Still tat sie stets das, was gerade nötig war, ohne dafür eine besondere Anerkennung zu erwarten.

Und obschon sie mit Leichtigkeit ihre eigenen Bedürfnisse für andere zurückstellte, hatte sie nichts Serviles. Noch immer besaß sie die Würde, die sie schon als Kind besessen hatte.

Dabei war ihr alles Zur-Schau-Stellen völlig fern. Ihre inzwischen herangereifte Schönheit trug sie selbstbewusst, ohne sie herzuzeigen. Zierlich war sie geblieben, aber ihre Weiblichkeit war unübersehbar. Sie betonte und verdeckte sie zugleich mit selbstgenähten Kleidern, wie sie im Dorf sonst niemand trug. Bald entwarf und nähte sie Kleider auch für andere Frauen und es gelang ihr, eine kleine Schneiderwerkstatt in der ehemaligen Schreinerei ihres Großvaters einzurichten. Das Besondere ihrer Arbeit bestand darin, dass sie die Fähigkeit hatte, Frauen abzuspüren, in welcher Gemütslage sie sich befanden. Es gelang ihr, mit ihren Entwürfen jeweils die Gefühlslage zu fördern, die sich mutmachend und glückbringend auf das Leben ihrer Kundinnen auswirkte. Das verbreitete sich rasch und ermutigte immer mehr Frauen, den Weg zu ihr zu suchen. Eine junge Frau als erfolgreiche Unternehmerin, das hatte es bisher im Dorf noch nicht gegeben. Ihre Altersgenossinnen spaltete sie in eine Fraktion, die sie still bewunderte, und eine andere, die heimlich über sie herzog.

Und noch immer besaß sie die Fähigkeit, den Menschen so tief in ihr Gemüt zu schauen, dass sie darin die Zukunft gespiegelt sah. Sie behielt das Geheimnis für sich und öffnete es niemandem, nicht einmal der Mutter. Auch nicht Jorge, dem Sohn des Spenglers, in dessen Augen sie Finsternis sah. Einzig Jardranka blieb ihre Vertraute. Regelmäßig suchte sie die Hütte auf, in der ihr die schwächer gewordene Schamanin mit wässrigen, roten Augen aber noch immer scharfem Verstand auf der Spur war.

Die Mutter fand irgendwann einen neuen Mann. Es war der Bürgermeister, der ihr im Streit mit dem Nachbarn beigestanden hatte. Aus Fürsorge war Sympathie, aus Sympathie war Liebe geworden. Endlich war ihr Alleinsein beendet. Und wieder hatte sie ein Gegenüber, das glücklich damit war, ihr die Führung zu überlassen. Sein öffentliches Amt war vor einigen Jahren empfindlich beschädigt worden. Seine Frau war ihm davongelaufen. Im Dorf hatten beinahe alle gewusst, was ihm, dem Vielbeschäftigten, entgangen war. Kurze Zeit später war sie mit dem Leiter eines Kinderheims verschwunden, der seinerseits eine vielköpfige Familie im Stich ließ.

Der als Amtsperson geschwächte Bürgermeister konnte froh sein, dass er durch die Heirat mit einer seriösen Witwe die alte Geschichte endlich überschreiben konnte. Die beiden ergänzten sich zu einem bald im ganzen Dorf geachteten und offenbar glücklichen Paar.

Als Jelka's Brüder so weit an Selbständigkeit gewonnen hatten, dass sie ihrer Fürsorge nicht mehr bedurften, wurde sie etwas freier.

Noch immer fühlte sie sich mit einem unsichtbaren Band an die Mutter gebunden. Aber ihre Unabhängigkeit war so weit gediehen, dass sie von dem Geld, das sie als Schneiderin verdiente, eine Wohnung in einem Haus am Rande des Dorfes mietete. Die Wohnung bestand aus zwei hintereinander liegenden Zimmern und war im Winter fürchterlich kalt, weil sie im ersten Stock über der Durchfahrt in den Innenhof lag. Die Fenster waren undicht, die Frau des Hauseigentümers war unwirsch, aber Jelka genoss das königliche Gefühl, ein kleines, eigenes Reich zu haben. Niemanden musste sie hier fragen, niemandes Einrede konnte hier ihre eigenen Gedanken durchkreuzen.

In den Jahren zuvor hatte sie gelernt, die wichtigen Dinge zu verbergen. Ihr Glück hatte wie das des Vaters in der Angleichung bestanden. Nicht einmal hatte sie es geschafft, einen eigenen Standpunkt unter der Kritik der Mutter zu verteidigen. Stets hatte sie ihn aufgegeben. Streit war ihr ein Gräuel. Kein noch so wichtiges Anliegen wäre es ihr wert gewesen, ein Zerwürfnis zu riskieren.

Hier aber war das alles nicht notwendig. Hier gab es nichts

zu streiten, weil niemand da war, gegen den sie hätte Grenzen ziehen müssen. Wunderbar! Und das Allein – Sein hatte eine Süße, die durch nichts zu überbieten war.

Da betrat eines Tages Jorge ihre Schneiderei. Einige Zeit hatte seine lange, dürre Gestalt entschlusslos vor der Tür gestanden. Dann klopfte er vorsichtig an und trat ein. Jelka sah ihn offen und freundlich an.

Er wolle eine Kappe genäht haben, eine, die zu seinen Kleidern passte. Schwarz. Ob das ginge, ob das bis zum Sonntag ginge, bis zum Dorffest.

Während er das sagte, schaute er an Jelka vorbei in das Stoffregal. Sie war ernst geworden, sie hatte den Schatten wahrgenommen, den er mit hereingebracht hatte, die Finsternis, die auf dem Grund seiner Seele brütete.

»Ja«, sagte sie. »Sonntag.«

»Neunundfünfzig«, sagte sie, als sie gemessen hatte.

Und: »zwanzig«, das war der Preis.

»So wenig?« Jorge verließ die Schneiderei mit einer Geste der Verlegenheit.

Jelka hatte das Gefühl, ihn in eine rettungslose Einsamkeit zu entlassen. Das war der Augenblick, in dem sie sich mit ihm verband.

Danach gab es eine Zeit des gegenseitigen Entdeckens. Er las. Er hatte Gedanken, er musizierte, spielte Geige. Er hielt andere Welten als die vorfindliche für möglich, las Zukunftsromane, die ihm ein Nachbar aus der Stadt mitbrachte. Er war wie Jelka ein Abgesonderter, ein Einzelgänger. Aber er war anders als Jelka nicht in der Balance, nicht im Frieden mit sich.

Sein Abgesondertsein atmete nicht die Freiheit eigener Entschlüsse. Es war eher schicksalhaft. Sein Gang war nicht aufrecht, er war spannungslos, ziellos.

Es dauerte erstaunlich lang, bis Jelka klar wurde, dass er trank. Und sie fühlte sich auch dafür verantwortlich. Sie hasste die Euphorie, die ihn ergriff, wenn er betrunken war, und verbarg ihren Zorn. Sie weinte, wenn sie die Zukunft sah, die ihnen bevorstand, und wurde schwanger.

Ihrer Tochter, die eben erst in ihrem Leib zu spüren war, gab sie einen Namen, Nadesha, und verlor sie noch in derselben Nacht.

Lange betrauerte sie das kleine Wesen und sie betrauerte sich, fühlte sich um ihre Bestimmung als Frau betrogen, fühlte, dass sie in diesem Leben nicht mehr Mutter sein würde.

Mit all ihrem Kummer schlich sie sich zu Jardranka, zog wie früher die Füße auf den Schemel und ließ eine schwarzverhangene Welt aus Trauer und Klage aus dem Gartengrün erstehen. Jardranka schaute ihr über die Schulter, drückte ihr einen Becher Ingwertee in die zitternden Hände und wiegte sie sanft an ihrer Brust.

»Wir sind alle nicht geboren und werden alle nicht sterben. Es gibt keine Geburt und keinen Tod. Wie lange erzähle ich dir das schon! Die Zeit ist anfangslos, sie beginnt nicht mit der Geburt und sie endet nicht mit dem Tod. Wir gehen von Leben zu Leben. So wie sich der Garten in jedem Frühling neu entfaltet und in jedem Herbst seine Gestalt verliert, so ist es auch mit uns. Wenn wir gestorben sind, gehen wir auf ein neues Leben zu, sehen immer wieder Paare, die sich lieben, und suchen uns schließlich den Mutterschoß aus, in dem wir werden und wachsen wollen. Und wenn wir in diesen Mutterschoß eindringen, haben wir noch einmal – wie in unserem Leben – die Möglichkeit, uns mit dem Licht zu verbinden. Gelingt es uns nicht, werden wir von neuem geboren. Gelingt es uns aber, so werden wir eins mit dem Licht.

Für die Mutter ist das schmerzlich. Aber für das Wesen ist es das Ende des irdischen Lebens und der Beginn zeitloser, höchster Freude.«

Jardranka fuhr fort, sie zu wiegen, und summte eine einfache Melodie, in der Heimat schwebte. Jardrankas Stimme war immer noch fest und nicht von dem zittrigen Tremolo, wie man es von alten Menschen kennt. Gesicht und Arme waren sichtlich erschlafft. Aber ihr wohnte noch immer die alte Kraft inne.

Jelka sah, wie sich vor ihr im Garten langsam die Gestalt ihrer Tochter bildete, erfüllt von einer stillen, unsagbaren Freude. Eine Weile hielt sich die Erscheinung, dann löste sie sich in Licht auf und hüllte sie ganz ein. Als sie mit ihrem Bewusstsein in den Raum zurückfand, ruhte ihr Kopf noch immer an Jardrankas Brust.

»Sie hat dich etwas gelehrt«, sagte die. »Wenn es um Freude und Licht geht, muss man gehen können. Du verbindest dich zu stark mit den Dingen und den Menschen. Willst für alle sorgen. Bring dich heim, lern zu gehen!«

Und damit gab sie ihr einen leichten Schlag mit der Handfläche auf den Kopf und zupfte sie am Ohr.

Jelka war augenblicklich hellwach. Sie fuhr herum und schaute Jardranka mit großen Augen an. Deren Blick ruhte sanft und tief auf ihr.

»Geh!,« sagte sie warm und mütterlich.

Tatsächlich brauchte sie noch vier Jahre, bis sie zum ersten Mal in ihrem Leben den Entschluss fasste, einen Menschen zu verlassen, für den sie sich verantwortlich fühlte.

Es war an einem Spätsommerabend. Wieder gab es ein Dorffest. Die Weinernte wurde gefeiert. Jelka, die sonst so gern alleine war, flocht ihre Haare zum Zopf, steckte ihn hoch, öffnete die Türe ihrer Wohnung, ging die Stiege hinab und schlug den Weg zum Dorfplatz ein. Ihre Mutter half bei den Keltern aus. Ihr Stiefvater, der Bürgermeister, saß zusammen mit anderen Honoratioren an einem der vielen Tische unter den alten Linden.

Der Duft der Speisen mischte sich mit dem Most- und Weingeruch.

Die Dorfgemeinschaft hatte sich bereits seit längerem in Feierlaune getrunken. Unbemerkt setzte Jelka sich auf einen freien Platz an einem der langen Tische. Sie war nicht Teil dieser Gemeinschaft. Sie war dabei aber nicht darinnen. Sie sah, sie hörte, sie antwortete und aß etwas, trank auch ein Glas Wein. Aber sie wurde nicht mitgerissen von der Woge der Weinseligkeit. Sie genoss das Alleinsein in der Menge, das Sich-Unterscheiden.

Aufmerksam betrachtete sie die Menschen und kämmte die Reihen der Feiernden durch, bis sie auf zwei Fremde stieß, in deren Augen sie Raben sah. Zwei Raben, und nur einer flog.

Der eine der beiden Männer war groß und kräftig. Er trug breite Hosenträger und ein offenes, weinrotes Hemd. Scharfe Falten zogen Furchen um den Mund, sein Schädel war glattrasiert. Ein Blick wie der eines Falken, aber warm. Seine Nase war für die Proportionen seines Gesichts ein wenig zu kurz. Das verlieh ihm etwas Keckes, Jungenhaftes. Der andere schaute aus tiefen, grünbraunen Augen, war schlanker, athletischer. Sein graues, längeres, welliges Haar war vom Wind durcheinander gewirbelt. Lächelnd ließ er den Blick über den Dorfplatz streichen. Die beiden sprachen nicht miteinander, sie waren jeder bei sich und nahmen das festliche Durcheinander je für sich auf. Aber es gab eine Sekunde, die ihre Augen synchronisierte und gemeinsam Jelkas

Blick begegnen ließ. Drei Energien trafen sich in einem Punkt und schufen eine kleine aber bedeutsame Veränderung. Der große, kräftige Mann schloss die Augen und nickte und sah dann vor sich auf den Tisch, der andere hielt den Blick noch eine Weile, sein Lächeln wich einem achtsamen Ernst. Dann wandte auch er sich ab, nicht, weil sein Interesse erloschen war, eher diskret und rücksichtsvoll.

Jelka war tief berührt von dieser Begegnung. Sie, die so gerne ungesehen blieb, fühlte sich angeschaut, wohlig und wertgeschätzt.

In Jorges Augen war etwas Flehendes, Bedürftiges gewesen. Die Augen anderer Männer waren oft eher Hände gewesen, die grabschten und festhielten. Dies aber war eine Begegnung auf gleicher Ebene, hatte nichts Unterwerfendes, auch nichts Verhuschtes, auch nichts Lockendes, Frivoles. Es war eine Art offener, stimmiger Verschmelzung, ein reifes, klares Wahrnehmen, eine tiefes, wortloses Mitgefühl, das in ihrer Seele und in ihrem Leib eine nicht gekannte Lust auslöste.

Wenig später sah sie den Kahlköpfigen durch die Reihen gehen. Er schob sich durch die Feiernden hindurch und näherte sich. In dem Augenblick, in dem er hinter ihr vorbeiglitt, spürte sie seine kräftige, warme Hand sanft zwischen Nacken und Schulter. Einen Moment ruhte sie dort, dann löste sie sich und hinterließ eine Botschaft von den Beiden. Still und voller Hingabe las Jelka auf ihrer Haut, entzifferte die fremde, aufregende Schrift und war nun ganz dem Fest enthoben, umringt von Menschen, die nichts verstanden von alledem. So saß sie da, bis sie bemerkte, dass auch der zweite Fremde seinen Platz verlassen hatte. Er war dorthin gegangen, wo die Musiker eben begonnen hatten zu spielen. Und dort fand sie auch den Kahlköpfigen. Er stand mit einem riesigen

Kontrabass und einem Bogen in der Hand vor der Bühne. Er spielte nicht, er hörte. Und es dauerte eine ganze Weile, bis er einen langen Ton beisteuerte und sich in die Klänge der Musiker mischte. Und auch hier gab es eine Begegnung, die entscheidendes veränderte. Nach und nach verloren die traditionellen Melodien ihre Bindung an die vorgegebene Form, wurden mutiger, freier, willkürlicher, ja chaotischer und lebendiger. Wie ein Brandstifter zündelte und fackelte der schwärzliche Bass am trockenen Holz der Festmusik und brachte es zum Lodern, bis alle Grenzen gesprengt und alle Zäune niedergerissen waren. Fast musste man Sorge haben um die alten Herren mit ihren Fideln und Hörnern und Trommeln, die wie wild auf und davon flogen mit einer Musik, die schon längst nicht mehr zu bändigen war.

Und Jelka spürte, wie ihr Herz mitschwang, wie auch die Grenzen und Zäune ihres bisherigen Lebens wankten und fielen und wie ihr Mut und ihre Lebensfreude hinaus in eine ungekannte Weite der Freiheit flogen. Wenigstens für diesen Augenblick.

Als die Musik verklungen war und die Leute sich zum Gehen wandten, blieb sie noch stehen und mit ihr der Grauhaarige, der sie bemerkte, ohne sich umzuschauen. Sie standen da und fühlten sich. Dann gingen sie schweigend jeder in seine Richtung.

Jelka wusste in dieser Nacht, dass sie Jorge verlassen würde. Sie sagte es ihm am folgenden Tag. Er nahm es wie eine Hinrichtung, flehte und winselte, forderte Zeit, um alles so zu verändern, dass es ihr wieder gefiele. Aber sie blieb fest. Wer ihr die Kraft dazu gab, wusste sie nicht. Es war eine Wende in ihrem Leben, die Wende. Und es kam von tief innen.

Das Fest zog sich über Tage hin. Was sie früher gemieden hatte, übte jetzt eine unwiderstehliche Kraft auf sie aus. An keinem der folgenden Abende fehlte sie auf dem Dorfplatz. Und immer suchte sie die Musikanten, in deren Nähe die beiden Fremden zu finden waren. Der Glatzkopf hatte den Dialog mit dem Orchester fortgesetzt und ausgebaut. Mit dionysischer Freude brachte er die Walzer und Bulgars ins Stolpern, mischte sich in Polkas und Mazurkas und brachte das Gebräu aus Festmusik, roten Gesichtern und Weindunst zum Kochen. Unter den Armen breiteten sich in seinem labberigen, olivfarbenen T-Shirt riesige Schweißflecken aus. Glitzernde Perlen standen ihm auf Stirn und Oberlippe. Noch vor drei Tagen hätte sie sich vor ihm geekelt. Aber als er ihr am Ende, den verhüllten Bass auf der Schulter, mit einem seligen Lächeln die Hand reichte, und in seiner Sprache sagte: »Bitte, bitte – komm!«, da ging sie mit ihm, in der sicheren Gewissheit, beiden zu begegnen.

Mit dem ersten Licht am frühen Morgen drehte sie sich vorsichtig aus den Armen des Grauhaarigen. Sie betrachtete beide noch einmal ausführlich – Pecko und Harry. Der eine lag rücklings vor dem Bett, das Gesicht in der Armbeuge, die seine Nase ein wenig aufbog und noch jungenhafter aussehen ließ. Der andere auf der Seite in die Decke geschmiegt, die Haare über der Stirn und dem silbrigen Bart, die Augen geschlossen. Sie prägte sich dieses Bild ein, nahm es mit.

»Meine Männer«, dachte sie für einen Augenblick und lächelte.

Sie wollte nicht nach Hause, sie ging mit der aufgehenden Sonne in den Wald, sah, wie der Dunst sich in weißen Schleiern aus den sumpfigen Wiesen hob, roch die feuchte Erde, hörte einen Häher krächzen. Ihr Baum war grün veralgt und betaut. Sie nahm ihr Kopftuch und setzte sich darauf und schaute über die graue Lichtung, bis ihr Vater neben ihr saß. Sie lehnte sich an, spürte seine Wärme, roch seine Haut.

»Ich bin glücklich«, sagte sie.
»Dann geh«, sagte er. »Es wird Zeit.«
»Und Du?«, fragte sie.
»Ich bin niemals fort.«

Als sie am kommenden Tag den Bäcker nach Pecko und Harry fragte, gab der die Auskunft, die beiden seien mit ihrem klapperigen Bus abgereist. Wohin, könne er nicht sagen. Aber wohin die Straße nach Nordosten führe, wisse sie ja. Es seien Unwetter angesagt. Jelka saß eine Weile in ihrer Wohnung im Schutz einiger Kissen, die eine Zufluchtsecke bildeten. Hierhin zog sie sich gern zurück, um sich bei Kerzenlicht und leiser Musik oder mit dem Tagebuch auf den Knien »wieder einzusammeln«, wie sie sagte. Sie schloss die Augen und ließ Jardrankas Garten entstehen. Zunächst sah sie nichts als wirres Grün. Dann hob sich Ihr Dorf daraus hervor, ihre Heimat, die Menschen, für die sie sich bisher verantwortlich gefühlt hatte. Sie sah den Hof, die Scheune, den Marktplatz und glitt die Straße nach Nordosten entlang. Bisher war sie nicht mehr als etwa hundert Kilometer aus ihrem Dorf herausgekommen. Aber ihre Hellsichtigkeit reichte aus, sie noch viel weiter durch die verregnete Landschaft zu tragen, immer weiter und immer schneller die Piste entlang, bis sie schließlich in einem Nebel vor sich den Bus erkannte, in dem Pecko und Harry unterwegs waren. Bald hatte sie die beiden eingeholt. Schon wollte sie sie anhalten, da sah sie die Erde vom Hang abrutschen mit Bäumen und Felsbrocken, eine gestaltlose, nasse, schwere Flut.

III

Mein Bewusstsein kehrte langsam zurück. Die halb geöffneten Augen blickten in den ruhigen Schein einer Petroleumlampe. Um die Flamme ein unscharfer Hof, dumpf wie der Schmerz, der mich komplett ausfüllte und lähmte. Mein Kopf war angenagelt, unmöglich, ihn zu heben. Ich versuchte, neben dem Lampenlicht irgendetwas im Raum zu erkennen, woran ich mich orientieren konnte.

Erst nach einiger Zeit sah ich mehr. Oder besser: Ich hörte, dass noch andere Menschen da waren. Außerdem fühlte ich Wärme. Der Versuch, meine Arme zu bewegen, endete in der Erkenntnis, dass ich gelähmt sein musste. Nach mehreren verzweifelten Anläufen gelang es mir dann endlich, einen Arm frei zu bekommen. Der andere steckte noch immer unter einer fest um meinen Körper gewickelten Felldecke.

Meine Bewegungen lösten etwas aus im Raum. Stimmen erklangen, Schatten bewegten sich. Mehrere Gesichter tauchten über mir auf und redeten aus dem Himmel der Zimmerdecke auf mich ein. Ich schloss die Augen, konnte die fremden Gesichtszüge nicht ertragen und glitt in meinen Fellkokon zurück.

Eine Hand legte sich warm und angenehm auf meine Stirn. Ich ließ es geschehen und hoffte, sie würde mich noch lange halten, obwohl sie ranzig roch.

Vom Hintergrund her drang eine Unruhe herüber. Ein Stimmenwirrsal, aus dem sich ein metallenes, lautes Deklamieren löste und wieder im Gemurmel verschwand. Und immer wieder dieses Auf- und Abschwellen einer penetranten Altweiberstimme, die es mir unmöglich machte, mich in den Dämmerschlaf sinken zu lassen, aus dem ich erwacht war.

Ich öffnete die Augen und drehte trotz der heftigen

Schmerzen den Kopf ein winziges bisschen. Sofort fuhr die Hand in meinen Nacken und unterstützte meine Anstrengung. Im Schein der Lampe sah ich Pecko leblos auf einem Fell liegen. Rittlings über seinem Brustkorb hockte die Alte, deren Stimme ich gehört hatte und die nichts als Ketten, Federn und einen ledernen Rock trug, der sich kaum von ihrer Haut abhob. Tiefe Furchen zerschnitten ihr Gesicht zu einer bizarren Landschaft. Ihre schlaffen Brüste hingen bis zum Rockbund herab. Sie hatte den Kopf in den Nacken geworfen, die Augen geschlossen und schien durch eine andere Welt zu reisen, von der aus sie immer wieder ihre blechernen Botschaften ins Hier und Jetzt stieß. Um sie herum knieten andere Frauen, ein Gebet, ein Mantra oder etwas ähnliches murmelnd. Die Alte erhob wieder ihre Stimme, diesmal mündete ihr Gebrüll in einer Art gesungenem Schrei mit silbrigen, sphärischen Nebenklängen.

Dann Stille, alle schwiegen. Und in diesem Schweigen war etwas anwesend, das ich spüren konnte, ein Wesen, das ich deutlich wahrnahm, das sich über mich hinweg und im Raum bewegte und minutenlang blieb, bis es so jäh verschwand, wie es gekommen war. Danach blieb es still. Mehrere Frauen zündeten Lampen an und leuchteten der Alten, die mit flinken Fingern Pecko´s Kleider öffnete um ihn zu untersuchen. Wenige Gesten reichten ihr, um zu signalisieren, was sie gerade brauchte: Ein Messer wurde gereicht, eine Schale mit irgendeiner Paste oder Salbe, ein Kultgegenstand, den sie auf eine Wunde legte, Blätter, ein Tierschädel. Sie arbeitete rasch und zielgerichtet. Einige kurze Kommandos ergänzten die Gesten. Schließlich deckte sie Pecko wieder zu, schaute in die Runde, legte die gekreuzten Arme vor die Brust, verneigte sich und humpelte gebeugt und mühselig aus dem Lichtkegel.

Da lag er – Pecko – wie aufgebahrt. Nur das leichte Heben und Senken seiner Decke verriet, dass er lebte. Gottseidank!

Die folgenden Tage erlebte ich in winzigen, wattigen Bewusstseinsfetzen, unterbrochen von langen Schlafperioden. Ich kann mich nicht erinnern, gegessen oder getrunken zu haben. Nur der gallige Geschmack irgendeiner Arznei blieb mir in Erinnerung, dazu ein Gefühl unendlicher Schwere und Müdigkeit.

Dann endete dieser Zustand, wie nach einem Gewitter der Himmel aufreißt: Ein plötzliches Gleißen von Klarheit und Bewusstheit, ein ungetrübter Rundumblick in ein klägliches Zimmer mit zwei Bettgestellen, einem Tischchen mit verrosteten Stahlrohrbeinen und zwei Plastikstühlen in verschossenem, durchscheinendem Grün. Im Wandschrank hinter einer halbgeöffneten Schiebetür waren Aluminium-Töpfe und Pfannen zu sehen. Auf einem ehemals weiß emaillierten Herd dampfte ein Kessel. In einer Ecke ein dunkelgrüner Kachelofen mit einer Sitzbank rund um einen grob gezimmerten Holztisch.

Offenbar hatte man uns in einer Wohnküche untergebracht. Ich richtete mich auf und schlug die Decke beiseite. Ein übler Gestank stieg mir in die Nase. Ich trug noch immer die Kleidung, mit der ich im Bus gesessen hatte. Meine Erinnerung an die Fahrt war erstaunlich klar, das Bild vom Erdrutsch deutlich, deutlicher, als mir lieb war. Nur das, was zwischen diesem Augenblick und meinem Erwachen lag, war für mein Gedächtnis unerreichbar.

Ich fing an, mich auszuziehen, und nahm mir vor, eine Waschstelle zu finden. Meine Arme und Beine waren beweglich und schmerzfrei. Nur um meinen Kopf lag ein Verband, den ich vorsichtshalber nicht löste. Fröstelnd tappte ich barfuß in meiner stinkenden Unterwäsche auf die Türe zu, als diese von der anderen Seite vorsichtig geöffnet wurde. Ein leiser Schrei ertönte, und die Türe klappte zu.

Erschreckt zog ich mich wieder in das Bett zurück und schaute, ob Pecko aufgewacht war. Aber sein ruhiger Atem war durch nichts irritiert.

Ich beschloss, noch eine Weile zu warten und dann einen neuen Versuch zu unternehmen. Da öffnete sich die Türe ein weiteres Mal, und herein trat eine schmale, junge Frau mit bäuerlichen Gesichtszügen und einem Blick, in dem ein Vorwurf blitzte.

Ich entschuldigte mich und bat sie, mir eine Gelegenheit zum Waschen zu zeigen. Sie hielt mir wortlos eine Handfläche entgegen und begann, meinen Kopfverband zu lösen. Mit dem nachlassenden Druck der mit irgendeiner Flüssigkeit vollgesaugten Tücher zog der Schmerz wieder in meinen Schädel ein. Anscheinend aber war sie zufrieden mit dem, was sie sah. Sie strich eine Salbe über meine Stirn und schlug dann die Decke zurück, die ich ihr hastig wieder entriss.

»Sonst ist alles in Ordnung!«, versicherte ich. »Ich möchte mich nur endlich waschen. – Bitte!«

Sie zog die Augenbrauen hoch.

»Erst gucken!«, sagte sie.

»Erst waschen!«, sagte ich und fügte sicherheitshalber ein »Verdammtnochmal« an.

Sie zuckte zurück und winkte mich beleidigt zur Tür. Über einen dunklen Flur erreichten wir einen Anbau aus Wellblech, in dem eine Toilettenschüssel stand und eine Wanne auf gusseisernen Füssen. Darüber ein verrosteter Boiler. Daneben ein gesprungenes Waschbecken und ein Spiegel, der von den Rändern her silbrig blind ein immerhin kleines, halbwegs zutreffenden Bild vom Betrachter malte. Das Bild erschreckte mich. Meine Augen lagen tief in den Höhlen.

Auf meiner Stirn eine ansehnliche Narbe. Meine Haut fahl, die Haare wirr. Ich erinnerte mich an einen Nachbarn, der monatelang in seiner Wohnung verwahrlost war, nachdem ihn seine Frau verlassen hatte. Erst der Geruch hatte Mitbewohner auf ihn aufmerksam gemacht. Eines Morgens kam ein Notarztwagen und holte ihn hinter der aufgebrochenen Wohnungstür hervor. Da saß der Herr von nebenan, den ich mit Anzug und Krawatte gekannt und gegrüßt hatte, mit irren Augen, langen, verfilzten Haaren und einem wüsten Bart angeschnallt auf einer Trage und schrie und stank und verschwand unter dem Kopfschütteln von Passanten hinter rotweißen Blechtüren.

Ich mochte mein Spiegelbild nicht länger anschauen und öffnete einen der beiden Wasserhähne. Zu meiner Überraschung war das Wasser warm, wenigstens eine Weile.

Den Rückweg trat ich mit einem um die Hüften gewickelten Handtuch an. Meine Unterwäsche hatte ich in der Wanne gewaschen und zum Trocknen auf eine längs durchs Bad gespannte Leine gehängt.

Als ich das Zimmer betrat, fand ich auf dem Tischchen heißen Tee und ein herzhaftes Frühstück vor.

Das Bett war frisch bezogen, die Felldecke lag zum Lüften im geöffneten Fenster, durch das ein belebender Luftzug strömte.

Wenig später kam die Frau wieder herein. Sie schaute jetzt freundlicher und setzte sich auf den anderen der beiden Stühle. Ein einfaches, klares Gesicht schaute mich forschend an. Ihre Hände waren an Arbeit gewöhnt, kräftig, schrundig. Sie trug eine Art Kittel.

Woher wir kämen, warum wir in der Nacht diese Straße befahren hätten, man wisse doch, dass es bei solchem Regen immer wieder Erdrutsche gebe.

Ich fragte nach Pecko. Sie sagte, er brauche Zeit, er müsse

lange schlafen. Er habe viel Blut verloren und in seinem Bauch sei etwas nicht in Ordnung. Was genau, wisse sie nicht. Man habe die Schamanin gerufen, die habe ihn behandelt. Sie käme gegen Abend, um nach ihm zu schauen, dann wisse man mehr. Es gebe eine Nachricht für uns.

Ich merkte, dass mein Ausflug mich angestrengt hatte, und war froh, wieder im Bett liegen zu können. Gegen Mittag kochte die Frau Gemüse und lud mich ein, im Nebenzimmer zu essen. Sie brachte mir eine Tasche mit Wäsche, die im Bus gelegen hatte. Es waren Pecko´s Klamotten, aber ich war froh, endlich wieder sauberes Zeug zu tragen.

Der Nebenraum war das Wohnzimmer, in dem drei Kinder und ein scheuer, verschlossen wirkender Mann um einen Couchtisch hockten. Erst jetzt begriff ich, dass die Familie ihre Wohnküche für uns geräumt und als Krankenstation zur Verfügung gestellt hatte. Die eisernen Bettgestelle hatten sie im Keller aufbewahrt. Sie stammten von den Eltern des Mannes, die das Haus vor ihnen bewohnt hatten. Der Mann erzählte stockend aber freundlich. Sie hätten sich große Sorgen gemacht, vor allem um Pecko. Nun sei es gut, dass wenigstens ich wieder essen könne.

Ich bot ihnen Geld an für ihre Fürsorge. Er überhörte das Angebot, schob seinen Teller zurück, stand auf und ging.

»So dürfen Sie nicht mit ihm reden«, sagte die Frau.

»Meinen Sie das mit dem Geld?«

»Sie sind unsere Gäste und Gäste bezahlen nicht. Sie können bleiben, bis sie gesund sind.«

»Danke«, sagte ich leise, »danke, dass wir hier sein dürfen, und danke für das Essen.«

Sie sagte, ich solle mich jetzt ausruhen und es gebe eine Nachricht für uns.

»Später«, sagte ich und war froh, wieder ins Bett zu können.

Am Abend kam die Schamanin. Eine kleine, lederne Person unbestimmten aber hohen Alters mit langen schwarzen Haaren. Sie trug noch immer den Rock, den ich an ihr gesehen hatte, darüber ein blaues Leinenhemd, das über der Hüfte von einem Gürtel gehalten wurde. In den Gürtel hatte sie Knochen, beinerne Fibeln und Federn gesteckt. Sie schickte einen Blick aus dunklen, quicklebendigen Augen herüber und lächelte. Dann trat sie an Peckos Bett und schlug die Decke zurück. Ihre Hände glitten tastend über seinen Bauch, als würden sie eine fremde Landschaft erkunden, hielten inne, als lauschten sie, drückten sanft an verschiedenen Punkten und drehten ihn mit erstaunlichem Geschick auf die Seite. Sie untersuchte seinen Anus, fuhr seine Wirbelsäule hinauf und drehte ihn wieder auf den Rücken.

Dann sprach sie leise mit der Frau, richtete mit zahnlosem Mund ein paar unverständliche Worte an mich und ging.

»Was hat sie gesagt?«, fragte ich.

»Sie sagt, dass ihr Freund sehr krank ist.«

»Sind seine Verletzungen so schwer?«

»Er ist nicht viel mehr verletzt als sie. Er wird morgen aufwachen und essen und in einigen Tagen wieder gehen können. Aber...«, sie blickte auf Pecko. »Sein Darm ist krank, er trinkt zu viel Alkohol. Aber viel schlimmer ist: Er hat sein Herz zu sehr angestrengt. Er hat es nicht behütet.«

»Nicht behütet? Und was hat sie zu mir gesagt?«

»Sie sollen auf ihren Freund aufpassen, sie sollen sein Herz behüten.«

Pecko erwachte tatsächlich am anderen Morgen. Er hatte keinerlei Erinnerung an den Unfall und ließ sich von mir erzählen, was geschehen war und wo wir uns befanden. Ich gab ihm seine Tasche, und er wusch sich, war aber noch zu schwach, um aufzubleiben. Die Frau brachte ihm sein Essen ans Bett.

Mir gab sie einen Briefumschlag.

»Ihre Nachricht!«

Ich ging zu Pecko herüber und zeigte ihm das beigegraue Couvert.

»Wir haben Post, Pecko!«

Er streckte mir die Hand entgegen.

»Lass sehen!« Seine behaarten Unterarme wurden über der Decke geschäftig. Er riss den Umschlag auf, schaute hinein und zuckte mit den Achseln. Dann reichte er ihn mir und drehte sich in seine Decke, um zu schlafen.

Ich schaute hinein: eine kleine, schwarzschillernde Feder.

Am nächsten Tag erkundigte ich mich bei der Frau nach unserem Bus. Sie sagte, man habe ihn abgeschleppt und er sei in der Schmiede zur Reparatur. Die Wegbeschreibung machte mir Mut zu einem ersten Ausflug außerhalb des schützenden Hauses. Ich fragte Pecko, ob er irgendetwas brauche, das ich ihm mitbringen könne. Er sagte, ich solle nach den Bässen schauen und den Ölstand prüfen.

»Wenn überhaupt noch was heil geblieben ist«, sagte ich.

Es ging ein leichter, warmer Wind. Die Straßen waren trocken, auf der festgefahrenen Erde lagen Spelzen und Strohreste. Vögel pickten darin herum. Zum ersten Mal seit Tagen hatte ich ein Gefühl von Leichtigkeit und wiederkehrender Kraft. Die Sonne wärmte mein Gesicht, ich sog den Dorfduft ein, ein Sud von Stall und Scheune, von Heu und Malz und altem Holz.

Die Schmiede war Hufschmiede und Autowerkstatt in einem. Neben einem groben Holzgestell zum Anbinden der Tiere gab es eine Grube, über der wahrhaftig unser Bus stand,

– geduldig wie ein Pferd beim Beschlagen. Unten in der Grube stand ein Mann mit Schweißerbrille und einer Handlampe. Ich ging um den Bus herum und war erstaunt, wie wenig er äußerlich beschädigt war. Die Front war bis zur Höhe der Fahrertüre zerbeult aber nicht zerstört. Die Windschutzscheibe war wunderbarer Weise heil geblieben. Nur die Scheibe zwischen Laderaum und Fahrerkabine war zerborsten. Überall klebten Erd- und Pflanzenreste.

Als ich die Heckklappe öffnete, meldete sich der Mann aus der Grube:

»Hey, was machst du da? Finger weg, Du Saukerl, sonst lass ich den Hund los!« Ich sah keinen Hund, klappte aber den Bus rasch wieder zu und erklärte ihm, wer ich sei und was ich suchte. Er wurde umgänglicher und fragte nach einem Vorschuss. Er habe schließlich seit Tagen an der Karre gearbeitet und Material gebraucht. Ich beruhigte ihn und sicherte ihm zu, dass alles bezahlt werde. Er hatte tatsächlich einige Teile geschweißt und gerichtet und erzählte mir wortreich, dass die Lenkung Schaden genommen habe. Vermutlich aber sei er morgen so weit, dass der Bus wieder fahrbereit wäre. Ich bat ihn, den Ölstand zu prüfen und begann, unser Gepäck zu checken.

Zuerst packte ich die Bässe aus. Wir hatten sie so mit Gepäckstücken abgepolstert, dass sie bestens geschützt waren. In einer Basshülle steckten am oberen Ende kleine Glassplitter. Es war mein Bass, der die Scheibe zerstoßen hatte. Aber auch er lag unbeschädigt in seinem wattierten Futteral. Entwarnung also. Auf den ersten Blick konnte ich keinen Verlust feststellen. Alles war ein wenig komprimiert und roch fremd. Aber nichts war, so weit ich sehen konnte, beschädigt.

Ich setzte mich auf der gegenüberliegenden Straßenseite auf einen Findling und genoss noch ein wenig den Morgen, bevor ich zurückschlenderte. Mein Ausflug war mir gut bekommen. Und auch Pecko ging es sichtlich besser. Erleichtert nahm er die Nachricht auf, dass alles soweit ok war.

»Dann fahren wir morgen!«, sagte er aufgekratzt.

»Ist das nicht ein bisschen früh?«, wandte ich ein.

»Wieso, bist du zu schlapp?«

»Ich meine für dich – wie geht´ s dir denn?«

»Siehst du doch! – Nur noch´n bisschen Dünnschiss.«

»Schlimm?«

»Von fünf Meter in die Flasche! Aber bis morgen ...« .

Wir wurden sehr herzlich verabschiedet. Die ganze Familie war angetreten, um uns eine gute Reise zu wünschen. Unsere Wäsche war gewaschen und in einem Beutel fanden wir Äpfel, gekochte Eier und Brot. Wir bedankten uns, so gut wir konnten. Ich wagte nicht noch einmal, von Geld zu sprechen, obwohl es mir schwer fiel, versprach aber, dass wir auf der Rückfahrt noch einmal vorbeischauen würden.

Als ich die Haustüre öffnete, stand mir die Schamanin gegenüber. Sie starrte mich an und drängte sich an mir vorbei in die Diele. Mit beiden Händen nahm sie die Frau bei den Armen und redete auf sie ein. Dann strich sie blicklos an uns vorbei nach draußen, rief noch etwas und verschwand.

»Was hat sie gesagt?«, fragte ich.

»Sie hat geschimpft, weil ihr zu früh aufbrecht. Ihr hättet warten sollen.«

»War das alles?«

»Ja.«

»Sie hat doch draußen noch etwas gerufen!«

»Sie hat gerufen: ›Zwei Raben seh‹ ich davonfliegen und zwei Raben fliegen zurück.‹«

»Na siehst du«, sagte Pecko, »alles gut.«

Wir zogen mit unseren Taschen zur Schmiede. Der Tag war noch wärmer als der zuvor. Mauersegler jagten hoch an einem metallisch blauen Himmel. Der Schmied nannte uns eine überraschend geringe Summe, die Pecko großzügig aufstockte. Er bekam daraufhin noch einen Keilriemen und einen Kanister Öl für alle Fälle. Händeschütteln, Schulterklopfen, ach ja, der Zündschlüssel, wo war er gleich?

Als ich die Fahrertüre öffnete, saß sie da und schaute mich aus dunklen, ernsten Augen an. Ich war außer Stande, etwas zu sagen, und schob mich langsam ans Steuer. Auf der anderen Seite stand Pecko ebenso fassungslos.

»Th – «, er schüttelte den Kopf.

»Versteh einer die Frauen!«, lachte er, schwang sich neben Jelka auf den Beifahrersitz und gab ihr einen Klaps auf die Schulter. Er schaute mich an.

»Was ist?«

Ich saß gelähmt auf meinem Sitz und starrte über das Lenkrad an die Wand der Schmiede.

»Ich, – ich kann das nicht. Ich brauch Zeit, ich – du glaubst doch nicht, dass das geht, das kann unmöglich ... das kann nicht ..., Pecko, das geht nicht, das geht nicht gut!«

»Was geht nicht gut? Ok, wir sind am Arsch der Welt, haben einen Unfall gebaut, können von Glück sagen, dass wir gesund sind und dass die Karre wieder heil ist. Zwischen uns sitzt eine wunderbare Frau, und wir können endlich wieder los. Gibt es irgendwas, womit du nicht zufrieden bist?«

»Pecko, bitte, das müsste ich dir in Ruhe erklären.«

»So viel Ruhe hab ich nicht. Ich hab Verpflichtungen. Ich muss in zehn Tagen in Kysyl in Tuwa spielen. Da warten ein paar Freunde auf mich und Musiker, die ich noch nie gesehen und gehört habe. Der Gig wird vom Kulturamt in Tuwa bezahlt, gut bezahlt. Ich hab einen Vertrag unterschrieben, die haben mich an den Eiern, Mann. Dann hab ich noch ein paar Auftritte zwischen Tuwa und Moskau, dann Moskau und am Schluss kommt Batumi und dann noch, warte mal – Chisinau oder so. Wenn das alles gelaufen ist, kannst du mir so viel erklären, wie du willst.«

»Du hast nie gesagt, dass du Termine hast auf dieser Tour! Und wo zum Henker ist Chisinau?«

»Ich hab Termine satt, wenn ich auf Tour bin. Das ist mein Beruf! Ich leb das. Du willst nur mal dabei sein und dir ne Tüte aus ein bisschen Abenteuer drehen. Zu Hause kannst du dann allen erzählen, wie aufregend das war. Und dann schlüpfst du wieder in die Schluffen deiner Bürgerlichkeit. Du hängst an der Titte der Beamtenversorgung, ich muss mir meine Kohle selbst besorgen. «

»Hast du mal an Deine Gesundheit gedacht? Du bist gerade aus dem Bett gekrochen, hast Wunden, die noch nicht heil sind, kannst noch nicht mal Auto fahren und willst Auftritte absolvieren an Orten, die tausende von Kilometern voneinander entfernt sind?«

»In zehn Tagen den ersten – bis dahin bin ich fit!«

»Du hattest eine Darm-OP kurz vor der Abreise.«

»Ich kann seit drei Wochen wieder normal scheißen. – Weißt du noch, wo der Rückwärtsgang ist? Dann fahr mal raus hier!«

»Vielleicht solltest du den Rückwärtsgang einlegen. Ich hab das Gefühl, du hast fünf Vorwärtsgänge und nicht mal ne Bremse.«

»Ich weiß, was gut ist für mich.«

»Meine Fresse! – Weißt du nicht!«

Erst jetzt fühlte ich den Abdruck einer Hand auf meinem Oberschenkel.

»Fahr!«, sagte Jelka.

»Und du? Was willst denn du in Tuwa?«

Sie zog die Nase hoch wie ein Bierkutscher.

»Mein Weg geht mit euch weiter.«

»Mit Pecko!«, fuhr ich sie an.

»Mit euch«, sagte sie lächelnd und hielt mir den Zündschlüssel hin – ein silbrig zappelndes Fischlein unter ihrem linken Zeigefinger.

Kysyl, die Hauptstadt von Tuwa, legte sich, kaum dass wir da waren, wie ein Albdruck auf mein Gemüt. Eine düstere Filmkulisse aus Rost, Schlamm und verfallenen Häusern. Blechgedeckte Behelfsheime, Plattenbauten, wie ich sie aus DDR – Zeiten kannte, kalte, menschenferne Behörden-Architektur um kahle Plätze, auf denen man sich Truppenaufmärsche vorstellen konnte. Uralte Busse in verschossenem Hellblau. Fahnenstangen ohne Fahnen. Aus einer Pfütze starrte mir mein Gesicht entgegen: Blasse Verlorenheit, die mich erschreckte.

Ich war wieder einmal erstaunt, wie plötzlich sich mein Fühlen durch äußere Umstände völlig aus dem Lot bringen ließ, wie abhängig ich von Bedingungen war. Als wäre in mir so wenig eigenes Leben, dass ich immer wieder in eine Art Importabhängigkeit geriet.

Ein Krankenwagen zerschnitt den Regen mit kreischender Sirene, die lange brauchte, um zu verhallen. Sein Blaulicht zuckte noch lange auf der nassen Fahrbahn. Männer, die mit Flaschen in der Hand mit Männern redeten, die Flaschen in der Hand hielten und lachten.

Ein altbekanntes Gefühl kroch in mir hoch, das in den Tiefen meiner Seele hauste wie eine Kröte im Brunnen. Ein Ziehen um den Solarplexus, eine aufkommende Enge, die den Atem an die Leine nahm, das Herz vor sich her jagte und in ein Brennen mündete, das Angst hieß.

Da war sie wieder! Ich hatte gelernt, sie zu benennen, auszuatmen, den Gedanken zu denken, dass sie nicht allmächtig und nicht ewig ist, sondern vorüber geht. Ich wusste, dass der Adrenalinvorrat des Körpers irgendwann erschöpft ist. Und doch blieb sie ein vernichtendes Gefühl, das Macht über mich hatte. Ein Gefühl von letzgültigem Ausgeliefert-Sein, eine Schwäche in den Kniekehlen und kalter Schweiß in den Achseln. Eine Gedanken- und Gefühlsspirale ohne Ausgang. Die Folter einer Todesandrohung ohne Erlösung.

Ich sank auf eine nasse Bank und ließ die Angst durch mich hindurch. Lass sie wie einen Dieb durchs leere Haus laufen! Ich spürte mein hysterisches Herz, den Druck im Brustkorb, das Gefühl, mich aufzulösen, den Kontakt zur Erde zu verlieren. Und ich griff über Kreuz meine Oberarme, wiegte den durchnässten Fremden, der da zusammengesunken hockte, und fühlte, wie die Geiselnahme langsam vorüber ging. Wen hielt ich da bloß im Arm?

Das Hotel war ein seelenloser Plattenbau, die Zimmer immerhin sauber und warm, eingerichtet mit kommunistischer Einfallslosigkeit. Farben, die keine waren, Oberflächen, die so taten als ob. Eine Gardine, die irgendwie aufgegeben hatte und sich auf halber Strecke wie ein toter Tintenfisch auf die Fensterbank ergoss. Es roch nach kaltem Zigarettenrauch und Männersocken. Mein Kopf schmerzte um die Narben herum.

Ich legte mich auf´s Bett. Der Feind war abgezogen, Herz und Atem gingen ruhig. Ich wurde müde und sank in einen flüchtigen Schlaf. Schon stellten sich erste Traumbilder ein. Luzide Träume, dachte ich, oder Erinnerungen.

Es war wieder Amrum – warum immer Amrum? Ich schritt barfuß am Strand entlang und schaute an der Nordspitze zur Insel Föhr herüber. Das Watt war fast trockengefallen. Zwischen den Inseln war ein breiter Strom geblieben, durch den das Wasser, vom Wind in seiner Bewegung beschleunigt, zügig ablief. Kein Schwimmer der Welt hätte da eine Chance gehabt. Nordsee, Mordsee. Ein ziehendes Verlangen ging durch mich hindurch, mich still in den Strom gleiten zu lassen, mein festgebackenes, zu Stein gewordenes, steifes, kaltes Leben mit – und wegreißen zu lassen.

Zugleich suchte mich eine abgrundtiefe Traurigkeit heim und mit ihr ein Gefühl süßer Erfüllung. So nah war ich mir! – Wie lange nicht mehr. Wie schön, wie schrecklich! Ganz nah war ich meinem Leben und seinem Ende. Ich bückte mich nach einem faustgroßen, grauweiß marmorierten Stein und warf ihn weit hinaus in die Strömung. Ich sah ihn nicht einmal mehr eintauchen, so rasch war er verschwunden. So schnell, dachte ich. Und keine Spur wird bleiben. Einfach fort sein, auf immer unterwegs, ohne eine Erinnerung daran, jemals abgereist zu sein.

One day I fly away – die Melodie strich wehmütig durch mein Gemüt, die mich so oft in unerklärliche Melancholie versetzt hatte. Damals, als ich allein auf dem Dachboden gesessen und nach Schulbeginn Julius´ Kindergartenmappe durchgeblättert hatte. Die ersten Bilder, das Haus in Blau, Grün und Orange. Der Bär, der sprechen konnte. One day I fly away. Ich hatte geglaubt, das allmähliche Flüggewerden meiner Söhne hätte mich so traurig gestimmt. Der Wechsel vom Kindergarten zur Schule, vom Behütetsein zur wachsenden Selbständigkeit. Ich war der Überzeugung gewesen, ich hätte mit dem Heranwachsen der Kinder meine Mühe gehabt, sie seien es gewesen, die auf und davon hätten fliegen wollen. Nun begann ich zu begreifen, daß es anders war, dass ich davon wollte, lange schon.

Langsam sank ich in die Hocke und setzte mich in den feuchten Sand. Ich war einsam, stellte ich unsentimental fest. Ich war, was ich immer schon gewesen war. Manchmal wurde dieses Gefühl bestochen, in der Kinderzeit durch Geschenke und Süßigkeiten, später durch Verliebtsein oder eine neue Kamera, ein größeres Auto. Manchmal war es unbestechlich wie damals, als mein Vater abgetreten war. Einen Strauß gelber Teerosen hatte man mir in die Hand gedrückt und die Anweisung gegeben, was damit zu geschehen hatte. Tapfer hatte ich das Gebinde ins offene Grab geworfen, hatte nicht einmal geweint. Ich war ja auch von einem schweren Albdruck befreit. Aber der große, schwarze, sterbende Koloss hatte mir auch Schutz gegeben. Solange er da gewesen war, war Leben gewesen. Keuchend und schwitzend, hustend und siech, aber lebendig. Und nun?

Ich habe nicht geweint. Aber was heißt das schon. Ich war nicht gefühllos, denk das nicht. Ich war einfach gelähmt, wie in zähe Gelatine eingegossen. Ich bin später, viel später wieder an dein Grab getreten oder an das, was davon übrig war. Da war ich nicht allein, da waren meine Söhne bei mir. Wir drei standen da aufrecht und du, du verstecktest dich irgendwo unter Ackerwinden und Löwenzahn. Kalt und schwer lag der Stein wie ein gefallener Soldat. Jahrzehntelang hatte er aufrecht Wache gehalten, so gut es ging die schwarze, mit der Zeit verwitternde Inschrift, die grünlich bemoosten Rundungen stumm dem Wetter hingehalten. Ein häßlicher Klotz. Lieblose Steinmetzarbeit vor blaugrünen Zypressen. Anfänglich weißgrau, glatt – ein bißchen wie du in deinen hellen Sommeranzügen – damals, als er mit einem kleinen Stück Moniereisen über dem eilig gegossenen

Fundament zum Stehen gebracht wurde. Lange hat das nicht gehalten. Der Koloß wackelte früh wie du, und ich habe meine schwellenden Kräfte an ihm erprobt: Mit einem Finger konnte ich das Riesending zum Schaukeln bringen – wehe, wenn der fiel!

Ich weiß gar nicht, ob du´s bemerkt hast, daß ich bei dir war an diesem krankenhausbleichen Morgen. Müde war ich, übernächtigt, auf dem Weg zur Schule noch mal eben in den reinlich riechenden, gebohnerten Gang eingebogen, zweite Tür rechts, Zimmer 211.

Ein schmaler, hoher Raum, Efeu ums Fenster, Neonröhre über dem Waschbecken und dann du auf diesem hochbeinigen Bett, die Decke von deinem Bauch gewölbt. Über dir, zur Kuppel gespannt, eine Klarsichtfolie, neben dir eine leise zischende blaue Sauerstoffflasche. Breiig – fahl dein Gesicht, tief eingesunken in das Kissen. Ich traute mich ziemlich nahe an dich heran. Das Sauerstoffzelt hielt dich ja in Schach. Da durftest du nicht raus. Und ich konnte dich wie unter Glas gefahrlos aus der Nähe betrachten. Ich sah es genau und wußte irgendwie: Das ist nun der Tag, an dem sich alles wendet! – und auch die bittere Lust: Ja wäre es endlich vorbei, das Husten und Röcheln, das Nach-Luft-Schnappen, das elende Mischen von Arzneien, die Litanei deines Krankenstandes. Ich habe nichts unternommen, als du plötzlich auffuhrst, mit starren, rotgeäderten, glasigen Augen durch mich hindurch stiertest, die in dir aufsteigende Panik in den Verzweiflungsschrei »Angst!« presstest. Das war das letzte Wort, das ich von dir hörte, dein Vermächtnis, während du unter dieser Glitzerfolie mit den Armen rudertest wie in einem Aqarium. Und Angst bekam auch ich, als du dich aus dem engen Gehäuse befreien, dich in einer letzten Kraftanstrengung aus dem Bett wälzen wolltest. Wie eine riesige Flutwelle kamst du mir entgegen, um kurz vor dem archimedischen Punkt zu erschlaffen und zurückzusinken – gottseidank – in das grünliche Kissen. Schwer lagst du da, grau und kalt. Wehe, wenn du auf mich gefallen wärst! Du hättest mich erdrückt, plattgemacht. Stattdessen Stille, endlich Stille, nur das unbeeindruckte leise Zischen der überflüssig gewordenen Atemhilfe. Keinen Finger habe ich da gerührt. Ich stand wie versteinert. An einem Kabel das kleine Kästchen mit dem roten Knopf. Ich mußte mich anstrengen zu atmen. Dein Angstschrei hallte noch nach in mir und brach sich an sekundenschnellen Erinnerungen: du in deinem weißen Auto, du in jagdgrün mit Spazierstock, du in der Diele sitzend, eine ovale Simon- Arzt-Zigarette zwischen den Fingern – lachend, du mit rotem Gesicht in grellem Jähzorn. Vorbei. Ich wußte, das alles ist vorbei, und ich wollte es auch nicht mehr beleben, wollte keinen Arzt, keine Reanimation. Ich wollte Stille. Endlich Stille. Ich habe dich auf dem Gewissen.

Es dämmerte. Nebenan hörte ich Jelka leise singen. Ich rollte mich über die Schulter vom Bett und angelte nach meinen Schuhen. Ohne Licht zu machen, tappte ich über den Flur und klopfte. Als die Tür sich öffnete, blickte ich in eine andere Welt. Kerzen brannten. Auf dem Tisch lagen einige große, flache Kiesel aus dem Fluss, in ihrer Mitte Moos und Federn zu einer kleinen Skulptur geformt. In einem winzigen Samowar dampfte Wasser. Die grelle Tischlampe war unter einem Hauch von Tuch verschwunden und gab ein freundlich warmes Licht. Vor dem Kubus des Kleiderschrankes hingen Kleidungsstücke wie bunte Fahnen. Aus der Bettdecke hatte sie sich eine Rolle gedreht, in deren Mitte sie mit angezogenen Beinen saß. Es duftete würzig und süß.

»Tee?«

»Gern.«

Ich fühlte mich unvorbereitet und wusste nicht, was ich sagen sollte.

»Weißt du, wo Pecko steckt?«

»Bist du deshalb gekommen?«

Sie nahm ihren Becher in beide Hände und schlürfte den Kräutertee. Über den Rand hinweg schaute sie in irgendeine Ferne.

»Er ist in die Konzerthalle gegangen. Er trifft dort Freunde aus seiner Stadt, einen Schlagzeuger und einen Saxophonisten. Und eine Sängerin, die hier lebt.«

»Eine Obertonsängerin?«

»Ja. Sie wollen heute Abend proben. Morgen ist das Konzert.«

»Wirst du hingehen?«

»Das weiß ich noch nicht.«

»Du hast es dir richtig schön gemacht. Chapeau! Die Zimmer sind ziemlich hässlich. Die Stadt ist – ich finde sie furchtbar. Kalt, nass, Schlamm und Dreck. Scheint hier nie die Sonne?«

»Du hast wenig Geduld, was? In ein paar Tagen, vielleicht schon morgen, wird sie scheinen. Hier ist es oft kalt. Im Winter kann es leicht minus vierzig Grad werden. Und im Sommer wird es auch vierzig Grad, aber plus. Dazwischen regnet es viel. Wo du herkommst, ist es immer lauwarm. Hier ist es eiskalt oder richtig heiß.«

»Warst du schon mal in Deutschland«?

»Nein, aber es gab ein paar junge Männer in meinem Dorf, die dort eine zeitlang gearbeitet haben. Die haben viel erzählt.«

»Warum sind sie nicht geblieben?«

»Weil sie nicht mehr wichtig waren. Man hat sie eine Weile

gebraucht und dann hat man sie nicht mehr gebraucht. So ist das bei euch.«

Auf dem Boden lagen flache, schwarze Stoffschuhe, die mich an Ballett erinnerten. Jelka trug ein langes Hemd mit aufgekrempelten Ärmeln. Ich sah ein Stückchen von ihrer Narbe am linken Oberschenkel. Das Wort »lauwarm« ärgerte mich.

Erst jetzt fielen mir die Schulterstücke und die Brusttaschen an ihrem Hemd auf. Ungewöhnlich für eine Frau. Ungewöhnlich auch die Größe. Es war Pecko´s Hemd, da war ich mir sicher.

Ich trank meinen Tee aus und bedankte mich. Sie schaute mich, den Becher an den Lippen, schweigend an. Unter ihrem Blick flackerte etwas.

Mein Rückzug dauerte eine Weile, war hölzern und steif. Erst als ich ihre Zimmertüre hinter mir zugezogen hatte, ging mein Atem wieder leicht.

Ich kroch in die blass geblümte Unbehaglichkeit meines Bettes und versuchte zu lesen. Es war still im Hotel. Jedes Geräusch hob sich deutlich von dem Grundrauschen ab, das meine Ohren seit einigen Jahren produzierten. Jelka sang nicht mehr. Nach einigen Buchseiten merkte ich, dass meine Aufmerksamkeit an der Wand zu ihrem Zimmer klebte. Gab es irgendwelche Zeichen für Aufbruch? Würde sie aufstehen, sich umziehen, da hin gehen? Ich versuchte, mich zu disziplinieren, fand mich albern und dumm, war aber außer Stande, auch nur eine Zeile in mich aufzunehmen. Bis es klopfte. Ich sprang auf und stürzte zur Tür. Eine schlanke Frauengestalt, deren Gesicht im Halbschatten verschwamm, hielt mir zwei Handtücher entgegen, sagte ein paar mechanische Worte, machte einen Knicks und entfernte sich.

Die Tür klappte hinter mir zu. Ich trat ans Fenster und

schaute in den Lichterregen der abendlichen Stadt. So gefiel sie mir schon besser. Wie konnte ich es fertig bringen, nicht zu Jelka hinüber zu horchen? Wie konnte ich mich in Sicherheit bringen vor diesem fiebrigen Gefühl, das mich immer wieder beschlich, seit sie dabei war? Es war eine Art Krankenstand. Ein wundes, wehes Ziehen unter dem Brustbein. Und gleichzeitig ein Gefühl von Hilflosigkeit und Ungeschicklichkeit. Meine Wut auf Pecko nahm täglich zu. Auch auf Jelka richtete sich mein Ärger. Ich war steuerlos geworden, konturlos, völlig abhängig vom zufälligen Handeln der Anderen.

Ich schaute auf Pecko, ich schaute auf Jelka. Aber ich verlor mich von Tag zu Tag mehr aus den Augen. Ich löste mich förmlich auf in billige Eifersucht und wusste kein Gegenmittel.

Statt reglos im Bett zu lauschen, wollte ich mich wenigstens bewegen. An der Rezeption fragte ich nach dem Konzertsaal. Ganz sicher war Jelka längst da.

Es war nicht weit. Pecko hatte das Hotel ganz in der Nähe gebucht. Wenig später stand ich vor einem Gebäude, das nicht nach Musik aussah: ein seelenloser Kasten, ähnlich hässlich wie das Hotel, in dem wir untergebracht waren. Eine der Glastüren war angelehnt, die Flure schwach beleuchtet. Ich folgte den anschwellenden Saxophonklängen und drückte schließlich eine mit Kunstleder bezogene Saaltüre auf. Seitlich trat ich in den Zuschauerraum. Auf der Bühne beleuchtete fahles Licht drei Männer: Einen Bärtigen mit Saxophon, Pecko, dessen Bass im Hintergrund auf dem Bühnenboden lag, und ein halb aufgebautes Schlagzeug, dessen Betreiber Taschen und Kästen durchsuchte und laut fluchte, weil er irgend etwas vermisste.

Sie war nicht da. Das ließ mich leichter werden. Ich war von meiner Obsession für eine Weile befreit,.

Unbemerkt rutschte ich in einer der hinteren Reihen auf einen der vierhundert oder fünfhundert Stühle. Ein abgestandener Geruch von Bohnerwachs und eingestaubtem Stoffpolster hing in der Luft. Das senkrechte, spärliche Licht ließ die Augen der Männer zu schwarzen Flecken verlaufen. Langsam nahm das Schlagzeug Gestalt an. Der Drummer trug schwarze Jeans, einen schwarzen Rolli und schwarze Schuhe, dazu einen weißen Mecki-Haarschnitt. Ein mutiges, bisschen freches Gesicht und eine federnde Körperspannung gaben ihm etwas Junges – trotz der Jahre. Der Saxophonist ähnelte ihm ein wenig, wirkte aber älter, saß auf einem Stuhl, neben dem er eine Art vierfüßige Gehhilfe geparkt hatte. Sein Blick folgte dem auf den Boden gerichteten Sopransax. Pecko sprach leise mit beiden und steckte wie immer in einer Bollerhose, die aufgehängt an breiten Hosenträgern um ihn zu baumeln schien. Die zu kurzen Hosenbeine gaben seine Arbeiterschuhe frei. Er ruhte breitbeinig auf dickbesohlten Pfeilern. Sein kahl geschorener Schädel trug einen Lichtklecks wie eine eingelaufene Aura.

Im Schatten auf einem Stuhl stand Peko´s Sunn–Amp und blinzelte mit einem kleinen, roten Licht, das Bereitschaft versprach. Der Drummer drehte den belederten Teller seines Hockers hoch und bezog Stellung. Pecko langte nach seinem Bass und spielte ein paar Töne an. Der Saxophonist verstummte.

Stille.

Dann brach die Hölle los. Der Bruch eines Staudamms. Ohne ein erkennbares Signal tobten die drei los, getrieben von einem unablässig, in rasender Geschwindigkeit synkopierenden, in immer neuen Eruptionen aufwallenden Schlagzeug, in dessen Klanginferno die Saxophonstimme zu überleben versuchte, wie ein Ertrinkender in immer verzweifelterer Anstrengung nach Luft schnappte, panische Schreie ausstieß und dem Maschinengewehr-Stakkato der Snaredrum spitze, schrille Klanggeschosse entgegen schleuderte. Der Bass wühlte derweil im Untergrund und warf Erde und Steine auf wie bei Kometeneinschlägen. Ein Tosen, ein Wüten, eine Orgie, die eine geschätzte halbe Stunde mit unverminderter Ernergie und Lautstärke anhielt und dann ebenso plötzlich endete, wie sie begonnen hatte.

Stille.

Noch nie hatte ich so etwas erlebt. Am liebsten wäre ich aufgesprungen, hätte getanzt, geschrieen, die Arme in die Luft geworfen, Menschen geküsst. Tatsächlich saß ich wie angenagelt da und konnte mich nicht rühren. Auf der Bühne war unterdessen das Luftanhalten beendet. Man rührte sich. Die Spannung ließ nach, leises Lachen, Hände, die auf Schultern klopften. Der Saxophonist ging schleppend mit seiner Gehhilfe von der Bühne Richtung Klo. Pecko half ihm die Stufen von der Bühne hinab. Mit leisem Geklicker steckte der Drummer die Sticks in ein breites Futteral, das die Standtom umrundete.

»Leck mich am Arsch!«, hörte ich ihn resümieren.

Leise schlich ich mich hinaus, erfüllt von einer ungekannten Kraft. Ich sog die kühle Luft ein, den Geruch verbrannter Braunkohle, spürte jeden Schritt, jeden Muskel in meinen Beinen. Kysyl atmete ruhig und schweigsam. Hinter den Fensterscheiben flackerten Nachrichtenmagazine und Spielfilme. Die Straßen bildeten ein Karo aus rechten Winkeln. Nicht schwer, sich zu orientieren. Auch ohne Stadtplan fand ich das Zentrum: ein bedeutungsloser, hohler Kern. Ich nahm Kurs auf den mächtigen Fluss, suchte und fand eine Brücke, die ich liegen ließ, weil sie wie eine Autobahnbrücke aussah.

Stattdessen schlenderte ich flussaufwärts an Industrie- und Kaianlagen vorbei. Über mir war der Himmel fast klar. Die letzten Wolken wurden vom Wind wie ein Vorhang aufgezogen und gaben den Mond frei, der scharfrandig, wie ausgestanzt, auf seinen Auftritt gewartet hatte. Erst jetzt sah ich, dass es zwei Flüsse waren, die hier zusammen strömten. Das war mir am Nachmittag entgangen. Einer von Osten und einer von Norden. Einer schien größer zu sein als der andere. Aber jeder von beiden, dachte ich, bringt seine Wassermassen ein, sein Treibholz, seine Tier- und Algenwelt, seine Abfälle und seine Geschichte. In der Begegnung verschmelzen sie zur großen Reise. Das geschieht einfach und niemand fragt, wieviel der Eine oder der Andere beisteuert. Sie fließen einfach ineinander, treten die große Reise gemeinsam an, vermischt, einsgeworden.

Ich leiste auch einen Beitrag zu dieser Reise, dachte ich. Ich bin dabei, das ist schon was. Pecko ist geschwächt, wer weiß, wozu er mich noch braucht. Ich habe den Bus gefahren, als er es nicht konnte. Ich habe ihm zugehört. Ich habe x mal die Antriebsräder freigeschaufelt. Ich habe Jelka in den Armen gehalten. Ich habe behalten, was die Schamanin gesagt hat. Ich habe noch kaum einen Ton gespielt, aber muss ich das?

Und wenn ich will, finde ich einen Ort dafür. Wenn mir danach ist, packe ich meinen Bass aus und spiele, über den trägen, breiten Fluss hinweg, zwischen den lichten, silbrigen Birken, in meinem schäbigen, trostlosen Zimmer. Einfach so. Ich bin jetzt hier, in Kysyl. Ich komme vor auf dieser großen Reise, das genügt. Ich muss morgen nicht auf der Bühne stehen, es reicht, dass ich jetzt hier am Fluss stehe und dieses stete und große Begegnen und Einswerden miterlebe. Ich bin Zeuge dessen. Ich muss es nicht bewirken. Ich erlebe es, das ist alles.

Mir fielen zwei Worte ein, die ich in einem Yoga-Kurs vor vielen Jahren als Mantra bekam: »Ich bin.« Und etwas von dem Glück, das mich damals bei der Mantrawiederholung erfüllt hatte, kehrte zu mir zurück. Und es war wieder etwas Warmes in dem großen Hohlraum unter meinem Brustbein.

Als ich im Bett lag, horchte ich nicht mehr nach nebenan und schlief bald ein.

Am Frühstücksbuffet war ein ziemliches Gedränge. Ein Vogelschwarm von Stimmen in verschiedenen Sprachen. Hände griffen nach Butter, Brot und Eiern. Es gelang mir, einen Kaffee zu ergattern, ein paar Scheiben Brot und Käse. An einem Ecktisch im Hintergrund des Saales sah ich die Umrisse von Pecko. Die beiden anderen Musiker saßen bei ihm. Sie schauten kurz auf, als ich an den Tisch trat, und rückten, damit ich Platz fand.

»Dieter«, sagte der Eine und gab mir eine straffe, trockene Hand. Der Ältere musterte mich und wiederholte mit einem Lächeln:

»Dieter.«

»Sie heißen beide so«, lachte Pecko mit vollem Mund. Auf seinem Teller türmten sich Wurstenden, halbe Zwiebeln, Speckröllchen und Rührei.

»Ich bin Harry«, sagte ich und setzte mich, während die Drei schon wieder im Gespräch waren.

»Also nochmal: S kommt so gegen vier Uhr nachmittags.«, sagte Pecko. »... hat sie dem Portier durchtelefoniert. Sie kommt direkt aus Budapest – Flugzeug.« Er machte eine Handbewegung, als würde er den Flieger durchwinken.

»Blöd, dass sie bei der Probe nicht dabei war«, raunte Dieter 2.

»Das wird knapp heute abend.«

»Schaffen wir schon!«, wusste Dieter 1. » Aber was ist mit den Leuten aus Kysyl?«

Pecko faltete einen Zettel auseinander.

»Der Geiger kann heute morgen mitproben. Die Akkordeon-Frau ist gegen Mittag da. Wir haben also Zeit genug. S macht sowieso, was sie will. Da kann man nichts machen.«

»Kann man nichts machen«, wiederholte Dieter 1.

»Na denn!« Pecko nahm zwischen zwei Portionen Kaffee einen Wodka. »Dann fangen wir so gegen elf an und proben bis, sagen wir mal, vier. Dann hauen wir uns hin, essen was und um acht geht's los.«

»Aber um vier kommt S am Flughafen an!«, mahnte Dieter 1.

»Stimmt. – Wer holt sie ab?«

Niemand sagte etwas. Die beiden Dieter starrten auf ihre Teller. Pecko kratzte sich hinterm Ohr.

Ich stellte meine Kaffeetasse ab.

»Das kann ich machen«, sagte ich. »Wer ist denn S?«

Ich erfuhr, dass S eine weltbekannte Obertonsängerin sei, die hier in Kysyl aufgewachsen und einem Flötisten nach Budapest gefolgt war. André Heller rechne sie unter eine der besten zehn Stimmen der Welt. Im Übrigen müsse ich sie eigentlich kennen. Sie sei schon ein paarmal bei Pecko zu Gast gewesen. Einmal hätte ich mit ihr in seiner Küche Kirschen gegessen. Ich sollte mich über nichts wundern.

»Ach die S!« – Mir kam die Erinnerung.

Ich erfuhr noch, dass es schon einmal eine Sibirienreise gegeben hatte. Damals, als Pecko Anfang dreißig war. Die legendäre Sibirienreise, mit der die Karriere von S, die bis dahin in Moskau Musik studiert hatte, begann. Ein paar alte Photos glitten von Peckos Hemdtasche auf den Tisch. Die Fahrt mit der Transsibirischen Eisenbahn, der Vater von S in einem blauglänzenden, an den Rändern bestickten Kittel. Und Heide, die Malerin, die einfach so mitgekommen war, dicht an dicht neben Pecko im Zugabteil. Und wie sie Gras hinter den Reklameschildern im Zug versteckt geschmuggelt hatten. Und wie das Zugklo übergelaufen war und Dieter 1 die Frau eines einheimischen Politikers vernascht hatte. Und Pecko, der in Kysyl im Suff in einen offenstehenden Gully gesprungen war, nur noch mit dem Kopf herausgeschaut und laut »KGB!« gebrüllt hatte. »Ich will den KGB sehen! Wo ist der KGB??« Und das Entsetzen der tuwinischen Gastgeberin. Und die Konzerthalle, genau die Konzerthalle, in der sie damals aufgetreten waren. Immer noch die selben Stühle, immer noch das selbe beschissene Bühnenlicht. Aber ein Schlagzeug – immerhin. Dieter 1 vermutete, dass auch dies das selbe war wie damals.

»Ich war da noch nicht dabei«, sagte Dieter 2 leise und machte sich mit seiner Gehhilfe, »muss mal pinkeln«, auf den Weg zur Toilette.

Ich hörte noch eine Weile zu, lernte ein bisschen was über das Leben hier, staunte darüber, dass es den Musikern derart viel bedeutete, dieses Revival zu erleben, dass sie die lange, beschwerliche Reise auf sich genommen hatten. Dieter 2 ersetzte wohl den Partner von S. War Jelka jetzt Heide?

Auf dem Weg zu meinem Zimmer klopfte ich bei ihr an. Ich fragte sie, ob sie Lust auf einen Spaziergang hätte. Sie lächelte und nickte. Über ihre Schulter hinweg sah ich die Gardine im Wind wehen. Eine Schale mit Früchten stand auf dem Tisch. Im Rund aus der zusammengerollten Bettdecke lag ein aufgeschlagenes Buch.

In meinem Zimmer schaute ich aus dem Fenster und auf einen halben Tag mit Jelka. Kostbare Zeit.

Draußen war es warm geworden. Die zehn Uhr – Sonne schien von schräg oben und Südosten auf eine geschäftige Stadt. Ich hatte mich schon ein wenig an das viele rostige Blech und den bröselnden Beton gewöhnt. Der Atem von Kysyl legte sich nicht mehr so schwer auf mein Gemüt. Im Gegenteil: So viel Unvollkommenheit und Lässigkeit schenkt auch Freiheit. Beim Anblick der kreuz und quer gespannten Telefon- und Stromleitungen hatte ich gestern noch gedacht, das sei die Bankrotterklärung kommunistischer Infrastrukturen. Heute sah ich eher, dass da, wo so etwas geht, noch viel mehr geht. Hier gab es eine eigene Ordnung unterhalb der staatlichen, behördlichen Ordnung, wie ich am Frühstückstisch erfahren hatte. Hier konnte man die Polizei mit Wodka bestechen. Hier konnte man Kommunikationsmittel kaufen, für die man in Deutschland einen Waffenschein brauchte. Es gab viel mehr Ungeregeltes, das Menschen unter sich ausmachten, mehr Wildes. Die Leute sahen ärmlich aber ehrlich aus. In diesen mongolischen Gesichtern ist immer eine Weisheit, die mehr ist, als Bücher wissen. Und das alte Leben in der Tundra, die runden Zelte, die Ziegen und Hunde und Hühner, die Schamanen mit ihren Trommeln und Gesängen schimmern unter dem städtischen Leben wie Holz durch verwitterte Farbe.

Wir gingen lange Zeit schweigend, folgten durch fremde Straßen einem eigenen Kurs und waren bald aus der Stadt heraus in einer kahlen, von wenigen Bäumen bestandenen Ebene, die in der Ferne in Berge überging. Ich zog meinen Pullover aus und schlang die Ärmel um die Hüfte. Die Sonne wärmte jetzt kräftig, ich konnte nicht genug davon bekommen. Ich wollte nicht der Erste sein, der sprach, und musste lange warten, bis Jelka etwas sagte.

Immer wieder blieb sie stehen, hatte etwas entdeckt, an dem ich vorbeigelaufen war. Eine Maus, die aus winzigen, schwarzen Glasmurmeln unter einer Baumwurzel hervorlugte. Einen eingewachsenen Stein, den ein Zaunpfahl sich einverleibt hatte, als er noch Baum war. Eine Schnecke, deren Leben sie rettete, indem sie mit einem lauten »Halt!« meine Jeans über dem Knie ergriff und mich stoppte. Ich hatte in diesem Moment das Gefühl, dass sie beinahe jede meiner Bewegungen lenkte.

Jelka bückte sich und trug die Schnecke neben dem Weg ins Gras.

»Du warst gestern Abend so schnell verschwunden«, sagte sie endlich.

»Ich – wusste nicht, ob es dir recht war. Vielleicht hab ich dich bei irgendwas gestört.«

»Ich hatte das Gefühl, dich hat etwas gestört.«

Ich sagte nichts und kickte einen Stein weg, der auf dem Weg lag.

»Kann das sein? Dann sag es mir!«

»Es ist so blöd, dass ich mich nicht traue. Ich meine, ich hab kein Recht darauf … . Ich sag´s mal so: Es war dein Hemd.«

»Mein Hemd?«

»Also – Pecko´s Hemd.«

»Pecko´s Hemd?«

»Er hat es dir doch geliehen oder geschenkt, jedenfalls hast du´s getragen gestern. Wahrscheinlich warst du bei ihm und da hat er, also … . Du kannst natürlich tun, was du willst, du bist völlig frei und ich habe überhaupt nichts dagegen zu haben. Aber ...«

»Aber?«

»Aber ich kann das ganz schlecht aushalten, die Vorstellung mein ich.«

»Was stellst du dir denn vor?«

»Was stell ich mir schon vor! Dass ihr ein Paar seid, natürlich.«

Jelka atmete tief. Der Weg wurde schmaler und sie stapfte vor mir her in einer Art Pluderhose und einem asymmetrischen Oberteil, das nach rechts unten in einen langen Zipfel mündete, an dessen Spitze eine kleine Schelle befestigt war. Dazu trug sie halbhohe Siebenmeilenstiefel und ging entsprechend schnell. Ich band den Pullover los und legte ihn mir über die Schulter. Komische Idee, dachte ich, bei solcher Wärme einen Pulli mitzunehmen. Ein paar Kilometer später, mein Hemd war durchgeschwitzt, lagen Baumstämme am Weg. Frisch gefällt, es duftete harzig, holzig. Jelka setzte sich und lehnte den Rücken an den Stapel. Sie schloss die Augen Richtung Sonne und lächelte. Ich bot ihr den Pullover als Unterlage an. Aber sie verneinte. Ich setzte mich neben sie und zog die Schuhe aus.

»Komm näher!«, sagte sie und zog mich am Ärmel.

Ich rückte auf. Sie nahm meinen Arm und legte ihn sich um die Schultern. Die Sägespäne hatten die Wärme der Sonne angenommen und bildeten ein trockenes Polster auf der noch regenfeuchten Erde. Sie nahm meine Hand und schaute sie lange an. Dann deutete sie auf einen schmalen, etwas helleren vertieften Streifen.

»Da war mal ein Ring«, stellte sie fest.

»Ja, da war mal ein Ring.«

»Wo ist er jetzt?«

»Da, wo mein Hausschlüssel ist. Irgendwo in einem Straßengraben.«

»Und die Frau und das Haus?«

»Die Frau hab ich verlassen und das Haus hab ich abgeschlossen.«

»Du willst nicht mehr zurück?«

»Nein.«

»Erzähl mir von ihr!«

Ich erzählte Jelka von Henriette, wie wir uns kennengelernt hatten, als wir beide nicht wussten wohin. Wie wir geheiratet hatten, weil man das eben tut. Wie wir lange, fünf Jahre lang, auf Kinder gewartet hatten, weil die doch dazu gehören, bis Julius und Felix endlich kamen. Wie wir Mutter und Vater waren, wie ich Lehrer wurde. Wie wir ein Leben eingerichtet hatten, das mit dem überein stimmte, was wir über das Leben wussten. Und das war nicht viel. Wie ich mein bisheriges Leben lang gesagt und getan hatte, was man in entsprechenden Situationen sagt oder tut. Und wie ich irgendwann in dieses Leben eingegossen war wie die Fliege in den Bernstein, dass ich mich nicht mehr rühren und fühlen konnte, Angst bekam, Panikattacken. »Bis zur Unkenntlichkeit verheiratet«, hatte einmal ein Freund gesagt. Banal aber wahr. Es war die völlig alltägliche Geschichte eines Menschen, der seine Geburt verpasst hatte und realistisch genug war, keine schädlichen Experimente zu machen. Bis ich Pecko wieder begegnete, dem rebellischen Schulfreund, dem gegen den Strich gebürsteten Künstler, der so lebte, wie ein Teil von mir gern gelebt hätte. So wie die Leute vor der Wende von Ost- nach Westberlin geschielt hatten, wo das donnernde Leben abging, mit einer Mischung aus Sehnsucht und Empörung, so hatte ich nach Peckos Leben geschielt. Dieser herrlich verwahrloste Raum, in dem er wohnte. Die Obstkisten, in denen er seine Klamotten aufbewahrte, das roh gezimmerte Hochbett, dem gelegentlich vor der Bass-Stunde noch eine halbnackte Schöne entstieg mit wunderbaren Brüsten unter einem seiner Flanellhemden. Die groben Fußbodenbretter und der Geruch nach Ruß, Rauch, Kolophonium und Essensresten. Diese Freiheit, die mich glücklich und traurig machte, an der ich nur deshalb Anteil hatte, weil ich den Bassunterricht bezahlte und seine Tonabnehmer reparierte. Ich gehörte da nicht hin und war doch nirgends mehr zu Hause als dort.

Aber es war sein Leben, nicht meins. Das musste ich immer wieder wie einen chronischen Schmerz aushalten.

Ich erzählte Jelka, wie das war, als Pecko zu dieser Reise aufgebrochen war. Dass ich wie immer seit vielen Jahren steif und stumm da gestanden hatte, ihm die Tüte mit dem Pickup angereicht hatte. Und dass mich in diesem Moment etwas angeflasht hatte, das nicht zu erklären war. Ein Gefühl, eine Ahnung von einer letzten Möglichkeit. Nach fünfundsechzig Jahren die blitzartige Vision, dass sich in dieser Sekunde das ganze Leben entscheiden würde, ob es nun bei dem bliebe, was ich gelebt und nicht gelebt hatte, oder ob etwas Neues würde, etwas, das nicht mehr von Dauer sein könnte, aber etwas, vor dem alles Bisherige unwichtig würde.

Ich erzählte von Herrn Stern und der Munitionskiste, von Grete, von Amrum, von unserem Unfall, bis ich leer war.

Jelka legte eine Hand auf meine Herzgegend. Ihr Kopf lag an meiner Schulter. Ich roch ihr Haar.

»Ich hab dir gerade die Geschichte von Millionen von Menschen erzählt – nichts besonderes, völlig banal«, fügte ich noch hinzu. Die Hand legte sich auf meinen Mund und kehrte dann zur meiner Brust zurück.

Und dann erzählte sie. Von ihrem Dorf, von ihrer Freundin, die beinahe ihr Leben verloren hatte, von ihren Ahnungen und ihrer Fähigkeit, Dinge zu sehen, die andere nicht sehen, von ihrem Unfall und der Zeit im Krankenhaus. Sie erzählte vom Duft der Blumen in Jardrankas Garten. Sie nahm mich mit in Jardrankas Haus, sprach von den Belehrungen, die sie all die Jahre hindurch von ihr bekam. Sie wanderte mit mir in den Wald, spielte mir auf ihrer Flöte vor. Sie ging mit mir auf den Hof ihrer Eltern, stellte mir ihre Brüder vor, machte mich mit ihrem Vater bekannt, ließ mich dabei sein, wie sie den Großvater in dessen Werkstatt besucht hatte. Sie erzählte von dem Gewüchs im Kopf des Vaters und wie er eines Tages davon gegangen war. Und dass er seitdem um sie war – auch jetzt in diesem Moment. Sie zeigte mir ihre kleine Nähwerkstatt und ließ Jorge noch einmal hereinkommen und ließ mich die Düsternis fühlen, die er in sich getragen hatte. Sie weinte über ihre Fehlgeburt und erklärte mir, wie Jardranka sie gedeutet hatte, wie sie ihr einen Klaps auf den Kopf gegeben und sie am Ohr gezupft hatte und dass ihr damit so vieles klar geworden war. Die Schamanin sei in einem tiefen Sinn ihre Mutter und sie würde sie gern wiedersehen, irgendwann. Deshalb meditiere sie nicht auf Buddha, sondern auf eine seiner weiblichen Formen, die grüne Tara. Sie erzählte, wie sie die Szene auf dem Marktplatz in ihrem Heimatort erlebt hatte, als da zwei Fremde angekommen waren. Und dass sie im Moment der Begegnung gewusst hatte, dass dieser bedeutungsvolle Augenblick eine Türe zu etwas Neuem aufstoßen würde. Die Nacht in unserem Zimmer ließ sie aus, sagte nur, dass sie Jorge endgültig verlassen hatte und bei unserer Abreise gewusst hätte, dass sie es nicht noch einmal zulassen würde, dass ein Mann, der ihr wichtig ist, einfach geht. »Zwei Männer«, verbesserte sie sich. Und ihre Vision vom verunglückten Bus und die Reise …

»Zwei alte Männer«, sagte ich.

Wieder legte sich ihre Hand auf meinen Mund.

»Zwei Männer«, wiederholte sie. »Zwei Männer und eine große Freiheit.«

»Was meinst du damit?«

»Wer etwas loslässt, wird glücklicher. Wer alles loslässt, ist frei.«

»Und – hast du alles losgelassen?«

»Nicht alles, aber viel ist nicht geblieben. Was in eine Reisetasche passt. Ein paar Sachen zum Anziehen, ein paar Bücher, Schreibzeug, meine Flöte, – ein Hemd«, sagte sie noch und kniff mich dabei in die Seite. Ich fühlte, wie die gelassene, gute Stimmung in mir verflog und Ärger aufstieg.

Sie nahm meinen Kopf in beide Hände und drehte ihn zu sich.

»Das Hemd gehörte meinem Vater«, sagte sie. »Ich zieh es an, wenn ich Schutz brauche. Er hat es nach der Arbeit getragen. Ich hab es gern an ihm gesehen. Wenn er es trug, hatte er Zeit für mich.«

»Du, das tut mir leid. Das tut mir wirklich sehr leid. Das war dumm von mir.«

»Das war dein Ego.«

»Mein Ego, wie meinst du das?«

»Lass uns mal zurückgehen, du musst noch jemanden vom Flughafen abholen.«

Ich schaute auf die Uhr. »Ach herrjeh, schon so spät!« Ich nahm meinen Pullover, stand auf und reichte ihr die Hand, um sie hochzuziehen. Die Sonne stand jetzt nahezu senkrecht am Himmel. Wir waren eins mit unseren Schatten. Vom Boden stieg ein Duft von Flechten und Erde auf. Der Himmel irisblau, leises Surren und Summen von Insekten. Leichtsein und süße Schwere mischten sich zu einem lange nicht gekannten Glück.

»Sag mal was zu meinem Ego!«, erinnerte ich sie nach einer Weile.

»Dein Ego – das ist ist ziemlich groß.«

»Findest Du mich egoistisch?«

»Das meine ich nicht. Ich weiß nicht, ob ich dir das bis Kysyl erklären kann.«

»Versuch's bitte!«

Sie zog wieder die Nase hoch, wie ich das nur von Männern kannte.

»Stell dir vor, du siehst ein Fußballspiel – magst du Fußball?«

»Das ist das weibliche Zerrbild von einem alten Mann, der keinen Sport mehr treibt und seine Freizeit vor dem Fernseher zubringt.«

»Kannst du's dir trotzdem vorstellen?«

»Kann ich.«

»Gut. Nehmen wir an, Du hältst zu den Roten. Die Roten, die sind deine Mannschaft. Sie spielen gegen die Blauen und sie spielen von rechts nach links.« Ich war erstaunt, es klang wie bei einem Fernsehkommentator.

»Wenn du nun zuschaust, dann bist du glücklich, weil du Fußball magst. Du hast dich auf ein gutes Spiel gefreut und darfst es dir jetzt ansehen. Aber du bist nur solange glücklich, wie der Ball von rechts nach links gespielt wird, wenn die Roten dran sind. Läuft der Ball von links nach rechts, geht es dir nicht gut. Am Liebsten hättest du's, wenn immer nur die Roten angreifen würden. Aber weil das im Leben nicht so ist, musst du etwa die Hälfte der Zeit leiden. Eigentlich könntest du sechzig Minuten glücklich sein.«

»Neunzig!«, verbesserte ich.

»Neunzig, auch gut. Aber tatsächlich bist du's nur in einem Teil der Zeit. Und selbst da fürchtest du, die Blauen könnten den Ball erobern. Eigentlich leidest du die ganze Zeit und wolltest doch immerzu glücklich sein.«

»Keine gute Bilanz«, gab ich zu.

»Anders könnte es sein, wenn du etwas Entscheidendes

ändern würdest. Alles wird neu, wenn du dein Interesse da rausnimmst, wenn du die Dinge einfach geschehen lässt. Wenn du nicht unbedingt die Roten gewinnen sehen willst, dann kannst du sechzig, nein: neunzig Minuten Freude haben an einem tollen Fußballspiel. Stimmt's?«

»Stimmt!«

»Und genau das ist dein Ego. Dein Interesse an den Dingen, die feste Vorstellung, dass etwas so laufen soll, wie du es willst, und nicht anders. Und die Vorstellung von dir in dieser Szene. Du willst mit den Siegern jubeln und dich selbst als Sieger fühlen. Nimm dein Interesse, dein Ego, dein Siegen-Wollen da raus – und schon hört das Leiden auf. Stattdessen kannst du glücklich sein, statt die Zeit damit zu verschwenden, alles um dich herum so zu arrangieren, dass es zu deinen Vorstellungen passt. Das Ego schafft Leid. Es will immerzu Glück und neue Reize, wie ein Kind, das keine Grenzen kennt. Es meint: Wenn ich das oder das erreicht habe, dann werde ich glücklich sein. Oder wenn ich dem oder dem ausweiche, dann werde ich dem Unglück entgehen. Das Ego ist anhaftend. Es heftet sich an alle möglichen Dinge. Es macht sich abhängig davon, wie ein Fußballspiel ausgeht, wie das Wetter ist, wieviel Geld man besitzt, wie schön man ist, wie alt man sich fühlt, wie eine Liebe lebt oder stirbt, wie ein Hotelzimmer aussieht. Wer anhaftend ist, der erlebt, dass alles, was geschieht, für ihn oder gegen ihn geschieht. Du warst gestern unglücklich, nur weil dir die Stadt um dich herum nicht gefiel. Du warst wütend, weil mein Hemd dir sagte, dass Pecko und ich ein Paar sind. Du bist so oft ein Spielball äußerer Umstände. Und je nachdem, ob die Roten oder die Blauen am Ball sind, bist du glücklich oder wütend. Dabei könntest du dich die ganze Zeit gut fühlen, wenn du die Dinge einfach geschehen lassen würdest.

Menschen kommen und Dinge geschehen. Sie geschehen nicht für oder gegen dich. Sie geschehen einfach. Je kleiner dein Ego wird, desto mehr kannst du die Welt so sehen.«

Ich wusste nicht, was ich antworten sollte. Ich hatte nur die Ahnung, dass das stimmte, was Jelka sagte. Irgendwie fühlte es sich tröstlich an. Als käme man von einer stressigen, belebten Großstadtstraße in ein stilles, kleines Café. Ich wollte mich bedanken und pflückte stattdessen eine an den Boden geduckte, scharlachrote Blüte und hielt sie Jelka hin. Die Geste gelang mir nicht so recht, aber ich ließ sie geschehen, wie ich es gerade gelernt hatte. Sie lächelte und steckte sich die winzige Blume ins Haar.

Kysyl tauchte langsam aus einem bläulich grauen Schleier auf.

Es war noch Zeit, etwas zu fragen.

»Wie kann ich mein Ego verschwinden lassen?«, wollte ich wissen.

»Indem du erkennst, dass es eine Illusion ist.«

»Eine Illusion? Das verstehe ich nicht. Mich gibt's doch! Ich bin Harry, ich bin fünfundsechzig Jahre alt. Ich habe studiert, ich habe Geld verdient, ein Haus gebaut, einige Frauen verlassen, zwei Kinder gezeugt und jede Menge falsche Entscheidungen getroffen. Ich spiele gerne aber nicht besonders gut Kontrabass, trinke Rotwein und bin jetzt hier, tausende von Kilometern von dem Ort, an dem ich sein sollte. Ich bin keine Illusion.«

»Dass du hierher gekommen bist, war ja schon mal keine schlechte Entscheidung – oder? Natürlich gibt es dich. Es gibt den Harry, der jetzt neben mir Richtung Kysyl unterwegs ist. Aber es gibt ihn nicht allein, nicht an und für sich. Die Blume, die du mir gerade geschenkt hast – was war nötig, damit sie wachsen konnte?«

»Sonne, nehme ich an und Regen.«

»Sonne und Regen. Und woraus besteht sie?«

»Wasser und die Zellwände, warte mal – Zellulose oder so. Und Chlorophyll. Ich bin kein Biologe.«

»Und woher kommen diese Bestandteile?«

»Aus der Erde, aus der Luft ...«

»So ist es. Alles, was existiert, ist zusammengesetzt aus Bestandteilen. Es gibt nichts, was nicht aus Bestandteilen besteht. Und wenn man die Bestandteile untersucht, sieht man, dass sie wieder aus Bestandteilen bestehen. Und wenn man diese Bestandteile untersucht, kommt man zu dem selben Ergebnis. Das heißt, alles, was ist, besteht aus vielen Bestandteilen, die nicht es selber sind. Das Wasser ist nicht die Blume, die Zellulose ist nicht die Blume, das Chlorophyll ist nicht die Blume. Die Sonne ist nicht die Blume, die Erde ist nicht die Blume. Die Blume besteht aus lauter Bestandteilen, die man als »Nichtblume« bezeichnen kann. Und das heißt: die Blume ist eine Illusion. Es gibt sie. Sie ist wunderschön. Aber es gibt sie nicht an und für sich. Sie ist nichts als das zufällige Zusammensein vieler Bausteine des Lebens oder wie wir sagen: des Geistes. Sie ist eine Manifestation des Geistes.

Genauso ist es mit deinem Ego. Es ist zusammengesetzt aus vielen Bestandteilen, die Nicht-Ich sind. Dein Studium ist nicht dein Ich, dein Geld ist nicht dein Ich, die vielen verlassenen Frauen ...«

»Ich sagte: einige!«

»... sind nicht dein Ich. Deine Kinder sind nicht dein Ich. Deine Entscheidungen sind nicht dein Ich. Und doch gibt es dich. Aber es gibt dich nicht an und für sich, losgelöst von allem anderen. Du bist zusammengesetzt aus den Bausteinen des Nicht-Ich. Das verbindet dich mit allen anderen Wesen.

Du bist zusammengesetzt aus den Bausteinen des Universums, das verbindet dich mit allem, was ist. Die Anderen und das Universum sind in dir. Du bist das Universum. Wer sein Ego füttert, der sieht die Welt zweigeteilt: Hier bin ich und da ist die Welt. Hier bin ich und ich schaue auf die Anderen. Ich und die Anderen, wir sind voneinander getrennt. Das schafft viel Leid.«

»Und wie kann mir diese Einsicht helfen?«, fragte ich und war nicht sicher, ob ich überhaupt verstanden hatte, was Jelka mir erklären wollte.

»Nimm dein Verhältnis zu Pecko. Warum leidest du so daran? Du siehst ihn und erlebst ihn und du denkst: ›Hier bin ich und da ist er. Er ist viel besser als ich. Er ist ein Künstler, er spielt so viel besser Bass als ich. Er lebt so, wie ich immer leben wollte, aber es ist mir nicht gelungen. Er kennt so viele interessante Menschen, er lebt wild und gefährlich und mein Leben gefällt mir nicht.‹ Es gefällt dir nicht, weil du es mit ihm vergleichst, weil du alles zweigeteilt siehst: ›Hier bin ich und da ist er.‹ Und darum fühlst du dich klein und machst ihn groß. Und weil er hat, was du nicht hast, willst du es auch haben. Daraus entstehen Anhaftung und Eifersucht. Wenn du erkennst, dass dein Ich eine Illusion ist, fängst du an zu verstehen, dass Pecko und du, dass ihr in Wahrheit eins seid. Was immer du siehst, wenn du Pecko anschaust, das bist in Wahrheit du selbst. Wir sind, was wir wahrnehmen, und wir nehmen wahr, was wir sind. Seine Klarheit und seine Freiheit, seine Kraft sind in Wahrheit deine Klarheit und Freiheit und Kraft. Bei ihm sind sie schon zu Leben geworden, er hat ihnen Raum gegeben. Bei dir sind sie noch Sehnsucht und wollen Leben werden. Aber in ihrem Wesen sind sie gleich, ihr habt die selben Möglichkeiten.«

Es gibt ein Verstehen, das wie eine Ahnung aufzieht und wieder verschwindet. Man hat sekundenhaft das Gefühl, dass etwas vom Zentrum her klar wird, um es im nächsten Augenblick in der Unschärfe verdämmern zu sehen. So ging es mir. Das war viel auf einmal. Das war irgendwie gut und unwiderlegbar. Aber ich hätte es niemandem erklären können und hoffte, diese Gedanken nicht so bald zu verlieren, sie irgendwie zusammenhalten zu können. War das jetzt schon wieder Anhaftung – oder doch nicht? Nein, das war etwas anderes. Es war der Wunsch, dass diese Tiefe etwas in meinem eigenen Leben bewirken solle. Es war nicht Jelka, die das alles sagte, es war eine Klarsichtigkeit, die durch sie hindurch sprach und mich anredete und mich unbedingt anging.

Als wir in der Eingangshalle des Hotels angekommen waren, setzte sie noch eins drauf.

»Dass du so viel auf mich schaust, nimmt dir die Freiheit.«

»Ach ja?«

»Du denkst auch bei mir: ›Hier bin ich und da ist Jelka. Und weil ich nicht Jelka bin, will ich sie haben. Weil ich sie nicht in mir fühle, will ich sie besitzen.‹ Damit machst du dir viel Unruhe. Dabei wäre alles so leicht.«

»Nimm das Ego da raus!«, ergänzte ich fachmännisch. Jelka lächelte und nickte.

»No time for ego«, sagte sie im Männerbass und zog die Nase hoch.

Ich stürmte auf den letzten Drücker durch die Pendeltüre in das Flughafengebäude und suchte die Anzeigetafel für die erwarteten Flüge. Als ich endlich die Türe mit der Aufschrift »Ankunft« gefunden hatte, erfuhr ich von einem verknautschten Uniformträger mit speckiger Mütze, dass der Flug Verspätung habe. Nicht viel, fünfzehn Minuten, aber genug, um noch einmal durchzuatmen und mich zu sammeln. Ich war noch angesoffen von dem Heidekrautduft oder was immer das gewesen war, von der schwirrenden Hitze und von Jelka. Unser erstes, langes Gespräch. Der Duft ihrer Haare. Sie hatte mir viel Kritisches gesagt, aber es war nicht belehrend gewesen, kein Unterton von Besserwisserei. Eher liebevoll, oder bildete ich mir das ein? Sie gab sich so viel Mühe mit mir, hatte so viel beobachtet. Und sie hatte ein Köpfchen – hell wie der Weihnachtsstern. Sie gefiel mir ganz einfach. Ganz und gar. Ihre Erscheinung, ein kleiner, androgyner Mensch und doch so weiblich, wie ich noch nie ein Weib erlebt hatte. Ein fester, bestiefelter Tritt, der doch etwas Schwebendes hatte. Eine Anmut, die mit Klarheit und Erdverbundenheit gepaart war. Ihre dunklen Augen, so tief, so warm. Das Sammelsurium, das sie in ihren Haarknoten gesteckt hatte. Heute war es ein Eierlöffel gewesen und eine Vogelfeder, später kam meine Blume dazu. Ihr Gedankenreichtum und ihr Pool an innerer Erfahrung. Sie war viel jünger als ich, aber reifer.

Jelka. Ich liebte sie.

Die Anzeige »Landung« blinkte. Es dauerte noch eine Weile, bis das Gepäck ausgegeben wurde. Dann schwenkte die Glastüre auf. Menschen drängten heraus mit Koffern und Schachteln, Taschen und Rucksäcken und wimmelten zu den Treppen. Ich hatte mir einen Platz ausgesucht, von dem ich den Strom der Menschen überschauen konnte. Pecko´s ungefähre Beschreibung von S fußte auf seinen Erinnerungen, die bald fünfundreißig Jahre alt waren. Der Hinweis auf ihre mongolischen Züge war nicht sehr hilfreich. Es waren nur wenige

Menschen angekommen, die anders aussahen. Ich verließ mich auf meine Intuition und versuchte es im Ausschlussverfahren. Wer passte nicht ins Schema? Es blieben nur wenige Frauen im fraglichen Alter und nur eine in der Kleidung, die ich mir für eine Künstlerin vorstellen konnte. Ich sprach sie an und nannte ihren Namen. Sie lächelte verlegen, machte eine abwehrende Geste und schlug einen Bogen um mich herum. Langsam versiegte der Menschenstrom. Eine Mutter mit zwei kleinen Kindern schob einen vollgepackten Kinderwagen. Ich half ihr, ihn die Treppe hinunter zu tragen. Dann war die Halle leer.

Ich schritt noch einmal die Länge des gesamten Gebäudes ab und saß dann ratlos auf einer Bank. Flugzeug verpasst? Irrtum von Pecko? Irgendwas dazwischen gekommen? Krank geworden? Missverständnis? Ihre Handynummer war wertlos, weil sie ihr Handy nach eigenen Angaben nicht benutzte. Ich versuchte es trotzdem – vergeblich. Ich wollte mich einmal nicht von den Umständen runter ziehen lassen. Warum sollte ich enttäuscht sein oder sauer? Menschen kommen (oder kommen nicht) und Dinge geschehen. Ich war ja nicht dafür verantwortlich, dass S pünktlich zum Auftritt kam. Ich konnte es doch einfach geschehen lassen, dass sie nicht gekommen war. Ich war doch ganz frei von dem Druck, irgend etwas bewirken zu müssen. Musste ich sie suchen? Nein! Danke, Jelka! Ich bewahrte das Gefühl vom Vormittag, stand auf und schlenderte zur Treppe, durch einen dezent nach Urin riechenden Tunnel und wieder in die verglaste Vorhalle, in der sich am frühen Nachmittag nur wenige Menschen aufhielten. Einige standen um einen Kiosk, in dem es wie üblich Zeitungen und Süßigkeiten gab. Andere forschten in den Ankunfts- und Abflugplänen. Hinter einem Paketkarren schaute eine beigefarbene Strickmütze vor. Eine Strickmütze! Wir hatten gut und gerne fünfunddreißig Grad. Ich ging auf den Karren zu und sah eine gedrungene Gestalt, die über ein Laptop gebeugt war. Eine Frau, blass, wächsern, alterslos, mit dem flächigen Gesicht und der kleinen Nase, die ich einmal über einem Kilo Kirschen gesehen hatte. S. Da stand sie ganz nah, abgewandt in autistischer Ferne, eingepackt in einen dicken Mantel mit glitzernden, hochhackigen Schuhen, die ihren runden Körper ein wenig in die Höhe hievten, versunken in irgend einen Bildschirminhalt, der bei der Sonneneinstrahlung kaum zu lesen war. Ich sprach sie an. Sie reagierte nicht. Ich war mir sicher und legte meine Hand auf ihren Arm, nannte sie beim Namen und erzählte, dass ich im Auftrag von Pecko und den Anderen hier sei. Ich versuchte es auf Englisch, stellte mich unvorsichtiger Weise als »bassplayer« vor und bereute es sofort.

Sie schaute kurz auf, ein leerer, verlorener Blick. Dann klappte sie das Laptop zu, steckte es in ihre Reisetasche und deutete an, dass sie bereit war zu folgen. Ich wollte ihr den Koffer tragen, sie zog ihn an sich. Ich bot ihr an, die Reisetasche zu nehmen, sie nahm sie in die andere Hand. Ich zuckte mit den Achseln und hielt ihr die Glastüre auf, da war sie schon durch die Nebentüre ins Freie getreten. Den Weg musste ich ihr nicht zeigen, sie war ja in ihrer Heimatstadt. Warum sie dennoch im Hotel übernachtete, erfuhr ich am Abend. Ich schritt neben ihr her. Es war mir peinlich, dass ich mit leeren Händen neben einer bepackten Frau herging. Aber sie hatte es so gewollt. Dinge geschehen … . Wie gut das tat!

Meine Versuche, mit ihr ins Gespräch zu kommen, beantwortete sie mit Ignoranz und Schweigen. Ich schien für sie nicht zu existieren. Sie schaute an mir vorbei, durch mich hindurch wie durch ein Hologramm. Vielleicht war sie auch selber eins. Ich versuchte es mit einer letzten blöden Frage.

»In welcher Sprache werden Sie heute Abend singen?«

Sie schwieg. Natürlich. Was hatte ich erwartet. Wir gingen durch die Hitze der Innenstadt. Sie schaute nicht auf, die Stadt schien sie nicht zu interessieren. Aber ich schaute auf. Der Himmel floss an seinen Rändern von Blau nach Türkis. Der Sommer war reif wie eine Frau, kurz bevor sie verblüht. Üppige Fülle, die irgendwann umschlägt. Ein Höhepunkt der Sinnlichkeit, dem keine lange Dauer beschieden ist. Vielleicht rührt die Sinnlichkeit ja immer von ihrer Begrenzung her. Etwas, das nicht unbegrenzt zur Verfügung steht, wird kostbar. Leben, das seine Grenze sieht, wird mit Bedeutung aufgeladen. So sehr, dass alles Bisherige darüber unwichtig werden kann. Die Nähe zum Tod ist wie der mit allen Sinnen genossene Schluck ultimativen Rotweins: schwer wie Blut.

S steuerte direkt auf das Hotel zu und tippte auf die Klingel an der Rezeption. Ping. Ich hörte kein Wort, als sie ihren Schlüssel bekam, und begleitete sie noch bis zum Lift. Als die Türe auffuhr, drehte sie sich kurz um.

»In der Sprache der Vögel«, sagte sie leise und verschwand hinter der zugleitenden Tür.

Eine halbe Stunde lang duselte ich auf dem Bett, ein paar Buchseiten lang übermalten die Bilder vom Vormittag den saumäßigen Roman, der nicht recht in Schwung kam und sprachlich hinkte und stolperte, obschon der Autor sich auf dem Waschzettel als Professor für kreatives Schreiben aufspielte. Diesen Namen würde ich mir merken und auf meinen Index setzen. Ich hätte auch die Geschäftsordnung des Hotelbetreibers lesen können, aber nichts und niemand kam heute gegen mein Wohlgefühl an.

Ein seliges Gelassensein. Deshalb ließ ich mir Zeit, es

auszukosten. Irgendwann im Leben hatte ich gelernt, später verlernt und heute erinnerte ich mich, dass man nichts genießen kann, das schnell geht, dass Zeitdruck und Lust ewig verfeindete Antagonisten sind. Also aß ich früh zu Abend und freute mich, dabei allein zu sein. So konnte ich die Wärme noch eine Weile in mir halten, musste sie keinem small talk opfern. Dann ging ich zur Konzerthalle hinüber. Es roch noch immer muffig, man hatte anscheinend nicht gelüftet, vermutlich atmete ich dieselbe Luft, die Pecko und seine Leute vor fünfunddreißig Jahren durchgequirlt hatten. Ich nahm einen Platz halb links im vorderen Drittel und ließ den Raum auf mich wirken. Ein gold- bis senffarbener Vorhang verhängte schwer das Bühnenrund. Ungemütliche Messingleuchten hingen wie Wachsoldaten an den Wänden. Durch irgend ein Fenster fiel ein letzter reflektierter Lichtstrahl und zog eine pfeilgerade Leuchtspur aus Staub. Hinter mir begann sich der Saal langsam mit Gemurmel zu füllen. Ich dachte an das alte Forum, den Veranstaltungsort, an dem ich Pecko oft erlebt hatte. Kassiopeia, die Kneipe an der Friedrich-Engels-Allee, wo´s Zucchinikrapfen gab und ein gut temperiertes Bier. Da soffen und qualmten die Leute am Tresen und im Hintergrund, vernebelt, im Schein einer rostigen Fabriklampe spielte Pecko ungerührt gegen die große Gleichgültigkeit an. Man musste schon genau hinsehen, um ihn zu erkennen, und nah ran gehen, um etwas zu hören. Aber das tat niemand. Er spielte nicht, weil jemand zuhörte, er spielte, weil er musste, zu einem Dreibein verwachsen mit seinem Bass, aufstrebende Linien, die oben in einem Punkt verschmolzen, wie ein Indianertipi. Ein sich selbst stabilisierendes Ganzes, monadisch, breitbeinig, nicht umzustoßen. Pecko, Bass, Spieler und Zuhörer in einem. Niemand, der ihn hätte stören können. Das war seine Stärke. Mitunter wirkte er auch im Ensemble so, stand im Hintergrund, machte trotzig sein Ding, während es vorn im grellen Licht der Scheinwerfer tobte und hagelte wie in einer Schlacht. Wie passte dazu ein Geiger? Wie eine Akkordeonspielerin? Dieter 1 konnte ich mir vorstellen. Dieter 2?

Um mich herum füllten sich Sitze, alles flüsterte und tuschelte leise, respektvoll, fast ehrfürchtig. Oder war der KGB im Saal? Hatte die Obrigkeit Logenplätze, wenn die musikalische Anarchie sich feierte? Als letztes huschte im verebbenden Saallicht ein Schatten auf den einzigen freien Platz neben mir. Ich roch ihr Haar und fasste tastend ihre Hand. Sie kniff mich in die Seite.

Der Vorhang strich begleitet von leisem Quietschen beiseite und gab die funzelig beleuchtete Bühne frei. Ich sah Pecko´s Bass auf der Seite liegen, als schliefe er noch. Dahinter das rote Auge seines Amps. Daneben das perlmutten glitzernde Schlagzeug, einen Stuhl aus einer vergangenen Zeit, einen Hocker und ein Mikrophon, das mich an alte Filme erinnerte. Beifall rauschte langsam hoch, zwei, drei Pfiffe und einige Rufe, die ich nicht verstand. Dann betraten sie die Bühne. Vorneweg S. Sie trug ein anliegendes, weißes Kleid, schwarze Stiefel und eine feuerrote Walkjacke. Was ich zunächst für einen Hut gehalten hatte, entpuppte sich als Schallplatte, die sie, weiß der Teufel wie, schräg auf ihrer Frisur befestigt hatte und in deren Mitte eine große Blüte explodierte. Ihr folgte mit unsicherem Schritt Dieter 2 und steuerte den Stuhl an. Dahinter drängte Dieter 1 zum Schlagzeug, eine blonde Frau mit Akkordeon schritt zielsicher zu ihrem Platz auf der linken Bühnenseite und auf dem Hocker nahm ein kleiner, alter Mann mit einer Pferdekopfgeige Platz. Dahinter hatte Pecko unbemerkt seinen Bass aufgerichtet. Während die anderen schon standen oder saßen, war Dieter 2 noch unterwegs und stockte, als er sah, was offenbar nicht vorgesehen war: S hatte sich auf seinen Stuhl gesetzt und schaute starr ins Publikum. Dieter 2 setzte seine Gehhilfe ein wenig lauter auf als vorher, beugte sich vornüber und sprach leise mit ihr – offenbar ohne Erfolg. Hilflos schaute er in die Runde. Dieter 1 wiegte mit hochgezogenen Brauen den Kopf, legte die Sticks auf die Snare und verschränkte die Arme, als wollte er sagen: »Das kann dauern!« Die Akkordeon-Frau schaute wie eingefroren auf S, der Geiger hatte von allem nichts bemerkt und Pecko wartete ab. Dann legte er den Bass beiseite und ging zu S hinüber. Er legte ihr eine Hand auf die Schulter und sprach mit ihr. Im Publikum wurde es nur langsam unruhig. Die Menschen hier waren offenbar daran gewöhnt, dass Dinge sich verzögern. Ungeduld hätte sich im kommunistischen Alltag schnell abgenutzt. Aber jeder merkte, dass etwas nicht stimmte, und das flüsterten sich die Leute zu. Die Spannung stieg. Pecko ließ nicht locker, schien S klar zu machen, dass Dieter 2 nach einem Schlaganfall gehbehindert und auf den Sitzplatz angewiesen war, machte eine aufschiebende Geste zu ihm »das wird schon, du bekommst deinen Stuhl« und wurde in Körpersprache und Mimik zunehmend deutlich. Immer wieder wies er auf die Mitte der Bühne, wo das Mikrophon stand und wo S wohl ihren Platz finden sollte.

Dann sprang sie plötzlich auf.

»Why?« tönte es englisch und laut. Und noch einmal:

»Why??«

Es sah aus wie der überraschende Auftakt zu einem Bühnenstück von Ionesco oder Sartre. War das einstudiert oder war das eine Katastrophe?

»Why??!!«, schrie sie jetzt wütend. »At the soundcheck you told me, I have to sit here!« Sie wies mit der ausgestreckten

Hand auf den Stuhl, den sie eben verlassen hatte. »And now I have to stand there!« Sie deutete wütend auf das Mikrophon. »Why??!!«, brüllte sie ungehemmt und unterstrich ihre Empörung mit Fußstampfen.

Dieter 2 hatte unterdessen den Stuhl erobert und erleichtert Platz genommen. Er bemühte sich, nicht aufzufallen, hielt sich an seinem auf den Boden gerichteten Saxophon fest und schaute stur nach unten. Dieter 1 feixte breit, der Zoff schien ihm zu gefallen. Er unterstrich das Ganze, indem er über die Becken fuhr, dass es nur so zischte. Dieter 2 nahm das als seinen Einsatz und spielte irritiert und verunsichert eine Linie, die er aus Vorzeiten im Kopf gehabt haben musste, die aber eher im Swing beheimatet war, worauf S ihn am Mikro hämisch nachäffte. Ihre Stimme war nicht ein, sondern viele Instrumente. Saxophon lag ihr anscheinend besonders. Der Geiger zog einen wimmernden Ton durch die Luft, der langsam davongetragen wurde und verhallte. Er schaute ihm lange nach und hob eine Hand über die Augen. Er schaute immer noch, als Pecko seinen Bass genommen hatte und ihm mit einem eirigen Vibrato in höchster Lage und auf zwei Saiten gleichzeitig antwortete. Dieter 1 ging von den Becken auf die Toms über, die er mit den Händen bearbeitete, als würde er jemandem den Hintern versohlen. S hatte sich zu Dieter 2 herumgedreht und in ein zickiges Gemecker verbissen, das sie mit zerstörerischem Vergnügen auskostete. Unter ihrem Gezeter hob Dieter 2 nicht einmal mehr den Blick und machte nur noch zögernde Versuche, Anschluss an das längst aus dem Ruder gegangene musikalische Theater zu finden. Die Akkordeonistin stand noch immer starr und stumm, während Pecko ein Gewitter in tieferen Lagen vom Stapel ließ, in das er all seine Wut packte. Die Spannung und Energie auf der Bühne strömte ungebremst in den Zuschauerraum. Es war kaum auszuhalten. Alles in mir wollte nach vorne stürmen und diese hysterische Frau stoppen. Den Anderen ging es, der Unruhe nach zu urteilen, ähnlich. Diese meckernde Langspielplatte wollte Dieter 2 fertig machen, der in diesem Moment meine volle Sympathie hatte. Mein Ärger vom Nachmittag und die vergeblichen Versuche, mit S in Kontakt zu kommen, putschten mich hoch. Da sah ich neben mir Hände, die an einem bestickten Beutel nestelten. Jelkas Rechte tauchte in ihre Umhängetasche und kehrte mit einer silbernen Flöte zurück. Sie hob sie an den Mund und ließ einen schrillen Pfiff los, der für die fünf Musiker auf der Bühne und das Publikum völlig unvermutet kam. Er fuhr wie ein zuckender Blitz dazwischen und brachte S tatsächlich dazu, sich umzudrehen und gegen das Scheinwerferlicht nach der Quelle der Störung zu fahnden. Jelka war noch nicht fertig. Sie stand auf und schickte ein Stakkato eisiger Klang-Geschosse auf die Bühne. Und als S mit reichlich Metall in der Stimme antwortete, wiederholte sie das Ganze in noch größerer Lautstärke. Es entwickelte sich ein Streit, ein Kampf der beiden Frauen, ein klangliches Wüten, ein Hauen und Stechen, ein erbittertes Ringen, das die übrigen Musiker, die Akkordeonistin eingeschlossen, nur noch begleiten konnten.

Als keine Steigerung mehr möglich war, verstummten die Kämpferinnen, ohne dass eine von beiden nachgegeben hätte.

Jelka setzte sich und steckte ihre Flöte ein. S trat in den Hintergrund und ließ die Anderen machen. Das Publikum applaudierte erleichtert und begeistert. Eine so raffiniert eingefädelte Nummer hatten sie noch nie erlebt.

Es folgten weitere Sets, zwei Solonummern von S, in denen sie Butoh – ähnliche Haltungen einnahm, wie ein verletzter Vogel krächzte, Geräusche vom Stapel ließ, die ich mir in einem Horrorstreifen über Exorzismus hätte vorstellen können, und ein Finale, bei dem Dieter 2 endlich wieder aufschaute. Und da war Pecko´s Subbass wieder, das abgrundtiefe Röhren, das er bei den Obertonsängern gelernt hatte, vielleicht bei S. Sein Kopf lief tiefrot an, während er über den Bass gebeugt eine Klangsäule in die Erde bohrte. Speichel tropfte ihm aus dem zum O geformten Mund. Er schien in einer anderen Welt zu sein, aus der er nur langsam wiederkehrte. Zum Ende hin blieb er im Hintergrund, fügte alles mit leisen Tönen zusammen, füllte die Lücken, ließ die Gruppe nach dem ausgiebigen Flug durch die Geisterwelt sicher landen.

Dann nahmen sie friedlich Händchen in Händchen den Applaus entgegen und wandten sich zum Gehen, als S noch einmal die Stimme erhob.

»I want to say«, war sie zu hören. »I want to say!« »I want to say!«

Es klang großartig, wie Martin Luther King: »I have a dream!« Sie schritt in die Bühnenmitte. »I want to say!« Pause und noch einmal: »I want to say!« Und dann erzählte sie von dem Konzert vor fünfunddreißig Jahren. Wie sie Pecko, Dieter 1 und Heide getroffen hatte. Wie sie ihren späteren Mann und heute Ex-Mann kennengelernt hatte. Wie Pecko in den Gully gesprungen war und wie sie als junge Frau in Kysyl gelebt hatte. Und dass so viele, eigentlich alle Menschen, die sie gekannt hatte, nicht mehr da waren. Dass ihre Eltern gestorben seien. Dass sie jetzt in ihrer Heimatstadt keine Heimat mehr habe und im Hotel wohnen müsse und dass sie Pecko unendlich dankbar sei für die Gelegenheit, hier noch einmal auftreten zu können. Und danke, danke, danke …

Es klang ganz passabel und man fragte sich, was eigentlich vorher mit ihr los gewesen war. Noch einmal Beifall. Sie stand noch immer auf der Bühne, als die übrigen Musiker schon den Weg in den backstage–Bereich angetreten hatten. In sich verkrochen legte sie die Arme um sich, drehte sich im Scheinwerferlicht ein paarmal um die Längsachse und trat dann ab.

Ich schaute Jelka an, drückte ihr die Hand und gab ihr, weil mir keine andere Geste einfiel, einen anerkennenden Klaps auf die Schulter.

»Geh´n wir hinter die Bühne?«, fragte ich.

»Lass sie mal, die haben jetzt mit sich zu tun.«

»Aber du gehörst dazu, du hast mitgespielt – und wie!«

»Mein kleines Pfeifchen ...«, sagte sie lächelnd und lupfte sie noch einmal kurz aus der Tasche. »Meine kleine Flöte hat mitgespielt.«

»Ganz schön mutig, die Kleine!«

»Sie hat ja auch schon viel erlebt. Sie weiß, wann sie sich melden muss.«

Der Saal leerte sich langsam. Wir saßen noch immer da und warteten auf nichts. Die Musiker kamen wieder und packten ihre Instrumente zusammen. S war nicht dabei. Pecko erspähte uns im Gegenlicht.

»Kommt ihr mit? – Wir feiern noch im Felsenkeller.«

Dieter 2 hob den Zeigefinger: »Muss vorher noch pinkeln!« Pecko half ihm die kleine Stiege hinab zu den Toiletten, die sich vorne rechts im Saal befanden und bis in die Ränge zugleich nach Urin und aggressiver Reinlichkeit rochen.

»Ok«, rief ich, »bin dabei!«

»Jelka?« Pecko lächelte ihr zu. Sie nickte.

Der Felsenkeller war ein gut besuchtes Gewölbe aus Natursteinen, in dem wohl mal Wein ausgebaut worden war. Jedenfalls standen überall Fässer, und eine alte Kelter war zum Tresen umgebaut worden. Man saß dicht an dicht auf Bänken an langen Tischen. Die Platten waren aus uralten, schwärzlich-speckigen Bohlen roh gefügt und von unzähligen Einkerbungen, Monogrammen und Sinnsprüchen übersät. Kerzen blakten mit tanzenden Russfahnen und überzogen die lachende, essende, trinkende unterirdische Gesellschaft mit einem karamelisierenden Schimmer.

Da also steckten die Kysyler, die man abends auf den Straßen vermisste. Die Grenze zwischen öffentlichem und privatem Leben war hier viel schärfer gezogen als im Westen. Draußen, das war offiziell, das war öffentlich. Der Konzertsaal war öffentlich. Hier war man privat, kein KGB. Hier wurden die wirklich wichtigen Dinge besprochen, stellte ich mir vor. Ich saß auf dem letzten Platz an der Wand. Neben mir saß Dieter 1, daneben Jelka, mir gegenüber der Geiger, dann die Akkordeonspielerin und dann Pecko. Ganz außen Dieter 2. S war nicht mitgekommen. Es ginge ihr nicht gut, sie sei im Hotel, hörte ich. Dass Pecko und Jelka sich gegenüber saßen, machte mich zunächst kribbelig. Dann dachte ich: »Nimm dein Ego da raus!«, und merkte, wie allein der Gedanke mich ruhiger machte. Es war wirklich ein Weg, die Dinge geschehen zu lassen, ohne sie zu beurteilen. Das wäre gestern noch gegen mich gelaufen, dachte ich. Jetzt ist es einfach so. Ich nahm die Gelegenheit wahr, mit dem Geiger ins Gespräch zu kommen, und sagte ihm, er hätte schön gespielt. Vorsichtig rückte er den Kragen seines Kittels zurecht, räusperte sich und sagte, er sei nicht hierher gekommen, um schön zu spielen. Er sagte das mit Respekt und ließ die Absicht erkennen, mir nicht weh tun zu wollen. Ich schaute fragend und wollte mehr wissen. Woher er komme, woher sein Instrument stamme, wo er seine Musik gelernt habe.

Er schaute mich warm und ernst an mit der Unbewegtheit der Menschen, die tief in sich verwurzelt sind. Sein dünner, faltiger Hals steckte in einem zu weiten Kragen. Irgendwann hatte ihm der seidenglänzende, dunkelblaue, reichbestickte Kittel einmal gepasst. Dann hatten ihn die Jahre schrumpfen lassen. Die Hülle zeigte noch die Umrisse des Mannes, der er einmal gewesen war. Die Augen, verschattet von Schlupflidern, hatten Klugheit und Mut bewahrt. Ein kleiner, aufrechter Greis, der noch immer männlich war. Bei Schamanen hatte er gelernt. Er war Schamane. Seine Musik war Schamanenmusik. Deshalb könne er auch mit Pecko musizieren, weil der die Musik verstehe.

Bei schamanischer Musik gehe es nicht darum, gut zu sein. Gut sein, das wäre die Aufgabe von Orchestermusikern, die Dvorák und Tschaikowsky spielen würden. Schamanische Musik sei anders.

Ob er mir das erklären könne, fragte ich.

Er lächelte, als wollte er sagen: »Das wirst du nicht verstehen.« Aber ich schaute ihn so ernst und unbewegt an, wie er es eben getan hatte. Er gefiel mir.

Schamanische Musik, sagte er, wolle nicht gefallen, sie wolle heilen. Wer diese Musik höre, der werde nicht bleiben, der er war. Der werde mitgenommen auf eine Reise. Die Rhythmen wollten nicht zum Tanzen bewegen, sie wollten erzählen, wohin die Reise ging. Sechser- und Zwölferrhythmen würden die großen kosmischen Zyklen beschwören und einen Zusammenhang zur Zeit herstellen. Ungerade Fünferrhythmen erzählten von Tieren oder von etwas, das man erwartete, das aber noch nicht eingetreten war. Die

Musik habe eine Botschaft und würde die Zuhörer verändern. Sie stelle, er formte die Handflächen und Daumen zu einem Dreieck, sie stelle eine Verbindung her zwischen den Musikern, den Zuhörern und den Geistern oder dem Geist. Die drei würden in der Musik zusammengeführt. Deshalb würden die Musiker nicht vorspielen, sie gäben kein Konzert. Sie würden ein Ritual abhalten. Genau genommen würden sie stellvertretend für die Zuhörer spielen und denen einen Klangweg zu den Geistern bahnen. Es sei nicht die Musik der Musiker oder irgendwelcher Komponisten. Es sei die Musik der Zuhörer. Um die ginge es. Die sollten auf den Klängen in die Geisterwelt reiten und heil werden. Und deshalb sei es eben unwichtig, ob die Musiker schön spielten, ob sie gut seien. Alles sei gut, wenn die Zuhörer ihre Herzen öffneten. Er schwieg und schaute in sein Glas.

Dann ist Musik Arbeit am offenen Herzen, dachte ich, und fühlte etwas von der Verantwortung, die er auf sich nahm, wenn er spielte.

Gut sein, – wie oft hatte mir dieses Diktat den Weg verstellt. Gut sein müssen als Kind beim Vorspielen im Verwandtenkreis, im Beruf jeden Tag, bei Diskussionen, beim Sport, im Bett ... eigentlich überall. Da war es wieder, das Ego, die Kunstfigur, die große Illusion, die man lebenslang nährt und aufbläst, wenn man sich nicht von ihr befreit. Ich musste an Konzertkritiken denken, dieses arrogante Volk von Klassikexperten. Diese versnobten Konzertbesucher, die, statt Musik zu erleben, darüber diskutierten, wie der Pianist diese oder jene Passage zu schnell genommen, es an Dynamik hatte fehlen lassen oder gar überhaupt nicht mitgekommen war mit der Interpretation von Justus Franz beim letzten Holstein-Festival. Die Kritiken, die dieser Herr von der Tageszeitung auf die Künstler hetzte wie Bluthunde.

Als Gesine Langbeck ein letztes Mal die Else Lasker Schüler getanzt und rezitiert hatte und als sie dann vom Tanzen und Rezitieren erschöpft da stand und berauscht von Worten und Bewegung hörbar und schwer atmete, und er in diesem wunderbaren und ergreifenden Augenblick nichts anderes zu sehen vermochte als die Folgen ihres Alters, was er gnadenlos ausschlachtete und der Lesermeute zum Fraß vorsetzte, da hätte ich diesem Klugscheißer gern das Maul gestopft. »Es geht nicht ums Gutsein,« hätte ich ihm schreiben sollen. »Es geht um Heilung. Es geht um Beziehung, es geht darum, dass Spieler, Hörer, Musik und Geist eins werden. Es geht um Verschmelzung mit dem Ganzen, darum, dass wir auf den Klängen zu den Geistern reiten. Da darf man schon mal erschöpft sein. – Arschloch!«

Ich war richtig angefixt von diesen Gedanken und konnte es kaum abwarten, eine Gelegenheit zu finden, von hier zu verschwinden. Ich wechselte noch ein paar Sätze mit der Akkordeonistin, die mir anvertraute, S habe wohl gekokst, anders sei ihr aggressives Verhalten auf der Bühne nicht zu erklären. Dann klopfte ich leise auf den Tisch, und tat ein paar Schritte rückwärts aus der Runde, von kaum jemandem bemerkt. Nur der Geiger hob die Hand ein wenig und lächelte. Aus dem Beutel, der neben ihm auf der Bank lag, schaute der hölzerne Pferdekopf. Sein Totem.

Hinter mir wurde das Stimmengewirr leiser und verstummte ganz, als die Tür zum Felsenkeller ins Schloss fiel. Die Straßen von Kysyl lagen bleigrau zwischen den Bordsteinen. Ich war rasch im Hotel und ebenso rasch wieder auf der Straße, diesmal mit einem Begleiter. Meinen Kontrabass trug ich wie einen Rucksack auf dem Rücken und traute mir zu, ihn bis zum Fluss zu schleppen, was mir auch gelang. Auf einem

Rasenstreifen am Ufer packte ich ihn aus der Hülle, fuhr den Stachel in Position, legte mir die vertraute Rundung an die Seite und begann zu spielen. Es war das zweite Mal auf dieser Tour, dass mein Bass erklang. Vor mir der Fluss auf der Durchreise, dessen Breite ich im Dunkeln nur ahnen konnte. Über mir eine stille Sternensaat, die sich wunderbar weitete und wölbte, und ich – Spieler und Hörer in einer Person. Ich spielte, was sich ereignen wollte. Ich ließ die Hände tun, was ihnen einfiel. Ich staunte, wie jeder Ton seine eigene Geschichte hatte, und wie es so sanft und tief klang, dass ich gar nicht aufhören konnte. Dass mir niemand zuhörte, war ein Geschenk, ein Raum, der alles möglich machte, aus dem alles spielerisch hervorging, eine Unschuld, die keine Fehler kannte, eine Freude, die zeitlos und ohne Grenze war, ein Einssein mit allem.

Es spielte und spielte, und die Klänge flogen über den Fluss und sie hatten eine eigene Farbe, eine eigene Form, und ich färbte und formte sie, und sie wollten nichts anderes als meine Klänge sein, mein Erzählen und Tanzen, meine Angst und Einsamkeit, meine Freude und Trauer. Und es war wunderbar und ein Geborenwerden und Ankommen, ein Erwartet- und Willkommensein und alles und alles und noch immer mehr … .

Als ich endlich im Bett lag, fühlte ich, dass etwas zu heilen begonnen hatte.

Am Morgen begegnete mir Jelka in ihrem Männerhemd auf dem Gang. Ich hob den Zeigefinder an die Nase und wiegte den Kopf wie Mr. Bean.

»Du hast bei Pecko geschlafen«, sagte ich schmunzelnd.

»Ja«, lachte sie fröhlich, »und jetzt will ich Dich!«

Sie hatte etwas Naturkindhaftes, das sie völlig absichtslos machte, frei von Koketterie oder Anzüglichkeit. Alles, was in ihren Einflussbereich geriet, wurde reingewaschen von Skrupeln und Peinlichkeiten. Es löste sich ab von Beurteilungen und Konzepten und wurde zu dem, was es ursprünglich war. Sie war absolut tabulos. Sie war im eigentlichen Sinne des Wortes schamlos und das gab einem im Umgang mit ihr eine traumhaft sichere Gelassenheit, einen ungehinderten Genuss, ein Ganz-Da-Sein, das einem zugleich ein Ganz-Bei-Sich-Sein bescherte.

Es ist ein unvergleichliches Erlebnis, wenn eine androgyne Frau sich einem schenkt, wenn all die Zartheit sich hingibt, die unter einem Männerhemd verborgen sein kann.

Alles geschah selbstverständlich und ohne Überwachung durch Gedanken. Hände wussten, wohin sie wollten, Haut, schmiegte sich an Haut, Münder suchten und fanden sich. Und als sie mich in sich versenkte und auf mir saß, war es wie ein Heimkommen, ein Ersehntwerden, ein Ganzwerden und eine Ruhe, die das Ticken der Zeit außer Kraft setzte. Und eine Geborgenheit, die alle Angst vor dem Nicht-Genügen zunichte machte. Ein Einssein mit dem Leben und ein unauslöschliches, tiefleuchtendes Glück.

Langsam beugte sie sich zu mir herab und ihre langen, dunklen Haare fielen um uns herum wie ein kleines Zelt, in dem wir uns anschauten. Zwei Gesichter, die im Kreis dieser duftenden Dunkelheit verschmolzen zu einem Tanz, zu einer Feier des Lebens, wie ich sie noch nie, nie erlebt hatte.

Wir lagen noch lange bei offenem, sonnenbeschienenem Fenster und lauem Wind und ließen die taufeuchte Haut trocknen. Im hellen Viereck an der Wand sang der Schatten eines Vogels. Irgendwann drehte ich mich aus ihren schlafenden Armen, duschte und ging zum Frühstücksbuffet. Nie war die Sonne so golden wie an diesem Morgen. Ich setzte mich mit einem Gefühl der Unsterblichkeit an den Tisch, fing schon mal an zu frühstücken und begrüßte die Anderen, die nach und nach eintrudelten.

Es wurde das, was Pecko ein Taubstummenfrühstück nannte. Sie waren noch verkatert und hatten kein ausgeprägtes Mitteilungsbedürfnis. Es reichte dennoch für eine Verabredung demnächst in Moskau. Dieter 1 wollte dort sein, wenn Pecko seinen Auftritt hatte. Bis dahin habe er noch ein paar dates in der »Nachbarschaft«. So erfuhr ich, dass wir Moskau besuchen würden, und versuchte vergeblich, mir den Weg dorthin vorzustellen. Was ich ebenfalls erfuhr, war, dass die Akkordeonistin und Dieter 2 sich im Verlauf der Nacht zu einer Fahrt mit der transsibirischen Eisenbahn verabredet hatten. Dieter 2 wollte deshalb zunächst in Kysyl bleiben. Ich staunte anerkennend und wortlos.

Pecko wollte noch mit dem Veranstalter abrechnen und dann packen. Ich schaute ihn fragend an.

»Falls einer von Euch noch bleiben will, müsst Ihr´s sagen«, räumte er ein. »Aber lang kann das nicht sein. Wir müssen weiter.«

Mir war nicht nach planen, ich wollte mich lieber treiben lassen.

»Mir egal! Frag Jelka, ich bin mit allem einverstanden.«

»Ok, dann fahren wir heute Mittag.« Er wirkte angespannt, als säße ihm die Zeit im Nacken, aber warum?

»Sind wir eilig?«, fragte ich.

»Das hier ist der äußerste Punkt unserer Tour. Ab heute geht’s wieder zurück. Ich hab noch ein paar Gigs bis Moskau, dann kommt Batumi, dann wieder nach Norden auf die Route, auf der wir hergekommen sind, und dann nach Hause.« Er schaute, als habe das »nach Hause« keinen angenehmen Klang für ihn, als sei es eher das verfrühte Ende von etwas, das noch dauern sollte.

Nach Hause, was war das für mich? Im Augenblick störte die Vorstellung von einem Ende. Ich wollte jetzt nicht daran denken, nur hier sein. Nach Hause gab es nicht mehr. Ich war hier zu Hause, auf dieser Tour, in dem, was hier und jetzt geschah – wahrscheinlich zum ersten Mal in meinem Leben.

IV

Wir fuhren bis in die Dunkelheit hinein. In Sibirien liegen die Orte, an denen man übernachten kann, manchmal tausend und mehr Kilometer auseinander. Was »unvorstellbare Weite« bedeutet, wird einem hier wie in keiner anderen Gegend der Welt sinnenfällig. Es ist das immer Gleiche: Zirbelkiefern, tiefblaue Seen, die roten Türkenbuntlilien, Rhododendren in Lärchenwäldern, die Sümpfe, die Nebel, die Milliarden von Köcherfliegen, die schneebedeckten Gipfel über steinigen, graubraunen Ebenen. Das Steppengras und ein Horizont, der nur Himmel und Erde kennt. Russlands kaltes Herz, das langsamer pulst als der Rest der Welt, eine schweigende Überlegenheit, der man sich nur hingeben kann. Aus der flimmernden Sommerhitze stieg mir der Satz auf: »Wen man nicht besiegen kann, den muss man umarmen.« Irgendein russischer Zar soll ihn gesagt haben. Recht hatte er.

»Warum willst Du eigentlich nach Moskau?«, fragte ich Pecko. »Moskau ist so weit nördlich, das wird eine Mordsfahrerei. Und dann Batumi viel weiter im Süden und dann wieder rauf Richtung Rumänien. Können wir nicht mal irgendwo länger bleiben und einfach ein bisschen ausspannen?«

Pecko fuhr schnell, zu schnell für die löchrigen, schmalen Straßen. Der Bus sackte in Schlaglöchern bedrohlich ab und wippte nach. Offenbar waren die Stoßdämpfer am Ende, was man gelegentlich durch heftige Stöße bestätigt bekam.

»Ich nehme mit, was ich an Gigs kriegen kann«, sagte er bestimmt. »In fünf Wochen fliege ich nach New York. Bis dahin muss alles erledigt sein. Außerdem«, er angelte nach einer Zigarette, » … gibt es in Moskau eine Reiseleiterin, die ich vor zwei Jahren kennengelernt habe.« Er schaute kurz zu mir rüber und grinste. »Da hab ich noch einen gut.«

»Und Batumi, gibt es da auch eine Reiseleiterin?«

Er schüttelte den Kopf.

»Eine Tänzerin.« Er ließ wahrhaftig das Lenkrad los und formte mit den Händen zwei beachtliche Brüste.

»Verstehe«, sagte ich schnell und war froh, als er wieder lenkte.

Neben mir schloss Jelka wortlos die Augen und schlang eine Decke um sich. Ich hätte einiges darum gegeben, etwas über ihre Gedanken zu erfahren.

»Aber wie wollen wir das schaffen, das sind tausende von Kilometern, ein gigantischer Zickzack-Kurs. Wer weiß, ob der Bus das schafft, und wer weiß, ob wir das schaffen.

Ich meine immer noch, wir sollten lieber etwas streichen und es langsamer angehen lassen. Du bist noch längst nicht fit. Lass die Reiseleiterin sausen und begnüg dich mit der Tänzerin!«

»Da mach dir mal keine Sorgen, ich hab Schlimmeres überlebt.«

Er sog an seiner Zigarette. Selten, dass man ihn rauchen sah. Die Tachometer-Beleuchtung gab ihm ein schwaches, grünliches Rampenlicht, das seinen Zügen etwas Holzgeschnitztes, Diabolisches verlieh. Die Dunkelheit war schlagartig eingefallen. Schwärzer als schwarz. Sie machte das Draußen zu einem großen, leeren All und das Drinnen zu einer kleinen bubble of life. Ein Raumschiff mit drei Piloten. Im auf- und niedertanzenden Scheinwerferkegel sah ich zwei glutrote Punkte aufleuchten. Gleich darauf ein Schatten, der über die Straße huschte und im hohen Gras verschwand. Pecko sog zwischen den zusammengepressten Zähnen Luft ein.

»Das war knapp – hätte nicht mal bremsen können!« Er ging ein wenig vom Gas. Es war der erste Wolf, den ich in meinem Leben gesehen hatte. Eine Erinnerung daran, dass wir hier nicht allein waren. Wir durchfuhren in dieser monotonen Unendlichkeit die Reviere von Bären und Wölfen, von Steinböcken, Hirschen, Zieseln, Steppennattern und Streifenhörnchen. Wir waren nur Gäste hier und hatten viele Gastgeber.

»Wollen wir die Nacht durchheizen und uns abwechseln?«, fragte ich. Pecko hob die Schultern.

»Erst mal ja. Aber wenn wir was finden, machen wir halt und schlafen ein paar Stunden.«

Ich schloss die Augen und genoss es, dass Jelkas Kopf an meiner Schulter lehnte.

»Weck mich, wenn ich dich ablösen soll«, murmelte ich noch und erinnerte mich momentlang daran, dass vor dem Erdrutsch alles so ähnlich gewesen war. Nur umgekehrt und ohne Jelka.

Wir wurden gleichzeitig wach, als der Bus heftig schwankend einen Waldweg befuhr und dabei ein paarmal hörbar aufsetzte.

»Wo sind wir?«, fragte ich und sah, dass es in den Baumkronen über uns dämmerte.

»Gute Frage, – keine Ahnung!« Pecko hockte übermüdet hinterm Steuer und bemühte sich, den Bus, der von Schlagloch zu Pfütze wippte, auf Kurs zu halten.

»Da war eben ein Schild – so was wie Gasthaus oder Hof oder so, oder Station. Bin einfach mal reingefahren. Vielleicht gibt's hier´n Kaffee oder Tee oder sogar Betten. Außerdem muss ich mal pinkeln.«

Der Weg wand sich endlos durch den Wald, Kurven wiederholten sich, Vögel sangen so laut und ausdauernd, dass sie den Diesel übertönten. Irgendwann tauchte ein Giebel auf, ein Haus, dessen Holzfront sich silbriggrau hinter hohe

Föhren duckte. Die Fenster – blicklose Schatten. Eine Treppe führte zur Eingangstüre, die einen Spaltbreit klaffte. Eine Schubkarre mit Mist. Ein alter Traktor in verschossenem Blau schaute aus dem Tor einer kleinen Scheune. Pecko hielt an und stellte den Motor ab. Die Augen gewöhnten sich langsam an das Zwielicht. Aus der plötzlichen Stille stach das Vogelgezwitscher noch schärfer hervor. Mir wurde die Luft im Bus mit einem Mal stickig. Ich stieß die Türe auf. Kurz vor Sonnenaufgang ist die Nacht am kältesten. Die Luft fühlte sich an wie Quellwasser. Die Vögel sangen, als würden sie eine Geschichte erzählen, eindringlich und in einer fremden Sprache.

Ich reichte Jelka eine Hand zum Aussteigen. Aber sie schüttelte den Kopf und zog die Nase hoch.

»Wir bleiben hier nicht«, sagte sie.

»Warum, was ist denn?«

»Wir bleiben hier nicht«, wiederholte sie ernst mit einem ungekannten Glimmen unter ihren kräftigen Brauen.

Pecko war schon hinter einem Baum verschwunden und kam bald darauf wieder. Er knöpfte sich im Gehen die Hose zu und nahm Kurs auf das Haus.

»Es ist halb fünf Uhr morgens«, sagte ich. »Du glaubst doch nicht, dass dir jetzt jemand öffnet!«

Er deutete wortlos auf den Türspalt und ging weiter.

Als ich ihm folgte, war plötzlich Jelka an meiner Seite. Sie sah düster aus. Pecko hatte schon die Stufen hinter sich und stand jetzt vor der Haustüre, hinter der nichts zu erkennen war. Er klopfte an, drückte sie mit dem Zeigefinger auf und schaute ins dunkle Innere des Hauses. Ein säuerlicher, schwerer Mief wehte an uns vorüber, als hätten wir ihn – woraus auch immer – befreit. Zugleich strich etwas an mir entlang, das noch dunkler als das Dunkel war, ein Hauch, ein Schleier, als wenn Luft sich kräuselt. Eilig wischte ich mir die unangenehme Berührung von den Wangen. Hinter Peckos massiger Gestalt drückten wir uns durch die Tür und standen in einer Diele, die sich zu einem weiteren Raum hin öffnete. An der Wand sah ich mehrere Haken, an denen Kleidungsstücke hingen. Eine derbe, zerbeulte Jacke, schmutzige Arbeitshosen, darunter eine Familie von abgewetzten Holzschuhen, große und kleine. An einem Riemen eine lederbezogene, speckig abgegriffene Flasche mit Schraubverschluss. Der zweite Raum – eine Wohnküche. Auf dem runden, wuchtigen Holztisch standen Schalen mit Obst und Kartoffeln. Im Waschbecken Geschirr und Besteck. Darüber und daneben offene Holzregale mit einfachen Tellern und Töpfen. Eine Esse, über der Kellen und Holzlöffel hingen. Ein Stiefelknecht und ein Korb mit Rüben. Unter der Esse lebte noch ein wenig Glut. Man roch das Feuer, das bis vor ein paar Stunden an dieser Stelle gebrannt hatte. Ich fühlte den Impuls zu gehen. Das gehörte anderen. Was hatten wir hier zu suchen? Ich schaute die Beiden an, konnte mich aber nicht mitteilen. Wir waren jeder für sich hier – meilenweit voneinander entfernt. Steinerne Gesichter. Ich schaute da hin, woher der fahle Schimmer einfiel. Ein offener Fensterladen ließ Licht herein, das die Ränder des gesplitterten Glases weißlich aufleuchten ließ. Scherben auf dem Boden. Der Fensterflügel stand halb offen und zeigte auf die Treppe, die sich schwach gegen das Dunkel abzeichnete. Als hätten wir einen Auftrag, gingen wir langsam und wortlos darauf zu. Diesmal war ich es, der voran schritt. Die schmalen Treppenstufen waren ausgetreten und dünn. Sie gaben bei jedem Tritt nach. Ein wackeliges Geländer aus einem klebrigen Rundholz gab nur wenig Halt. Etwas zog mich hinauf, vielleicht das Wissenwollen, das einen so oft in Bewegung setzt, obwohl ein vielstimmiger innerer Chor flüstert: »Lass es, – bleib!«

Am oberen Ende der steilen Stiege gab es eine Tür, die halb offen stand. Ich drückte sie mit einer Hand ein wenig weiter auf und hielt mit der anderen Pecko und Jelka zurück. Wir horchten in eine dumpfe Stille. Dann schob ich mich lautlos in einen pechschwarzen Flur, – auf dem Boden feine, fahle Linien aus Licht, die unter den Türen her schimmerten, an deren Ende eine Türe, die nur angelehnt war. Ich spürte im Unterbauch, dass wir nicht allein waren, und erwartete jederzeit, dass jemand aus einer der Türen hervorstürmte. Was taten wir hier eigentlich! Und warum war Jelka mitgekommen, obwohl sie darauf bestanden hatte, dass wir nicht bleiben sollten? Jelka, ich musste sie schützen und hatte die Hand doch schon an der Klinke. Die wenigen Schritte in den Raum taumelte ich wieder zurück. Meine Blicke rasten wie Flipperkugeln durch den dämmrigen Raum, ein Stoppelbart um einen zum Schrei geöffneten Mund, dem die Zähne fehlten, darüber starre, leere Augen, der Schlitz im Hals, aus dem es schwärzlich rot sickerte, an der Wand eine auf- und abfahrende Bahn aus feinen, dunklen Tropfen, wie die Zähne einer Säge, ein genaues Protokoll zahlloser Messerstiche, die zerwühlte Decke, in die sich der Schopf einer blonden Frau gebohrt hatte, auf dem hochgerissenen Nachthemd dunkel der Abdruck einer Männerhand, Blut zwischen den gespreizten Beinen, überall Umgeworfenes, Zerbrochenes, Zertretenes, Hausschuhe, die säuberlich nebeneinander unter dem Bett standen, und ein tickender Wecker, der jetzt irgendwann schellen sollte, und meine Übelkeit und dieses Dröhnen und der Schwindel und jetzt standen Jelka und Pecko da und versperrten mir den Weg mit ihren aufgerissenen Augen und die Tür zum Nebenzimmer und rausrennen und dann die beiden

Kinder in ihren Bettchen, die bleichen Gesichter und kann man da noch was machen und meine Hand an der Schlagader dieses Mädchens und die ist ja noch warm, aber da schlägt kein Herz mehr, da schweigt ja alles, da schweigt ja alles und ich muss jetzt weg hier und kotzen und werfe die Türe nach mir zu und fliege die Stiege herunter und ich schreie so laut, als ich sie sehe, die beiden Gestalten im Flur, und will ihnen an die Gurgel, aber da sind es Jelka und Pecko und schon sind wir draußen und ich frage mich, ich frage mich, ob ich das alles wirklich gesehen habe, ob ich das alles wirklich gesehen habe, ob ich – oder ob es mich nur angeflasht hat. Aber warum sollte es …, das kann doch gar nicht

Ich atmete laut japsend die kühle Luft und versuchte, mich zu fühlen. Ich schlug mir auf die Wangen, auf die Stirn und kotzte die Bilder aus, die marodierend durch mein Gehirn und meinen Bauch vagabundierten, das heißt, ich würgte und würgte und brachte vor lauter Würgen nichts heraus, stattdessen sank ich in die Knie und ließ mich ins Gras gleiten. Langsam wurde mein Atem ruhiger. Über mir war noch der Mond. Langsam nahm ich ihn wahr. Und die Venus, den Morgenstern.

»Ihr seid immer noch da«, dachte ich. »Wie gut!«

»Immer noch da! Es kann geschehen, was will, Ihr seid immer da.«

Ich schaute um mich. Niemand zu sehen. Die Haustüre klaffte wie bei unserer Ankunft, das Haus schwieg. Auch die Vögel schwiegen, als brauchten sie nun nichts mehr zu erzählen. Die Föhren bewegten sich träge im aufkommenden Wind.

Ich rappelte mich auf und begann, das Gelände abzuschreiten.

Jelka fand ich an einem kleinen Bach nicht weit vom Haus. Sie meditierte. Mit geradem Rücken saß sie da, in ihrem unbewegten Gesicht lag Ruhe. Die Augen nicht geöffnet und nicht geschlossen, schaute sie vor sich in die Ewigkeit. Ich ließ sie.

Pecko saß mit dem Rücken an den Bus gelehnt und starrte auf den Waldrand. Ich setzte mich neben ihn.

»Da drinnen«, er wies auf die Schiebetür des Busses, »liegt irgendwo noch eine Flasche von dem griechischen Zeugs. Hol sie mal! Schnell!«

»Dein Spezialtrester? Meinst du, der hilft dir jetzt?«

»Wenn Du den trinkst, glaubst Du an Gott!«

»Willst Du das?«

Ich kramte zwischen unserem Reisegepäck eine verkorkte, unetikettierte Flasche mit einer klaren Flüssigkeit hervor. Er biss den Korken heraus, spuckte ihn in die Landschaft und trank das Zeug im Nu zur Hälfte aus. Danach war kein Gespräch mehr möglich. Er stierte mich eine Weile aus weiter Ferne an und lallte unverständliches Zeug. Dann fiel er zur Seite und gab keinen Laut mehr von sich.

Ich ließ ihn liegen, ging ein paar hundert Meter in den Wald hinein und suchte Kontakt mit meinem Inneren. Die Bilder- und Gedankenflut ebbte langsam ab. Ich atmete ruhig und gleichmäßig und erlebte, wie sich Klarheit in mir breit machte. Nimm dein Ego da raus! Ich schaute meine Angst an und konnte sie klar sehen. So nah am Tod, so nah am Untergang war sie deutlich wie nie. Die Leichen waren noch warm gewesen. Gut möglich, dass die Mörder noch in der Nähe waren. Ich schaute meine Anhaftung an und mein Vermeiden. Ich wollte um jeden Preis am Leben bleiben und das, was ich da gesehen hatte, wollte ich wie Pecko so rasch wie möglich auslöschen. Und doch war es geschehen, und es war ein Teil von mir. Der, der das erlebt hatte und das, was er erlebt hatte, und sein Erleben selbst, waren Teil eines Ganzen. Diese Bilder waren ein Teil von mir geworden und ich sah in ihnen meine eigene Endlichkeit und meine eigene Grausamkeit und meinen Hass und meine Zerstörungswut und mein eigenes Leiden und Opfer-Sein. Ich war nicht getrennt von dem, was ich erlebt hatte. Ich war das Erleben selbst. Einen Moment lang konnte ich das begreifen, dann war die Weisheit verflogen wie ein schwaches Leuchten, wie zarter Fliederduft im Vorübergehen.

Ohne nachzudenken kehrte ich um. Noch einmal die Treppenstufen hinauf. Noch einmal die Haustüre aufdrücken, den Wohngeruch fremder und so nah gekommener Menschen einsaugen. Die Schuhe anschauen und weinen, die Glut unter der Esse riechen und hören, wie es aus dem Kanister gluckert und sich eilig unter den Stühlen und dem Tisch verläuft. Gar nicht so einfach, Diesel anzuzünden. Ein glimmender Span verlischt. Erst ein Häufchen glühender Asche und anhaltendes Pusten und lodernde Flammen setzen das stinkende Nass in Brand. Aber dann ... Die Flammen schlagen hoch, ein warmes, gemütliches Blaken und Flackern um mich her, bis es heiß wird und mir die Luft nimmt und ich den Flur nicht mehr sehe und alles ist Rauch und jetzt muss ich aber und ich finde die Haustür nicht, aber da ist sie ja endlich – überflüssig, sie zuzuschlagen. Schon greifen die Flammen nach ihr. Und wie ich draußen stehe, sehe ich Rauch aus dem Dach dringen, wie kann das so schnell gehen! Und jetzt platzen die Scheiben oben, da, wo die Träger der Schuhe geschlafen haben, als sie kamen und sie abschlachteten. Und jetzt darf das alles ein Ende haben. Und ich kann sie nicht vergraben, ich kann da nicht noch mal rauf, aber ich kann sie zu Asche machen und Asche wird Erde und aus der Erde wird irgendwann wieder etwas Gutes. Das weiß ich. Aus allem, was wir der Erde geben, macht sie etwas Gutes. Muttererde. Mutter Erde.

Während ich da stand und schaute, hatte sich eine Hand in meine geschoben. Eine Weile standen wir so und hielten einander. Das einstürzende Dach ließ einen Funkenregen in den Himmel steigen.

»Gut«, sagte sie mit fester Stimme. »Gut, gut!«

Zum ersten Mal saß Jelka am Steuer. Ich hockte starr und stumm auf dem Beifahrersitz. Pecko schlief im Laderaum. Wir hatten ihn irgendwie da hinein geschleift. Es war seltsam, diese schlanken Hände am Lenkrad zu sehen. Schlank und doch kraftvoll. Sie beherrschten den Bus gut, wussten, wann sie schalten mussten, nahmen den greisen, vierrädrigen Sherpa nicht so hart ran, wie Pecko das tat. Ich merkte meine Müdigkeit wie einen nachlassenden Schmerz, wie die Erlösung von einer unerträglichen Spannung. Ich schloss die Augen und überließ mich dem leichten Schlingern und Schaukeln. Jelkas Hände, die würden das schon machen, die brachten uns schon, – egal wohin, nur weiter und weit genug fort von diesem Ort.

»Wir bleiben hier nicht«, hatte sie gesagt. Nein, wir bleiben nicht hier, wir würden bald weit weg sein, sehr weit weg.

Als ich erwachte, war die Sonne schon nicht mehr ganz im Zenit. Der Bus stand, der Motor war abgeschaltet und eben war die Fahrertür zugedrückt worden. Ich sah Jelka auf ein Haus zugehen, einen Bauernladen. Wenig später kam sie mit zwei großen Papiertüten zurück und stellte sie mir auf den Schoß.

»Hat ganz schön lang gedauert, bis mal ein Dorf kam«, sagte sie und sah angestrengt aus.

»Ein, zwei Stunden fahr ich noch, dann brauche ich eine Ablösung.«

Sie ließ den Motor an. Ich angelte Brot aus der Tüte, Käse und eine Flasche Milch. Wir aßen und tranken auf der Fahrt und sagten kein einziges Wort. Die Steppe draußen blieb genau so schweigsam. Träge verging Zeit, ohne dass etwas Bedeutsames geschah. Und das war gut so. Jelka fuhr und fuhr, bis sie irgendwann am Nachmittag auf ein Wäldchen zusteuerte und den Bus unter den ersten Bäumen im Schatten parkte.

Sie ließ das Lenkrad los und schloss die Augen.

»Jetzt sind wir weit genug weg«, sagte sie leise.

»Nimm mich bitte in die Arme!«

Sie lehnte sich zu mir herüber und ich schloss die Arme um sie. Unser Leben wurde wieder ein winziges bisschen wirklicher. Die Bilder würden uns noch lange beschäftigen, aber sie würden irgendwann blasser werden und an Wirkung verlieren. Noch füllten sie mich fast ganz aus und ich hatte schon jetzt Angst vor der Nacht, davor, meinen Träumen ausgeliefert zu sein. Aber als ich Jelka´s Wärme spürte, wusste ich, dass wir das alles, was wir gesehen hatten, mit neuem Leben überschreiben würden und dass es nicht gut wäre, das Unfassliche, das Absurde, jetzt anzusprechen. Kein Satz würde mir über die Lippen kommen können, der dem gerecht würde, was ich gesehen hatte. Über das Absurde kann man nicht sprechen, man kann es nur anschauen, ihm keine Energie schenken, wenn es in den Innenraum einbricht, es wie einen Dieb durchs leere Haus laufen lassen. War das jetzt mein Gedanke oder hatte ich ihn von Jelka übernommen oder wo kam er her? Ich wusste es nicht. Hatte ich ihn schon einmal gedacht?

Ohne zu wissen, warum, und mit dem gleichzeitigen Gefühl, dass es deplaciert, völlig falsch und und unzeitig war, hörte ich mich mitten in meinen Grübeleien fragen:

»Warum magst Du eigentlich Pecko? Weil er die Welt verändert mit seinen Ideen von freier Musik und Global Village und der Überwindung sämtlicher Grenzen? Oder weshalb sonst?«

Zwischen ihren Brauen zog Ärger die Stirn zusammen. Sie ließ sich Zeit mit der Antwort.

»Ich liebe ihn nicht, weil er die Welt verändert, sondern weil er sich verändert. Er ist offen für fremdes, er hört unendlich viel zu, er lässt die Musik und die Menschen in sich ein. Er ist unvollkommen. Er ist wild und er ist ehrlich.«

Ich war noch eine Weile mit dem »liebe ihn« beschäftigt, bis ich weiterfragen wollte. Aber bevor ich dazu kam, verschloss Jelka´s Hand mir den Mund.

»Warum ich dich liebe, das erzähle ich dir ein andermal. Jetzt brauche ich Stille. Lass mich, ich komme wieder, wenn ich mich eingesammelt habe.«

»Mich einsammeln«, das sagte sie, wenn sie sich überschwemmt fühlte. Ein Instinkt ließ sie fühlen, wann es so weit war, dass sie sich wieder einsammeln musste. Dann durfte man sie nicht stören.

Im selben Moment war sie verschwunden. Sie besaß die Fähigkeit, sich buchstäblich in nichts aufzulösen. In Bruchteilen einer Sekunde war sie einfach weg. So auch jetzt. Ich ließ es ihr.

Im Bus regte sich etwas. Pecko war aufgewacht. Als ich die Hecktüren öffnete, saß er auf den linken Arm gestützt und glotzte mich aus glasigen Augen blöde an. Der Rest von Schlaf und Alkohol hielt ihn noch eine Weile in dumpfer Dämmerung. Es sah nicht so aus, als könne man mit ihm reden.

Ich zog meinen Bass an ihm vorbei ins Freie und schälte ihn aus der steifen, schmutzigen Hülle. Der Stachel fuhr heraus bis zu der verblassten Filzstift-Marke. Jetzt war der Sattel auf Augenhöhe, der Oberbügel der Zarge ruhte in der Leiste. Ich fingerte den Bogen heraus, spannte ihn auf meine ungewöhnliche Weise: Ich hielt ihn nicht und schraubte den Frosch auf Spannung, sondern hielt umgekehrt die Schraube fest und drehte stattdessen den Bogen um seine Längsachse. Das hatte ich mir als Kind so angewöhnt, bei Herrn Stern auf der Munitionskiste, als mir die Kräfte fehlten. Und ich hatte es beibehalten bis auf diesen Tag. Orchestermusiker lächelten gelegentlich spöttisch oder peinlich berührt, wenn sie diese Prozedur mit ansahen. Mir gab es ein Gefühl von Übereinstimmung mit mir selbst. Es bewährte sich auch gegen Lampenfieber, das mich bisweilen heftig plagte, wenn ich mit Passatempo, einem Weltmusikensemble, auf der Bühne stand.

Kolophonium, ein, zwei Striche. Dann setzte ich den Bogen auf und gab den energischen und doch sanften Impuls zum ersten Abstrich. Es war der Anfangston einer italienischen Prozessions- und Passionsmusik. Pecko hatte mir die CD einmal geschenkt und zu verstehen gegeben, dass sie ihn sehr beeindruckt hatte. Eine schwere, langsame, in schleppenden aber kraftvollen Schritten voranschreitende, von unendlichem Schmerz und tiefer Bewegung aufgeladene Melodie.

Die wenigen, anhaltenden Töne verdichteten sich unter den überhängenden Blättern der Büsche auf eindrucksvolle Weise und ich wiederholte sie wie ein Mantra, langsam und eindringlich, bis Pecko laut aufschluchzte und dann in ein haltloses Weinen fiel, das ihn schüttelte und in seine Decke zurücksinken ließ. Er zog Knie und Arme an den Körper, vergrub das Gesicht in den Händen und lag auf der Seite wie ein Kind, ein Embryo, in den er sich verwandeln musste, weil der große Pecko die Welt in diesem Augenblick nicht mehr aushielt. Ich ließ ihn weinen und spielte, bis er leiser wurde, dann legte ich den Bass auf die Seite, kletterte in den Wagen und griff unter seine Achseln. Ich setzte mich hinter ihn und wuchtete ihn so weit hoch, dass sein Rücken an meinem Brustkorb lehnte. Sein Kopf lag an meiner Schulter – wie nach dem Unfall saßen wir da. Ich schloss meine Arme vor seiner Brust. Allmählich beruhigte er sich.

»Das geht so schnell«, stöhnte er.

»Was geht so schnell?«

»Dass alles vorbei ist. Auf einmal ist alles vorbei, und du hast überhaupt noch nicht gelebt und gemacht, was du immer schon wolltest, aber nie geschafft hast.«

»Was wolltest du denn immer schon machen?«

»Ich weiß nicht, – da sitzen, einen Apfel schälen und essen. Verstehst du das?«

»Nein.«

»Ich möchte einfach mal da sitzen und nichts anderes vorhaben, keinen Druck haben, nur das machen, was ich gerade mache, zufrieden sein, mit dem, was ist, und nichts sonst. In Ruhe einen Apfel schälen und essen. Even right now.«

»Und warum tust du´s nicht?«

»Wenn ich das wüsste. Ich kann´s einfach nicht.«

»Dann tu´s jetzt!«

»Jetzt«, er lachte bitter, »jetzt müssen wir weiter. Ich hab noch einen Haufen Gigs bis Moskau. Wir haben schon jede Menge Zeitrückstand. Und in Moskau müssen wir pünktlich sein. Da ist einiges für mich arrangiert.«

»Und warum hast du so eng geplant? Die Tour ist mörderisch. Du hast eine Operation und einen Unfall in den Knochen. Du bist nicht mehr jung und Du haust so viel Energie raus, dass du Monate Erholung und Schlaf brauchtest, um sie annähernd wieder aufzufüllen.«

»Ich bin müde, ich bin so müde, dass ich das gar nicht mehr wegschlafen kann.«

»Dann sag Termine ab! Lass die Gigs sausen, mach noch Moskau und lass das gottverdammte Batumi!«

»Das kann ich nicht.«

»Bringt das so viel ein? Was verdienst du denn an so einem Gig?«

»Ich spiel auf Eintritt. Manchmal 200, manchmal weniger. Die haben nicht viel Geld für Kultur, die sozialistischen Länder, nicht für diese Art von Kultur.«

»Was? Dafür reißt du dir den Arsch auf und riskierst deine Gesundheit? Das versteh ich nicht – das versteh ich nicht!«

»Ich auch nicht. Es wird einfach alles immer schneller. Manchmal glaub ich, ich hab die Kontrolle verloren. Es geht irgendwie in einer Spirale nach oben und ich kann es nicht aufhalten.«

»Und was ist dann da oben?«

»Da löst es sich auf.«

»Was – ›es‹?«

»Du fragst ziemlich viel. Hast Du noch von dem Trester?«

»Nein.«

»Ist er alle?«

»Ja – nein, aber ich geb ihn dir jetzt nicht. Sauf nicht so viel!«

»Wo ist die Flasche?«

»Ich bin alt, mein Gedächtnis lässt nach.«

»Dann streng dich an!«

»Zwecklos.«

»Dich soll der Blitz beim Scheißen treffen!«

Die folgenden Tage unterschieden sich nur wenig voneinander. Sie liefen nach immer demselben dumpfen Schema ab: Wir fuhren schneller, als es gut war, bis zum Abend. Dann hatte Pecko einen Auftritt – solo – in irgendeiner Kaschemme, in irgendeinem Club oder Dorfgasthof. Die großen Städte umfuhren wir, warum auch immer: Omsk, Tscheljabinsk, Kasan, Gorki. Manchmal waren es private Räume, in denen sich nur wenige Gäste einfanden, denen nicht anzusehen war, ob sie mit seinen freien Improvisationen etwas anfangen konnten oder nicht. Möglicherweise bestaunten sie nur die exotische Figur, die da gekommen war. Ich konnte all die Orte und Gesichter nicht mehr in mich einlassen. Die Erinnerungen blieben flüchtig und vage. Dieser Teil der Tour war nicht mehr als ein mechanisches Abwickeln von Routinen. Ich machte mich stumpf und beobachtete Ähnliches bei Jelka. Sie wirkte distanziert, schneckig in sich verkrochen. Ihre Mimik war eingefroren bis auf wenige Regungen. Sie tat, was nützlich war, und sagte fast nichts mehr von sich. Eine fast arrogante Distanziertheit, die mich wütend machte und die ich gleichzeitig verstand. Alles an ihr signalisierte: »Was hier läuft, das ist nicht meins. Ich spiele mit, aber bin nicht dabei.«

Wir funktionierten, ohne zu wissen, welchen Auftrag wir da erfüllten, ob und wenn ja: Warum das nötig war. Wir wechselten uns am Steuer ab, Jelka machte Quartier, wenn das nicht schon vorher vom Veranstalter geregelt war, und sorgte für Verpflegung, kommunizierte mit den Leuten vor Ort. Ich half, Bühne und Technik einzurichten, wurde zu einer Art Roadie. Wir bildeten ein Support-Team für Pecko, der jeden Abend auf einer anderen Bühne schwitzte. Wir entfernten uns mehr und mehr von uns selbst und voneinander. Vielleicht brauchten wir Distanz, Spielraum, um je für sich mit der Erinnerung an dieses Haus im Wald fertig zu werden. Vielleicht war es ganz gut, dass wir so abwesend geschäftig waren und keine Zeit zum Nachdenken und -Fühlen hatten. So schoben wir die schrecklichen Bilder ein wenig aus der Mitte. Weg bekamen wir sie nicht. Aber sie schauten uns nicht mehr so penetrant an. Es war eine Art innerer Auszeit, geringer Präsenz. Einzeller in einem solchen Zustand nennt man, glaube ich, Zysten. Sie verdicken ihre Zellwand, um schwierige Zeiten zu überstehen. Offenbar haben wir Menschen diese Fähigkeit bewahrt.

Nur Pecko legte sich immer neu ins Zeug, hochtourig und kräftezehrend. Es war mir völlig unverständlich, woraus er die Energie schöpfte, was diese Rastlosigkeit und Maßlosigkeit befeuerte. Je mehr wir abkühlten, desto mehr Hitze entwickelte er. Und er brauchte immer größere Mengen Alkohol, um danach runterzukommen. Oft rief er mit seinen Kraftanstrengungen bei seinen Zuhörern nicht mehr hervor als ein verlegenes Lächeln. Er schien nicht zu verstehen, dass er mit seinem virtuosen, brachialen Spiel in die geordnete, begrenzte Welt von Bauern, Handwerkern und Viehhirten einbrach, die hilflos hin- und hergerissen zwischen Höflichkeit und Unverständnis schwiegen oder laut miteinander zu reden begannen. Gegerbte, von tiefen Furchen durchzogene Ledergesichter, die gelernt hatten, unbewegt zu bleiben, ihre Gefühle unsichtbar für andere in sich zu verschließen. Eine Form von Würde und Distanz, der schwer beizukommen war. Ich hätte nicht mit Pecko tauschen mögen.

Es war eine Kette von Tagen, fast drei Wochen lang, die wenig Bedeutung schenkten aber viel Kraft kosteten. Was war das, das ihn in einen so radikalen, selbstzerstörerischen Sog trieb?

War es das Alter? Das notvolle Gefühl, doch noch nicht

da angekommen zu sein, wohin er gewollt hatte? War es der Versuch des Aufschubs: Immer noch etwas zwischen sich und den Tod schieben, immer schneller, immer hektischer, damit es dem ja nicht einfällt, jetzt zu kommen und die alte, all die Jahre verdrängte Verabredung einzulösen? War es sein Werben um Jelka, wollte er sie beeindrucken, zeigen, dass er es immer noch drauf hatte? Dazu passte nicht, dass er jetzt Abend für Abend totmüde und besoffen ins Bett fiel – allein. Und warum, zum Teufel, hatte er noch mindestens zwei weitere Frauen an der Angel, die er unbedingt besuchen wollte? Warum nicht diese eine? Waren denn nicht drei Frauen weniger als eine?

Ich hatte ihn Jahre zuvor im »Ada« erlebt, einem Kulturort, an dem sich namhafte Künstler trafen. Er hatte gemeinsam mit Pina, der großen Tänzerin und Choreografin, ein Festival organisiert. Sein Beitrag war organisatorischer Natur gewesen. Er hatte geplant, Künstler angesprochen, Spielstätten aquiriert. Sie war mit ihrer Kompanie aufgetreten und stand nun, nachdem alles gelaufen war, im Mittelpunkt der Abschlussfeier. Die große Pina. Scharf und eng begrenzt der Lichtkreis, der um sie gemalt war an diesem Abend. Da passte niemand sonst hinein. Auch nicht Pecko, der im Schatten blieb. Und das hielt er nicht aus. Voller nervöser Eifersucht verfiel er in Zorn, wurde zur Handpuppe seiner, Jelka würde sagen: Störgefühle. Eifersucht, Anhaftung, Zorn – das war sein Schatten, der sich in manchen Zeiten wie ein Mantel aus schwerem Tuch um ihn legte und seine Freiheit erstickte. War das nicht auch damals so gewesen, als die vielleicht wichtigste Frau in seinem Leben größer wurde, selbständiger, eigenverantwortlicher? Fast immer begannen Frauengeschichten bei ihm mit väterlichem Rat und schutzgebender Fürsorge und Förderung. Der große Pecko und eine kleine

Frau, die nicht wusste, wohin. Und fast immer endeten sie mit dem Wachsen und Selbständigwerden dieser Frauen. So auch sie. Das unentdeckte Talent, das einfache Mädchen aus Griechenland, das er in seine Stadt, in sein Haus mitbrachte, das er heiratete und zur Malerei verführte. Das in seinem Veranstaltungsraum und in seinem Windschatten eine erste Ausstellung wagte und dann langsam zur Frau wurde und eigene Bilder malte und eigene Kontakte hatte und Erfolg zu haben begann. Da wurde er zerstörerisch, zerfetzte ihre Bilder mit scharfen, verletzenden Worten, stach tiefe Wunden in ihre Liebe und trieb sie irgendwann davon, die Frau, die er liebte.

Würde Jelka denselben Weg gehen? Was würde denn aus ihr werden, wenn es wieder nach Hause ginge? Was würde sein, wenn sie Peckos Schatten begegnete? Wäre sie eine von den vielen, die sich unter äußersten Mühen, lebensrettend, von ihm gelöst hatten und ihn doch noch immer in sich trugen?

Wir brachten diese Zeit irgendwie hinter uns. Wer immer von einem romantischen Künstlerleben träumt, sollte solche Tage erlebt haben. Sie sind bar jeglicher Inspiration und stehen einer repetitorischen, entfremdeten Fließbandarbeit an lähmender Eintönigkeit in nichts nach. Immerhin änderte sich das Klientel zusehends, je näher wir der großen Stadt kamen. Die Clubs wurden größer, auch die Zahl der Menschen, die Pecko von früheren Touren kannte und mit denen er sich austauschte, wuchs. Aus Dörfern wurden Städte. Aus Steppe wurde Asphalt, aus Talg- und Öllampen Laternen. Es fühlte sich wieder ein bisschen wie Kysyl am ersten Tag an: Eine rostige, zivilisationsversaute Hässlichkeit, die einem an´s Gemüt griff.

Anders dann die große Stadt, die Stadt aller Städte, wenn man so weit im Osten ist.

Moskau erlebt man als unendlich langen Hinweg. Es ist, so banal das klingen mag, ganz einfach sehr, sehr weit weg, egal, aus welcher Richtung man sich nähert. Und wenn man eines der Schilder mit den kyrillischen Buchstaben hinter sich gelassen hat, ist man noch lange nicht am Ziel, noch sehr, sehr lange nicht. Moskau, das sind Straßen von enormer Breite, bei denen man unwillkürlich an Militärparaden und Aufmärsche denkt, Autobahnringe und riesige Stadtwälder um fünfzehn Millionen Menschen herum. Moskau war und ist der Mittelpunkt und das Machzentrum eines riesigen Reiches. Deshalb ist Moskau so beeindruckend groß. Kommt man aus der Mongolei, fühlt man sich verloren, wie ausgesetzt in einer fremden Galaxie.

An unserem Bus klebte noch der festgetrocknete Matsch der sibirischen Pisten. In den Falten der demolierten Frontpartie gab es noch Erdreste und Steinchen vom Unfall. Und wir hatten Dreck unter den Nägeln und rochen nach den Absteigen der letzten Wochen.

Pecko kurvte fluchend durch den regen Nachmittagsverkehr und schaute immer wieder auf einen alten Stadtplan, der ihm auf den Knien lag. Er hatte uns gebeten, einfach nichts zu sagen und zu warten, bis wir da wären. Er sei seit zwei Jahren nicht hier gewesen und brauche Ruhe, um sich wieder zu gewöhnen. Irgendwann hellte sich seine Miene auf; er blinzelte gegen die tief stehende Sonne, blätterte einige Zettel durch, die auf dem Armaturenbrett lagen, und fischte einen heraus, auf dem eine Adresse notiert war.

Ich hatte naiv erwartet, von Weitem schon die neunzehn Türme des Kreml sehen zu können. Stattdessen blickte ich auf eine Hochhauskulisse, die sich in jeder anderen Metropole hätte in den Himmel recken können. Auffällig viele Männer und vereinzelt auch Frauen waren mit geöffneten Flaschen unterwegs und tranken im Gehen. In Deutschland hatte dieser Trend eben erst begonnen. Hier war es offenbar üblich. Eine große Anzahl schwerer, teurer Wagen war in den Straßen unterwegs. Ich schaute wortlos und staunte.

Unterdessen hatten wir über einen der Ringe einen Stadtteil im Norden erreicht. Plattenbauten, wie ich sie aus der DDR kannte, nur mehr und größer. Auch sie legten sich wie ein Ring um die Attraktionen, auf die ich vergeblich wartete. Bevor wir irgend etwas von dem gesehen hatten, was ich von Bildern und Filmen kannte, waren wir am Ziel. Pecko wischte sich den Schweiß von der Stirn.

Wieder so ein seelenloses Hotel, das jeden Charme vermissen ließ. Aber es waren ja nur ein paar Tage, wie er uns hatte wissen lassen.

»Geh schon mal rein«, bat er mich. »Ich packe ein paar Sachen aus. Frag an der Rezeption nach Victor, der ist unser Ansprechpartner. Der hat hier alles arrangiert.«

»Warum heißen eigentlich alle russischen Männer Victor?«, brummelte ich.

»Weil sie nicht mehr Iwan heißen.«

Ich schaute zu Jelka hinüber, die in ihrer Tasche kramte, und ging durch eine milchig beschlagene Glastüre in das Foyer des Hotels. Es war überraschend groß und luxuriös. Verschwenderisch viel Licht aus Lüstern und Leuchten und eine Rezeptionstheke, hinter der der stattliche, diensthabende Uniformträger wie ein kleines Kerlchen wirkte. Als ich auf ihn zuging, nahm er sofort Haltung an. Sein rundes, leicht gerötetes Gesicht wurde professionell freundlich, als er mir einen Schlüssel rüber reichte. Und auf die Frage nach Victor wusste er, ohne nachzuschlagen, eine Telefonnummer, die er eilig wählte. Es genügten ein paar halblaute Sätze, um Victor unser Kommen anzuzeigen, der offenbar ganz in der Nähe war, denn schon bald nach dem Telefonat flog die Eingangstüre auf und ein schlanker, etwas zu elegant gekleideter Mann um die Vierzig schwebte herein, der die Arme ausbreitete und mich mit dem Ausdruck höchster Freude begrüßte wie einen weltbekannten Prominenten.

»Pecko?«, rief er schon von Weitem, »Ich habe viel von Ihnen gehört!«

»Nein«, sagte ich. »Ich bin nicht Pecko. Ich bin Harry, ich begleite ihn nur. Pecko kommt gleich.«

Damit schaute ich zur Tür, durch die Pecko gerade seinen Koffer schob.

»Pecko?«, rief Victor in die andere Richtung, »Ich habe viel von Ihnen gehört!«

»So, was denn?«

Victor lachte verlegen.

»Was man sich in Fachkreisen so erzählt. Aber kommen Sie erst einmal an. Ihr Zimmer ist reserviert. Wir werden Ihnen den Aufenthalt so angenehm wie möglich machen.«

»Wir brauchen aber drei Zimmer. Lässt sich das machen? Es hat sich in meiner Planung einiges verändert. Ich bin nicht alleine gekommen. Zwei Freunde sind mit dabei.«

»Hm, wir werden sehen, was sich machen lässt.«

In diesem Moment betrat Jelka das Foyer. Victor stockte mitten in der Bewegung, wie wenn man einen Film anhält, und starrte sie an.

»Oh, es wird sich ganz bestimmt eine Lösung finden, wir werden doch eine so reizende junge Dame nicht auf der Straße übernachten lassen. Da könnte ja sonst was passieren.«

Ich bekam einen Rippenstoß von Pecko.

»Keinen Arsch in der Hose, aber im Puff drängeln!«, raunte er.

Ich gab Jelka den Schlüssel.

»Hier, dein Zimmer! Ruh dich schon mal aus!«

Sie nickte, sprach kurz mit dem Mann am Empfang und nahm den Aufzug. Binnen weniger Minuten war geklärt, dass wir bleiben konnten. Victor erklärte uns, dass wir das Abendessen im Hotel einnehmen könnten. Für den nächsten Tag sei eine Stadtführung geplant. Er habe auf Pecko´s besonderen Wunsch Jelena gebucht, sie sei eine vielseitige Fremdenführerin. Dabei sah er Pecko bedeutungsvoll an. Übermorgen finde dann das Konzert am Gartenring statt. Alles sei vorbereitet. Das Amt für Frieden und Kultur freue sich, dieses außerordentliche Ereignis komplett mit allen Nebenkosten finanzieren und arrangieren zu dürfen. Ob wir noch Wünsche hätten? Er sei an den nächsten beiden Tagen für uns da und ansprechbar, was auch immer geschehe.

»Danke!«, sagte Pecko mit einem artigen Diener, »aber was soll schon sein!«

Es folgte Victors Handynummer, die ich mir notierte. Dann verabschiedete er sich höflich und hinterließ eine teure Duftwolke.

Pecko und ich hatten kleine Einzelzimmer nebeneinander, dreihundertsiebzehn und dreihundertachtzehn. Jelkas Zimmernummer war die zweihundertzweiundzwanzig, eine Etage tiefer also. Ich ging zur Toilette, wusch mir das Gesicht mit kaltem Wasser, zog die Übergardinen zu und warf mich, wie ich war, auf das Bett, das besser war als die Betten der letzten Wochen. Das Zimmer war ok. Es gab ein Sideboard, das in eine geschwungene Schreibtischplatte überging, einen Stuhl, ein Regal für Kleidung mit einem kleinen Tresor, dessen metallene, mit einem Zahlenschloss versehene Tür offen stand. Über mir an der Wand hing ein Kunstdruck, eine sommerliche Szene mit Frauen in Rüschenblusen und Männern in Kniebundhosen, die unter einem ausladenden

Baum musizierten. Darüber flogen zwei schwarze Vögel. Viel mehr konnte ich im Dämmerlicht nicht erkennen. Ich hörte Pecko nebenan niesen. Dann wurde ein Wasserhahn geöffnet. Offenbar duschte er oder ließ sich ein Bad ein. Ich schlief, bevor ich irgend etwas denken konnte.

Im Speisesaal lief ein Film aus den dreißiger Jahren: Blasierte Kellner mit weißen Servietten über dem Unterarm, perfekt eingedeckte Tische, Bestecke, die wie mit dem Winkelmesser ausgerichtet weiße Teller umgaben. Silberne Messerbänkchen, polierte Gläser, die darauf warteten, umgedreht und mit teurem Weingefunkel gefüllt zu werden. Silberne, ovale Platten, auf denen Lachs serviert wurde. Das dezente Ploppen von Sektkorken und leises Lachen. Schlanke Kelche zwischen behandschuten Daumen und Zeigefingern. Eine schwüle Dekadenz, die ich ein paar Wochen zuvor noch unerträglich gefunden hätte. An diesem Abend amüsierte sie mich. Genau das war es, genau das wollte ich jetzt! Aus dem Staub und Schlamm der Mongolei in die halbseidene Lebewelt Moskaus. Haltet den Sekt kühl, ich komme!

Pecko saß allein in einer Art Loge auf einem mit weißem Kunstleder bezogenen Sitzmonster, das den Tisch auf drei Seiten einschloss. Inmitten von Abendanzügen und paillettenbestickten Kostümen hockte er in einer seiner Bollerhosen da, das T-Shirt, das mehr einem Unterhemd glich, wäre gern einmal gewaschen worden. Breite, gestreifte Hosenträger hielten alles zusammen. Das war seine Antwort auf diese Umgebung. Ein verchromter Kerzenleuchter, der in seinen Dimensionen nicht recht zu dem Tisch passen wollte, warf festliches Glanzlicht auf seinen geschorenen Schädel. Er studierte hilflos die Karte. Als er mich sah, klappte er sie zusammen und schob sie mir hin.

»Hier, guck selber! Ich hab keine Ahnung, was das sein soll. Der Laden kotzt mich an.«

»Hab ich auch zuerst gedacht, aber jetzt fängt er an, mir zu gefallen. Genau das Richtige nach diesen Plastiktagen.«

»Was?«

»Genau das Richtige nach diesen beschissenen Plastiktagen! Wir haben kaum ein bedeutsames Wort gewechselt, wir sind uns fremd geworden wie nie zuvor, wir haben Jelka vernachlässigt, wir haben funktioniert wie Roboter und du hast geackert wie ne Hafennutte, wenn ich das mal so sagen darf, obwohl du nichts dringender brauchst als Ruhe. Und deshalb lassen wir´s jetzt mal richtig krachen! Wir lassen uns hinten und vorne bedienen! Die sollen uns den Lachs zum Arsch rein schieben, und das Kulturamt bezahlt.

Für mich einen Champus, bitte!«, sagte ich etwas leiser zu einem Kellner gewandt, der schon unterwegs war, meinen Wunsch zu erfüllen.

Pecko schaute irritiert in die glitzernde Filmkulisse.

»Das halt ich nicht aus, einfach ekelhaft!«, murmelte er. »Du auch!«

Ich saß richtig aufgekratzt mit durchgedrücktem Rücken neben ihm und sog den billigen Wohlstandskitsch in mich ein wie den ersten Zug von einem Joint. Der Alkohol brachte mich noch mehr in Fahrt, und als Jelka kam, war ich schon ein bisschen angekneipt und einiger Hemmungen ledig.

Sie hatte es geschafft, sich mit den wenigen Dingen, die sie mit sich trug, so zu kleiden, dass sie aussah wie eine russische Prinzessin aus dem neunzehnten Jahrhundert. Als sie auftrat, wurde es für einen Moment ruhiger im Saal. Blicke folgten ihr. Ich schritt ihr entgegen, begrüßte sie mit Handkuss und einer lebensgefährlichen Verbeugung, versicherte ihr, ich hätte schon viel von ihr gehört, führte sie zum Tisch und legte ihr die Karte vor. Ich hielt mir die Nase zu, um in etwa den Tonfall von Victor zu treffen:

»Zum Entré empfehle ich Nachtigallenpastete, dazu einen 31er Tutu Royale. Weiter könnte es dann gehen mit gegrillten Eichhörnchenschenkeln an Heuschreckenpürre, dazu glasierte Scheibchen von der Urmöre, frischem Gartensalat und einem kräftigen Roten aus dem Kaukasus – und zum Abschluss Knoblauchsorbet mit einem Schuss Eierlikör, oder ....« .

Ich hörte nicht auf, bis sie endlich wieder lachte und mir mit dem Finger auf die Stirn tippte.

»Ich seh dich zum ersten Mal betrunken, Du kannst ja richtig albern sein.«

»Ja«, sagte ich und schaute lächelnd in die Runde, »hier sind alle albern.«

Sie bewegte sich, obwohl sie bis dahin ihr Dorf in Rumänien nie verlassen hatte, in allen denkbaren Umgebungen völlig selbstverständlich und souverän. Nichts schien sie einzuschüchtern, nichts beeindruckte sie so, dass sie unsicher wurde. Sie war einfach Jelka und blieb es, ganz gleich, was um sie herum geschah und mit wem sie es zu tun hatte. Das gab ihr eine unverlierbare Würde, die sie von den meisten Anderen unterschied. So auch an diesem Abend. Sie fremdelte nicht, bestellte für sich einen mittleren Rotwein und gegrilltes Gemüse, schaute die kunstvoll ondolierte Gesellschaft an, ohne sichtbar auf sie zu reagieren. Sie musste nicht schockieren, wie Pecko das gern tat. Sie drehte nicht auf wie ich. Sie blieb bei sich und nahm es einfach wahr, was da um sie herum geschah. Mehr nicht. Das blieb nicht ohne Wirkung auf Pecko und mich. Er pellte sich langsam aus seiner Verweigerungsstarre und taute allmählich auf. Ich brauchte noch eine Weile zum albern-Sein und hatte Spaß daran, die beiden zum Lachen zu bringen, den Entertainer zu machen. Ich kannte mich selbst nicht wieder und fand es schön. Dann hatte ich irgendwann genug. Das Absurde hatte ein Gegengewicht bekommen, das hatte ich gebraucht und nun war es gut.

So kam es, dass wir nach einiger Zeit einfach da saßen, die exquisite Küche genossen und wieder miteinander redeten wie vor den drei vergangenen Wochen. Nach und nach vergaßen wir das abgefahrene Ambiente.

Als der Kellner mit der Rechnung kam, die Pecko nur mit seinem Namenskürzel versah, stand Jelka auf.

»Jetzt bestellen wir noch drei Flaschen Rotwein und nehmen sie mit nach oben. Zimmer zweizweizwei, könnt ihr euch das merken?«

»Ok«, sagte Pecko und gab die Bestellung auf.

Das Zimmer zweihundertzweiundzwanzig war eher eine Suite. Pecko und ich steckten die Köpfe zur Tür hinein und staunten. Der Rotwein war vor uns eingetroffen und stand mit weißen Servietten-Lätzchen verziert zusammen mit drei Gläsern auf einem silbernen Tablett. Über Lampen und schwülstige Dekorationen hatte Jelka Tücher gebreitet. Kerzen waren im Raum verteilt und legten über alles ein warmes, angenehmes Licht.

Sie saß unter einem Baldachin auf dem riesigen Bett mit dem Rücken an das Kopfende gelehnt. Noch immer trug sie die schwarze Pluderhose, die an den Fesseln in engen Bündchen endete, darüber ein rostrotes Oberteil mit weiten Ärmeln und eine enge, schwarze Weste, die ihre Zartheit unterstrich. Nur die Stiefel hatte sie ausgezogen. Unter einer schwarzen, glänzend bestickten Kappe quoll ihr dunkler Zopf hervor. Sie lächelte, winkte uns herein und beschrieb mit den Händen einen Kreis um sich. Wir setzten uns ihr gegenüber an´s Fußende. Ich hatte schon mal eine Weinflasche unter den Arm geklemmt und hielt die Füße der drei Gläser zwischen den Fingern. Der Korken war gezogen und steckte nur noch locker im Flaschenhals.

»Das wurde aber auch Zeit«, sagte ich, während der Wein wie Blut in die Gläser lief. »Lange hätte ich das nicht mehr ausgehalten. Auf Moskau!«

»Auf Moskau!«

Wir stießen mit lautem Klirren an, als wollten wir bekräftigen, dass nun eine neue Zeit begann, eine Zeit, von der wir noch nichts wussten, von der wir uns aber eine Wendung zum Besseren versprachen.

»Ich hätte es auch nicht mehr lange ausgehalten«, sagte Jelka. »Und wenn ich heute wüsste, dass es genauso weitergeht, wäre das mein letzter Abend mit Euch.«

»Du willst weg?« Pecko kippte den Wein und hielt mir das leere Glas hin. »Na dann ...«.

»Ich will, dass es anders wird.«

»Was soll anders werden?«

»Ich will, dass wir wieder in dem ankommen, was wir sehen, hören, fühlen, tun. Ich will, dass es eine Balance gibt zwischen Arbeit und Ruhe, zwischen Fahren und Bleiben. Ich will, dass meine Seele in mir wohnt und nicht hinter mir her irrt. Ich liebe euch, aber ich kann nicht so viel gegen mein Innerstes unternehmen.«

»Dann darfst du aber nicht mit Musikern unterwegs sein.« Pecko beugte sich vor, um dem, was folgte, Nachdruck zu verleihen.

»Ich will mich nicht aufblasen, aber ich denke, dass ich der von uns Dreien bin, der die meiste Bühnenerfahrung hat. Das ist nicht meine erste Tour. Ich bin in der ganzen

Welt unterwegs gewesen. Ich hab in Amerika wochenlang jeden Abend in einem anderen Club gespielt – an Orten, die manchmal hunderte von Meilen auseinander lagen. Ich bin direkt nach meiner ersten Darm–OP durch Spanien gereist und war froh, dass ich meinen Bass hatte. Meine beiden Beine«, er klopfte sich auf die Schenkel, »und der Bass waren zusammen ein Dreibein, das nicht umfallen konnte. Ich hab mich während der Auftritte an ihm festgehalten. Das Publikum hat nichts gemerkt, aber ich war ein paarmal kurz vor dem Kollaps. Ich hab mich durch den Balkan und Griechenland durchgespielt, ich war in Japan und China. Ich lebe seit vierzig Jahren so und es hat mich nicht umgebracht. Ich bin eben Musiker und lebe in der Musik. Was ich spiele, das bin ich, und was ich lebe, das bin ich auch. Wenn ich damit aufhöre, gibt es mich nicht mehr.«

»Das heißt, du erschaffst dich selbst und schaffst dich eines Tages auch selbst ab«, stellte ich fest.

»Typischer Religionslehrereinwand«, zischte er.

»Reine Rationalisierung, pure Abwehr.«

»Jetzt psychologisier´ das nicht auch noch!«

»Wie wär´s, wenn du mal darauf eingingst?«

»Worauf? Dass ich mich selbst erschaffe? Ich glaub jedenfalls nicht, dass ich erschaffen wurde, wenn du das meinst. Jeder erschafft sich doch selbst. Oder? Du hast dich doch auch erschaffen. Und abschaffen kannst du dich ebenfalls, wenn du willst. Du hast alle Freiheit. Vielleicht ist das auch die größte aller Freiheiten, sich abschaffen zu können. Oder eben darauf zu verzichten. Du hast die Wahl. Oder?« Er schaute Jelka an.

»Ich glaube nicht, dass ich mich erschaffen habe. Es gibt etwas Größeres als wir, das sich eine Form sucht – für eine Weile, bis es sich eine neue Form schafft. Aber ich denke schon, dass wir unsere Welt erschaffen. Was wir einmal getan haben, gesagt und gedacht haben, das ist zu der Welt geworden, in der wir heute leben. Und was uns wirklich lenkt, ist unser Karma, das Gesetz von Ursache und Wirkung.«

»Erklär mal!«

»Alles, was ist, ist, weil es etwas anderes gibt. Du bist, weil es deine Eltern gibt. Alles, was geschieht, geschieht, weil etwas anderes geschehen ist. Nichts ist ohne Ursache und alles ist Wirkung. Wenn du einen Unfall hattest, gab es eine Ursache. Du warst betrunken, und die Straße war glatt. Kein höherer Wille, kein Schicksal, keine Vorherbestimmung, einfach Ursache und Wirkung.«

Pecko schaute zu mir.

»Keine Einwände Monsignore?«

»Keine Einwände!«

»Was, das kann doch nicht sein! Du enttäuschst mich.«

»Was hast du erwartet?«

»Kein höherer Wille? Wo bleiben die Gegenargumente, Herr Religionslehrer!«

»Ich bin gerade dabei, mich von diesem Teil meines Lebens zu lösen. Ich hab das Beamtendasein nie gemocht, deshalb kleb es mir jetzt nicht wieder an die Backe! Ok, ich hab es bis auf den Tag unserer Abreise nie geschafft, mich aus meinem bürgerlichen Leben zu befreien. Aber jetzt bin ich hier, voila! Und mit dem Berufsende ist die Gelegenheit gekommen, endlich ganz auszusteigen.«

»Glaubenskrise?« Pecko grinste

»Nein, Entwicklung. Ich bin schon lange immer wieder an den alten Fragen hängen geblieben, die die Theologie nie richtig beantwortet hat. Zum Beispiel: Wenn ich mir den Gang der Geschichte anschaue, dann kann ich nicht feststellen, dass sie sich zu irgendeinem guten Ziel entwickelt. Ich sehe keinen Weltgeist am Werk wie Hegel, ich sehe auch keinen Gott am Werk, der geschichtsmächtig ist und die Welt lenkt. Hier in Moskau haben vor einiger Zeit die Tschetschenen gebombt, später die Islamisten, in Syrien metzelt der IS, in Amerika will ein gemeingefährlicher Idiot Präsident werden und Europa zittert vor dem Terror. Ich kann mir weder vorstellen, dass ein Gott die Dinge dahin gelenkt hat, noch, dass er eines Tages kommt, um die Welt zu erlösen. Es spricht jedenfalls nicht viel dafür. Ich finde aus diesem und vielen anderen Gründen keine Argumente mehr für die Existenz Gottes. Deshalb habe ich auch keine Einwände gegen das, was Jelka sagt. Im Gegenteil, es leuchtet mir ein. Ich lerne viel in diesen Wochen.«

»Hört sich nach einer Generalabrechnung mit deinem Arbeitgeber an.«

»Entwicklungen finden nicht immer stetig statt. Manchmal entfernen wir uns langsam von einem Teil unseres Lebens, ohne es zu merken und dann gibt es auf einen Schlag ein Bewusstwerden, ein Aufmerken, ein Staunen, wie weit man schon vom Ufer ist. Das ist dann eine Stufe in der Entwicklung. So geht es mir im Augenblick. Ich muss mit niemandem abrechnen, ich möchte nur niemanden mehr zur Religion anstiften, weil die Religionen die Grenzen schaffen, an denen Intoleranz und Gewalt entsteht. Ich glaube, die Zeit der Glaubensreligionen ist vorbei. Ich bin gespannt auf das, was jetzt kommt.«

»Ich bin nicht mehr sehr gespannt auf das, was kommt«, sagte Pecko ernst. »Ich glaub, dass nur mehr von dem kommt, was ich schon kenne. Und eine Menge Scheiß, den ich nicht gebrauchen kann.« Er kramte ein kleines Briefchen aus der Gesäßtasche seiner Hose und legte es vor sich auf die Bettdecke. Aus den Seitentaschen förderte er Tabak, Streichhölzer und Zigarettenpapier hervor.

»Mögt ihr?«

Er zerrieb ein wenig von dem braunen Zeug, das er in dem Papierfutteral aufbewahrt hatte. Ich winkte ab:

»Der Stoff ist heute zehnmal so stark wie früher. Ein Freund von mir ist richtig psychotisch davon geworden.«

»Keine Angst, das ist aus alten Beständen«, versicherte Pecko. »Erstklassiges Gras!«

»Ok, aber ich will mir selbst einen drehen! Gib mal rüber! Mal sehen, ob ich´s noch kann.«

Pecko rollte sorgsam einen Joint für sich und einen für Jelka.

»Was pfeift ihr euch denn so ein in Rumänien?«, wollte er wissen, während er die Tüte für Jelka drehte.

»Ich war viel mit einer alten Frau zusammen, Jardranka hieß sie, die hatte einen großen Garten, in dem die ganze Welt entstehen konnte.«

»Verstehe, und wie hieß das Kraut?«

»Es war kein Kraut, es war die reine Vorstellung.«

Pecko schlug sich auf die Schenkel.

»Die reine Vorstellung! Dann versuch´s mal mit reinem Afghan!«

Er riss ein Streichholz an und gab uns Feuer.

Ich wusste nicht genau, ob die beruhigende Wirkung, die ich augenblicklich spürte, auf den Joint zurückzuführen war oder auf den Rotwein, von dem wir inzwischen die zweite Flasche angefangen hatten. Es war mir egal, ich genoss das Gefühl von Gleichmut und Zufriedenheit.

»Warum betäubst du dich mit so etwas?«, fragte Jelka zu Pecko herüber.

»Warum rauchst du mit?«

»Weil du mir die Zigarette gedreht hast. Dann wird es etwas Gutes sein. Und weil ich neugierig bin.«

»Neugierig bin ich nicht mehr, aber manchmal hält man die Welt besser aus, wenn man ihre hässliche Visage ein bisschen schminkt.«

»Was findest du denn so hässlich?«

»Dass alles vergeht. Alles, was du mühsam aufbaust, vergeht. Du spielst und spielst, du spielst dir´n Wolf, damit sich die Leute deinen Namen merken und deine Konzerte besuchen. Und wehe, wenn du nachlässt. Du bist schneller vergessen als die Zeitung von gestern. Es gibt nichts, das bleibt. Doch: Ein paar CD´s, die ich mir sowieso nie anhöre.«

»Du hörst dir deine Musik nie an?«, warf ich ein.

»I play that shit, I don´t listen to it!« Er war offenbar in New York.

»Nichts ist toter als eine fertige CD. Außerdem ist diese Musik ein Ereignis, sie entsteht beim Spielen, das kann man nur erleben, das kann man nicht in Dosen abfüllen. Und deshalb ist sie vorbei, wenn der letzte Ton verklungen ist. Und irgendwann ist er mal verklungen. Dann ist der Arsch ab, endgültig.«

»Hast du Angst davor?«, fragte ich ihn.

»Ihr nehmt mich ganz schön in die Mangel! Hast du etwa keine Angst?«

»Doch!«, gab ich zur Antwort. »Ich hab auch Angst. Und wie! Ich hab richtige Angst. Wenn es mir schlecht geht, hab ich sogar Panikattacken. Seit Jahren quäl ich mich damit herum.«

Jelka sah mich erstaunt an. »Immer noch?«

»Vor allem wenn ich verreise. Ich kann nicht verreisen. Es fing einmal bei einer Reise an, bei der ich mich nicht wohlgefühlt habe. In Kysyl hab ich dir davon erzählt, weißt du noch? Ich war mit meiner Familie auf einer Insel in der Nordsee. Da hatte ich zum ersten Mal diese schreckliche Angst. Seitdem kann ich nicht mehr weit reisen.«

»Du bist in Moskau!«, sagte Jelka langsam.

»Wundert mich auch. Ehrlich, ich hätte am Anfang nicht gedacht, dass ich so weit komme. Das ist das erste Mal seit Amrum, dass ich ohne Angst unterwegs bin und nicht panikartig umkehren muss.«

Pecko bekam große Augen.

»Du wolltest unbedingt mitfahren und hast gedacht, du müsstest irgendwann die Kurve kratzen? Wie hättest du denn umkehren wollen? Wir haben nur den einen Bus! Du hast die ganze Tour gefährdet, du Blindflieger!«

»Weil es mir existenziell wichtig war. Dafür lohnt sich ein Risiko, oder? Außerdem hab ich in dem Moment, als du den Pickup eingesackt hast und losfahren wolltest, einfach nicht mehr dran gedacht. Ich hab es einfach ignoriert, so blöd das klingt. Ich wollte es nicht mehr wahr haben. Und der Wille war stärker als alle Befürchtungen. Ich habe mich zum ersten Mal auf meinen Willen verlassen und das war in Ordnung. Es ist ja gut gegangen.«

»Was wolltest du denn so unbedingt?«, fragte Jelka.

»Was wollte ich … . Es gab einen Gedanken, der mich angeflasht hat. Irgendwie hatte das mit meinem Berufsende zu tun. Wenn die Pensionierung ansteht, ist das nicht nur die große Freiheit, es ist auch eine Endgültigkeit, zu der du dich nicht selber entschieden hast. Es ist ein kleiner Tod, ein Vorgeschmack darauf, dass andere, heftigere Endgültigkeiten folgen. Irgendwann guckst du zum ersten Mal so richtig durch bis zum Ende und da gibt es einen Punkt, an dem du deinem Leben keine neue Richtung mehr geben kannst. Irgendwann kannst du es nicht mehr verändern und nichts mehr hinzufügen. Dann ist es erbarmungslos das, was es ist. Punkt. Es gibt kein Endgericht, keine donnernde Apotheose am jüngsten Tag. Es gibt nur diesen Punkt, das genügt, das ist Gericht genug. Das war auch die Wurzel meiner Angst und genau das wurde mir plötzlich klar, und ich wollte mich und mein Leben unbedingt noch an die Sonne bringen, bevor es zu spät war.«

Pecko stippte die Asche neben das Bett.

»Dann haben wir ja beide ganz schön Torschlusspanik, was?«

»Ihr seid Krankheit, Alter und Tod begegnet, das ist alles«, sagte Jelka.

»Erzähl!« Pecko deckte sich mit dem Plumeau zu. Ich tat dasselbe.

In Jelka´s Augen glomm die stille Begeisterung der Geschichtenerzählerin. Und Pecko und ich lauschten wie kleine Jungs voller Andacht unter der Decke und pafften unsere Joints zu Ende.

»Als der Buddha zur Welt kam«, begann sie, »war er noch kein Erleuchteter. Er war ein indischer Königssohn. Sein Name war Siddhartha Gautama. Als Prinz hatte er im Palast seines Vaters, König Suddhodana Gautama, ein wunderbares Leben. Alles, was man sich nur erdenken kann, stand ihm zur Verfügung. Die erlesensten Speisen, Frauen, soviel er wollte, Pferde, Leibdiener und kostbar ausgestattete Gemächer. Was auch immer er sich wünschte, es wurde wahr. Nur eines blieb ihm verwehrt: Er durfte den Palast seines Vaters nicht verlassen. Der König wollte ihm die Welt, mit der sich die Wesen außerhalb des Palastes plagen mussten, ersparen. Sein Sohn, der Prinz, sollte ein Leben ohne Sorgen und ohne Leid führen können.

Aber Siddhartha wuchs heran zu einem wissensdurstigen,

jungen Mann, der die Welt entdecken wollte. Das Wohlleben im Palast gefiel ihm schon, aber er spürte bald, dass das nicht alles sein konnte, und bedrängte einen seiner Diener, er solle ihm die Welt draußen einmal zeigen. Der Diener lehnte ab und verwies auf die Weisung des Königs, dem er treu ergeben war. Aber Siddhartha ließ nicht locker, bis der Diener sich eines Tages erweichen ließ und ihm mit einem gehörig schlechten Gewissen den Weg nach draußen zeigte und ihn durch die nordindische Welt begleitete, die den Palast umgab. Als erstem begegneten sie einem alten Mann, der kaum noch gehen konnte und die Freude am Leben verloren hatte. Siddhartha wurde traurig. So etwas hatte er noch nie gesehen. Dann kamen sie in ein Dorf, in dem sich ein Kranker auf seinem Lager in Schmerzen wand und sie kaum aushalten konnte. Siddhartha war entsetzt. Und schließlich begegneten sie einem Leichenzug. Weinende Menschen, die hinter einem in Leinen gehüllten Toten einher zogen. Da verstand Siddhartha Gautama, dass Leben nicht ohne Sorge sein kann, dass Leben vielmehr Leiden bedeutet, und er fragte sich, ob es einen Weg gäbe, dieses Leiden zu überwinden. Er fand darauf lange keine Antwort, auch nicht bei seinen studierten Lehrern. Und so kam es, dass er eines Tages seine Eltern, seine Frau und sein Kind verließ, um in die Welt hinaus zu gehen und diese Frage zu ergründen. Er verabschiedete sich von allen, verließ den Palast mit wenigen Dingen, ließ bald danach seine teuren Kleider am Weg zurück und zog eine einfache Kutte über, schor sich die langen Haare, die ihn als Königssohn so schön umweht hatten, und suchte Lehrer, Yogis, Verwirklicher, die ihn weiterbringen sollten. Aber nirgendwo fand er die passenden Antworten auf seine Fragen. Er versuchte es mit Askese, er hungerte und fastete, bis er so schwach war, dass er nicht einmal mehr Wasser aus dem Fluss schöpfen konnte. Aber auch die Askese konnte ihm nicht helfen. Erst als er zwischen Wohlleben und Askese den mittleren Weg gewählt hatte, tat sich ihm eine Türe auf. Er aß nun wieder und trank, aber er machte sich nicht abhängig davon, er konnte genießen, aber lebte nicht von dem Genuss. In Unabhängigkeit und Gleichmut setzte er sich unter einen Bodhi-Baum und begann nachzudenken. Und er sah die Dinge mit einem Mal, wie sie sind. Er verstand, dass die Menschen immer nach dem gleichen Muster leben: Sie versuchen das zu greifen und festzuhalten, wovon sie sich Glück versprechen und das zu vermeiden, was sie Schmerz oder Unglück nennen. Und dabei werden sie abhängig: Sie leiden, solange sie das nicht haben, wovon sie sich Glück versprechen. Und wenn sie es haben, befürchten sie, es wieder zu verlieren, leiden also erneut. Sie fürchten sich vor dem, was sie vermeiden wollen, auch dabei leiden sie. Und so werden sie abhängig von der äußeren Welt. Sind die Bedingungen günstig für sie, sind sie für einen Moment glücklich, fürchten aber bald, es könne anders werden. Sind die Bedingungen ungünstig, leiden sie. Und so fort. Wie aber kann ein Mensch dauerhaft glücklich sein?, fragte sich Siddhartha. Dabei half ihm die Beobachtung, dass alles, was ist, im Fluss ist. Nichts ist beständig. Nichts hat bleibende Eigenschaften, alles ist im Übergang. Nichts kann für sich bestehen alles ist von allem anderen abhängig. Nichts bleibt. Also auch das Leid nicht. Wenn alle Dinge leer sind, dann ist doch auch das Leiden leer, ohne bleibende Eigenschaften, ohne Dauer. Also ist es überwindbar. Es ist dadurch überwindbar, erkannte Siddhartha, dass ich meine Aufmerksamkeit nicht auf Vergängliches richte, dass ich nicht der bedingten Welt anhafte, sondern mich mit dem verbinde, was bleibt, was unbedingt und dauerhaft ist. Was aber ist das? Wenn alles, was ich erlebe, im Fluss ist und alles vergeht, dann gibt es nur eines, das immerfort bleibt: der Erleber selbst. Und das ist der Geist, der Raum, in dem alles entsteht, alle Wahrnehmungen, alle Gedanken und Gefühle, die ganze Welt. Der Geist ist auch ohne bleibende Eigenschaften, aber er ist dauerhaft, er kann nicht zerstört werden, er wurde nie geboren und kann darum nie sterben. Das ist seine Natur. Seit anfangsloser Zeit entsteht aus ihm die Welt, in der wir leben. Das erkannte Siddhartha und das war der Augenblick seiner Erleuchtung. Nun war er der Buddha, der Erwachte. Nun war er weise und furchtlos. Und die Menschen kamen zu ihm, damit er sie lehren sollte.«

Pecko hob den Zeigefinger:

»Wenn mein Geist unzerstörbar ist, warum fürchtet er sich dann vor dem Tod?«

»Unser Geist fürchtet sich, weil er seit anfangsloser Zeit verschleiert ist. Weil wir nicht erleuchtet sind, sieht unser Geist wie ein Auge alles um sich her. Nur sich selbst, seine eigene Natur, erkennt er nicht. Und weil er nur die Dinge um sich her sieht, hält er sie für wirklich und dauerhaft. Er denkt: Hier bin ich und da ist die Welt, die ich betrachte. Und darum hält er auch das Ich für wirklich. Das ist der Schleier. Er versteht nicht, dass alles, was er sieht, dieselbe Essenz hat wie er, dass Erleber und Erlebtes und Erleben dasselbe ist. Er denkt: Ich muss das, was ich da sehe, unbedingt haben. Weil es von mir getrennt ist, muss ich´s greifen und festhalten Und wenn ich das endlich habe, was ich da sehe, dann habe ich mein Ziel erreicht. Dann bin ich glücklich. Und dann entwickelt er Eifersucht, Stolz, Zorn und jede Menge Anhaftung. Wenn ich berühmt werde und sich die Menschen meinen Namen merken, wenn die Menschen meine CD´s hören, wenn ich der größte, erfolgreichste Improvisationsmusiker bin und alle Welt von mir spricht, dann bin ich am Ziel, denkt er. Ich bin meine Musik, denkt er, ich bin das, was ich spiele, ich bin das, was ich lebe. Und dieses Ich muss ich pflegen und hätscheln und retten, wenn es bedroht ist, ich muss es immer größer werden lassen, damit es mich ja nicht enttäuscht. Und wehe, wenn ich aufhöre zu spielen und durch die Welt zu rasen, dann hört ja mein Ich auf, und das darf um keinen Preis passieren. Und daran arbeite ich mich ab, und das nimmt mir alle Ruhe und das macht mich fertig, so fertig, dass ich meine Gesundheit ruiniere. Das – ist Leiden. Wer aber wie ihr Alter, Krankheit und Tod begegnet, hat eine Chance: Er sieht sich selbst, er sieht, dass das Ich keine bleibenden Eigenschaften hat. Er sieht ganz einfach, was aus ihm werden wird. Das ist die Chance. Ihr habt sie bekommen: Das Alter ist euer großes Problem. Noch seid ihr nicht alt, aber ihr könnt schon rüber schauen. Krank warst du, Pecko, du wurdest operiert und ihr ward beide eine Weile verletzt nach dem Unfall. Und den Tod haben wir erlebt in dem Haus, das Harry zu Rauch und Asche gemacht hat. Alter, Krankheit und Tod zeigen uns, dass nichts Bestand hat, auch unser Ich nicht. Es ist ohne bleibende Eigenschaften. Und deshalb lohnt es sich nicht, sein ganzes Leben daran zu setzen, es größer und größer aufzublasen. No time for ego!«

Sie zog die Nase hoch und sog ein letztes Mal an ihrem Joint, dann drückte sie ihn auf einem kleinen Kristalltellerchen auf dem Nachttisch aus.

Es blieb eine Weile still, bis Pecko sagte:

»Ok, – Angekommen! Jetzt weiß ich, wie Du mich siehst.«

»Verletzt?«

»Ja!«

»Schwer verletzt?«

»Hm, ja.«

»Unheilbar?«

»Weiß ich noch nicht.«

Jelka krabbelte zu ihm herüber und küsste ihn auf die Stirn.

»Schon besser?«

Er nickte. Dann zielte er mit dem Zeigefinger auf sie.

»Wenn es keine Egos gäbe, würde es nichts Neues geben. Alles, was eine Entwicklung bedeutet, hat irgendj emand durchgesetzt und durchgehalten gegen den Massengeschmack. Man braucht ein starkes Ego, um gegen den Strom zu schwimmen. Wenn alle Ich´s damit zufrieden wären, dass sie Randerscheinungen ohne Bestand und Bedeutung sind, dann gäbe es keine Leitfiguren. Als wir angefangen haben, frei zu spielen, ist man über uns hergefallen. Musikerkollegen haben uns belächelt. Mir hat Peter Trunk, ein bekannter Jazz-Bassist, empfohlen, doch erst mal einen Blues spielen zu lernen. Man hat uns nicht ernstgenommen. Das Publikum ist uns weggelaufen. Es hat Jahre gedauert, bis wir durchgedrungen sind. So ganz ohne Ego geht das nicht. Die Religionen sind oft illusionär. Mit dem praktischen Leben hat das nicht viel zu tun.«

»Buddhismus ist keine Religion«,wandte Jelka ein.

»Aha, Warum denn?«

»Es gibt keinen Gott. Buddha ist die Natur deines Geistes, sein erleuchteter Zustand, das Ziel zu dem du unterwegs bist, er ist kein Gott. Ein Gott ist außerhalb von dir. Dein Geist wohnt in dir.«

»Was ist es dann? Philosophie?«

»Es ist die Belehrung darüber, wie die Dinge sind. Es ist der Weg zur Überwindung des Leids. Es ist Sutra und Tantra, Lehre und Erfahrung durch Meditation.«

»Ich hab einfach keine Zeit zum Meditieren. Ich hätte auch keine Ruhe dazu. Ich bewundere jeden, der das schafft. Ich muss das nicht unbedingt haben. Für mich ist jede Form von Weltanschauung prinzipiell gefährlich. Das Problem hat Harry schon angerissen. Vor allem Religionen schaffen Grenzen, an denen scharf geschossen wird. Vielleicht trifft das für den Buddhismus nicht zu. Aber die Offenbarungsreligionen – heißt doch so?«, fragte er in meine Richtung, ich nickte, »die Offenbarungsreligionen leben doch davon, dass die Offenbarung eben nur denen gilt, die dazu gehören. Die Juden zum Beispiel berufen sich auf Abraham. Der hat eine Gottesoffenbarung erlebt, die nun allen Juden gilt, weil er ihr Stammvater ist. Aber den Palästinensern gilt sie nicht, Pech gehabt. Also darf man sie bekämpfen. Man muss sich das mal vorstellen: Da behauptet ein Volk, Gott habe ihm Land geschenkt, Land, das andere schon lange vor ihnen besiedelt hatten. Weil Abraham diesen flash hatte, dürfen nun alle Juden behaupten, das gelte auch für sie. Stellt euch mal vor, jemand käme zu euch nach Hause, würde in eurem Garten ein Zelt aufbauen und sagen, er bliebe jetzt bis auf weiteres dort, Gott hätte ihm euren Garten geschenkt. Das ist eine Absurdität, aber weil sie angeblich von Gott gegengezeichnet ist, ist sie plötzlich legitim. Die Religion macht aus Absurditäten verbindliche Normen, indem sie behauptet, sie seien von Gott so gewollt. Guckt euch die Moslems an: ›Allahu Akbar‹, das ist ihr Ruf zum Gebet. Wenn das heute jemand in einem vollbesetzten Linienbus ruft, werfen sich alle auf den Boden, aber nicht weil sie beten wollen. Die Ungläubigen darf man abschlachten, wer den Koran nicht zitieren kann, wird umgebracht. Das ist völlig absurd, aber wenn man es mit Gott auflädt, wird es plötzlich zu etwas Gutem, das man tun muss, um ins Paradies zu gelangen. Oder guckt euch die fundamentalistischen

Christen in Amerika an. Die unterteilen die Welt in gute und böse Zonen. ›Die Achse des Bösen‹, hat Bush gesagt und hat sich und seine imperialistischen Interessen auf der Seite des Guten eingeordnet. So einfach geht das. Sie leugnen die Evolutionslehre und behaupten, Gott habe die Skelette von unseren menschenähnlichen Vorfahren nur deshalb im Steppenboden Afrikas vergraben, weil er unseren Glauben prüfen wollte. Man kann die absurdesten Dinge behaupten und einfach damit abstützen, dass man sie Gott zuschreibt. Man kann die primitivsten, menschenfeindlichsten Prinzipien rein waschen, indem man behauptet, Gott habe sie einem diktiert. Die Religionen machen es den Menschen so leicht, ihre eigenen, miesen Interessen von Gott beglaubigen zu lassen. Wenn ich in die Zeitungen schaue, kommt es mir manchmal vor, als würden da weltweite Prozessionen stattfinden. Riesige Menschenmengen laufen Anführern nach und die einen schreien ›Weihnachtsmann, Weihnachtsmann!‹und die anderen brüllen ›Osterhase, Osterhase!‹ und dann prügeln sie aufeinander ein, nur weil die anderen anders sind. Ist doch so, oder?«

Er hatte sich in Fahrt geredet und schaute mich mit roten Wangen leicht verschleiert an. Ich räusperte mich.

»Stark vereinfacht, ja.«

»Ich meine, es sind die Grenzen«, fuhr er fort, »die Grenzen schaffen das Problem. Sobald du eine Ideologie hast oder eine Religion, gibt es ein Drinnen und ein Draußen. Stimmt´s?«

Ich fühlte mich angesprochen.

»Der Kirchenvater Augustin hat jedenfalls gesagt: ›Extra ecclesiam salus non est. Außerhalb der Kirche gibt es kein Heil‹.«

»Da hast du´s, das meine ich. Jede Weltanschauung und vor allem die Religionen neigen dazu, das Gute auf ihren Wirkungskreis zu beschränken. Draußen ist die Welt, das

Böse oder Verlorene, die Ungläubigen, der Untergang. Drinnen ist das Heil, da muss man sich um nichts sorgen, da ist man ganz behaglich unter sich und ganz bestimmt auf dem richtigen Dampfer und auf dem richtigen Kurs. Dieses Drinnen und Draußen schafft einen Unterschied, wo gar keiner ist. Wisst ihr, was ich meine?«

Er redete weiter, ohne eine Antwort abzuwarten.

»Es gibt ja in Wahrheit keinen Unterschied: Alle sind Menschen, alle werden geboren, essen, scheißen, atmen, schuften, lieben, altern und müssen sterben. Aber dann ist da diese Idee: Die einen sind eben Moslems, die anderen Christen, die einen sind Kommunisten, die anderen Kapitalisten, die einen sind E- Musiker, die anderen U- Musiker, die einen die Weihnachtsmänner, die anderen die Osterhasen. Das Problem gibt es ja auch in der Kultur. Wo Kultur sich Grenzen schafft, und das macht sie bedauerlicherweise immer wieder, entstehen dieselben Schwierigkeiten. Ein Orchestergeiger kann nicht mit einem Rock-Gitarristen. Eine Obertonsängerin ist in einem Opernchor falsch, ein Didgeridoospieler gehört nicht in ein Swingsextett. Die Grenzen schaffen die Probleme. Alle sind sie Musiker und schöpfen Freude aus derselben Quelle. Aber dann können sie ihre Freude nicht teilen, weil sie Genres erfunden haben, Grenzen um ihre Musik, die sie selbst begrenzen. Die Welt ist eigentlich ein Dorf, ein global village, mit vielen, bunten Dorfbewohnern, die alle miteinander reden können, wenn sie wollen. Sie müssen lediglich die Grenzen abschaffen, die gibt es nämlich nur zwischen ihren Ohren. Die denken sie sich aus. Es gab mal eine Zeit, da wusste noch niemand was von Grenzen. Da gab es keine Staaten und keine Schlagbäume. Es gab nur Siedlungsgebiete und die änderten sich, weil die Menschen wanderten. So könnte das auch in der Kultur sein. Daran arbeiten wir freien

Musiker. Die Musik kann ein Modell sein. Wenn man alle Grenzen abschafft, alle Formen auflöst, dann bleibt reiner Ausdruck. Dann ist ein Ton nur das, was er ist. Bedeutung gewinnt er erst, wenn er zur Transaktion wird, zu einem Gesprächsbeitrag. Er ereignet sich und fordert neue Ereignisse heraus. Er wird zum Teil eines Entstehungsprozesses. Das Ergebnis ist völlig offen, es kann geschehen, was will. So kann man mit jedem Musiker auf der Welt ins Gespräch kommen, grenzenlos. Music is an open sky!«

»Das gefällt mir«, warf ich ein. »Und es ist ganz nah an dem dran, was Jelka gesagt hat. Grenze, Genre, Form bedeutet ja, dass man schon zu wissen glaubt, was man da hört. Ein Motiv aus einer Mozartsonate hört man und weiß gleich: Mozart! Und damit macht man es zu etwas Bleibendem mit bleibenden Eigenschaften. Man hat ein Konzept, eine steife Vorstellung, der man folgt.

Noch in hundert Jahren wird man es so einordnen, wenn man die Dinge über Konzepte wahrnimmt. Man erlebt sie als etwas, das getrennt von einem ist. Du, Jelka, würdest das ›zweigeteilt‹ nennen. Hier bin ich und da ist mein Höreindruck und der sagt mir: ›Das ist Mozart‹. Aber schon Bird hat gesagt, dass aus deinem Horn nur rauskommen kann, was in dir ist – Ausdruck. Und dieser Ausdruck ist dann nicht von dir getrennt, er kommt aus dir und geht und ereignet sich und verklingt und hat keine bleibenden Eigenschaften und ist im buddhistischen Sinne leer. Musik ist dann pures Ereignis.« Jelka lächelte: »Form ist Leerheit, sagt Buddha, und Leerheit ist Form.«

»Dann sprecht ihr ja von denselben Dingen. Dann ist auch Pecko´s Idee vom Global Village nichts anderes als die Erkenntnis, dass alles mit allem zusammenhängt, dass nichts für sich allein und unabhängig existieren kann. Und der Geist, der Raum, in dem alles entstehen kann, ist wie ein offener Himmel – like an open sky!« Ich winkte Pecko zu. »Hi, hast du gewusst, dass du Buddhist bist?« Pecko lachte.

»Die Glatze hab ich ja schon.«

Wir knöpften uns die dritte Rotweinflasche vor, quatschten und lachten, umarmten uns und schwebten langsam, ganz langsam, auf einem fliegenden Teppich davon. Irgendwann nickte ich kurz ein. Als ich wieder wach wurde, dämmerte es draußen und ich sah Pecko auf allen Vieren vor Jelka. Er schob gerade seine Hand unter ihre Weste. Sie gab ihm einen Klaps auf die Wange.

»Sei zärtlich, du Wolf!«, knurrte sie und biss ihm ins Ohr.

Ich beschloss, dass dies der richtige Zeitpunkt war, mein Zimmer aufzusuchen. Mühsam sortierte ich meine Beine und stellte die Füße auf den Boden. Schwindel und Nebel erschwerten die Sache. Als ich endlich aufstehen wollte, hielt mich etwas am Hosenbund fest.

»Bleib doch!«, flüsterte sie.

Jelena war eine taffe, große, sportliche Frau in einem dunkelblauen Kostüm mit einer Kappe, wie ich sie auf Bildern aus den Fünfzigern bei Stewardessen gesehen hatte. Die blonden, kurzen Haare trug sie straff um den Kopf geföhnt. Es umgab sie eine professionelle aber nicht unsympathische Freundlichkeit. Sie wirkte fit, ausgeschlafen und gut organisiert. – Das diametrale Gegenteil von der Lage, in der wir uns befanden. In meinem Kopf dröhnte noch der Rotwein, ein weiches Gefühl in den Knien. Auch eine heiße Dusche hatte meinen Zustand nicht wesentlich verbessert. Pecko sah aschfahl aus, Schweißtröpfchen auf der Stirn, war aber schon halbwegs gut drauf. Jelka steckte tief im Schneckenhaus. Sie hatte sich von Kopf bis Fuß schwarz getarnt und schritt schweigend hinter uns her wie ein kleiner, übelgelaunter Schornsteinfeger. Niemand hatte jetzt Lust auf Sightseeing.

Wir hatten unsere Stadtführerin auf dem Kutusow-Prospekt getroffen, der vermutlich imposantesten Einkaufsstraße Moskaus. Jedenfalls konnte ich mir keine Steigerung in irgendeiner Hinsicht vorstellen. Irgendwie blendete alles, die von zahllosen Spots beleuchteten Auslagen in den Schaufenstern, die edelsteingeschmückten Damen und auch die Sonne, die von einem wolkenlosen Himmel knallte und sich in den Glas- und Metallfronten tausendfach brach. Es gab im Augenblick nichts um mich her, das nicht meinen Widerwillen erregt hätte. Am liebsten hätte ich Augen und Ohren verschlossen, mir eine Decke über den Kopf gezogen oder wenigstens einen langsamen Spaziergang in einem hohen, schweigenden Wald gemacht. Stattdessen pflügten wir zu Fuß oder mit der Metro kreuz und quer durch Moskau, einem Plan folgend, der sich mir beim besten Willen nicht erschloss. Und es prasselten nun die Attraktionen auf mich ein, die ich gestern noch kaum hatte abwarten können. Der Jaroslawer Bahnhof, von dem aus die transsibirische Eisenbahn ihre legendären Fahrten startet. Die unterirdischen Kathedralen und Ballsäle der Metro, unfassbar. Bolschoi-Theater, Wachtangow -Theater, Taganka–Theater. Endlich auch die neunzehn Türme des Kreml, na also! Der rote Platz, nie hatte ich begriffen, warum der ›roter‹ Platz heißt. Jelena hatte eine Erklärung parat:

»Der Name kommt vom russischen ›Krasnaja Ploschtschad‹. ›Krasnaja‹ bedeutet im Altrussischen in erster Linie ›schön‹. Deshalb wurde der Platz im sechzehnten Jahrhundert der ›schöne‹ Platz genannt. Die spätere Nebenbedeutung

›rot‹ ist keine politische Anspielung und hat auch nichts mit der Farbe der Kreml-Mauern und der Türme zu tun. Die waren bis ins neunzehnte Jahrhundert weiß gestrichen. In die Kremlmauern wurden Urnen von wichtigen Staatsmännern und Künstlern und Wissenschaftlern eingelassen. Josef Stalin ruht hier ebenso wie Juri Gagarin. Vor uns die Basilius Kathedrale, errichtet im Jahr 1561. Wollt Ihr sie von innen sehen?«

Wir schüttelten synchron die Köpfe.

»Weiter sehen wir ein Denkmal für Kusma Minin und Fürst Dimitri Poscharski, die Führer der Volkswehr von Nischni Nowgorod und Helden des Befreiungskrieges gegen die Polen und Weißrussen im siebzehnten Jahrhundert. Es wurde 1818 von Iwan Petrowitsch Martos errichtet.«

Es folgten weitere Bauwerke und Jahreszahlen, die in mir ähnlich einem Delay–Effekt rhythmisch nachhallten und ineinander verschwammen. Erst beim Lenin–Mausoleum merkte ich wieder auf. Und als ich erfuhr, dass wir den Platz in nördlicher Richtung durch das Auferstehungstor verlassen würden, fiel mir auf, dass dieses Tor zwei Türme und zwei bogenförmige Durchgänge aufwies.

»Wir wenden den Blick nach Norden«, Jelenas ausgestreckter Arm half uns bei der Peilung, »und sehen das Auferstehungstor. Es wurde im Jahr 1680 gebaut, in den dreißiger Jahren des vergangenen Jahrhunderts zerstört und nach dem Zusammenbruch der Sowjetunion wieder aufgebaut.«

Sie setzte sich in der Richtung, die ihr Arm wies, in Bewegung. Wir trabten hinterher. Als wir das Tor erreichten, drehte ich mich zu Jelka um.

»Jetzt musst du dich entscheiden. Der linke Torbogen ist Pecko, der rechte bin ich.«

Sie schaute nicht auf und war Sekunden später unter einem Baldachin in einem orientalisch anmutenden Zelt verschwunden, das an der Mittelsäule errichtet war, die die beiden Bögen voneinander trennte. Auf der anderen Seite war sie irgendwann plötzlich wieder hinter uns. Keine Ahnung, wie sie das fertiggebracht hatte. Mir war das unheimlich.

Jelena führte uns in die Moskauer Altstadt, zeigte uns die Reste des alten Zarenhofes, das Haus des Bojaren Romanow, die Twerskaja– Straße, die über Twer nach St. Petersburg führt und über die einst Tatjana Larina, Puschkins Heldin aus ›Eugen Onegin‹, in die Stadt eingereist sei. Es wollte kein Ende nehmen. Multiplexkinos, Kunsteisbahnen, riesige Kaufhäuser – das neue Moskau stand dem alten an Größe in nichts nach, aber es fehlte ihm an Stil. Es wirkte neureich und selbstverliebt. Es hinterließ das ungemütliche Gefühl, dass irgend etwas daran nicht gut gehen konnte. Ich fühlte Übelkeit in mir aufsteigen und wusste nicht, ob sie mit der Mischung aus Rotwein und Gras zu tun hatte oder mit dieser völlig überladenen Stadt. Oder damit, dass Pecko in diesem Moment Jelena ungeniert in den Po kniff. Die fuhr mit gespielter Entrüstung herum.

»Immer wieder hat die Stadt sich gegen Aggressoren verteidigen müssen, zuletzt gegen die Deutschen, aber nie ist sie dauerhaft in Feindeshand geblieben.«

Sie lächelte ihn selbstbewusst an. Pecko grinste zurück.

Die Führung endete, das war offenbar so abgesprochen, am Gartenring, einer Ringstraße im Zentrum, an der es eine Reihe von kulturellen Einrichtungen gab. Pecko wollte noch einen Blick auf das Konzerthaus werfen, in dem er morgen spielen würde. Jelena verabschiedete sich ebenso formvollendet, wie sie uns begrüßt hatte, und tuschelte dann noch ein wenig abseits mit Pecko. Offenkundig sicherte der sich gerade die Nacht mit ihr. Der Konzertsaal erinnerte mich an ein altes Kino in meiner Heimatstadt, das einmal Varieté gewesen war. Abgewetzter, roter Plüsch auf halbrunden Klappstuhlreihen. Hinten auf den Lehnen verschnörkelte Zahlen. Ein zierliches Treppchen mit Schnitzereien unter dem Handlauf führte auf die Bühne, hinter der kein schwarzer Vorhang, sondern ein goldener, gewaffelter Volant von der Decke hing, ein riesiger Staubfänger, der den Raum erdrückte und schrumpfen ließ. Grotesk, sich Pecko und seine Musik vor diesem Stoffungetüm vorzustellen. Von ›open sky‹ war da nicht viel zu sehen. Pecko verhandelte mit einem kleinen, blassen, etwas servilen Mann. Es war noch die Frage zu klären, ob es ein Schlagzeug für Dieter 1 gab und für ihn einen Amp. Beides wurde ihm zugesichert. Der Blick auf das Drumset zeigte, dass es eher für eine Feuerwehrkapelle taugte. Aber Dieter 1 hatte schon andere Herausforderungen bestanden. Mit dem Amp war Pecko halbwegs zufrieden.

Als wir schließlich wieder im Hotel ankamen, gab es für mich nur ein Ziel: schlafen. Jelka ging es wohl ähnlich. Sie verschwand grußlos im Lift. Pecko wollte auf Dieter 1 warten, der sich für den Nachmittag angekündigt hatte, und sich mit dem Trompeter und dem Gitarristen besprechen, die gleichfalls mitwirken würden. Er bestellte sich schon in der Lounge einen Whisky und wollte bis zum Abend durchhalten. Ich schüttelte den Kopf und zog ab.

Im Zimmer schloss ich die Vorhänge und sperrte die Sonne aus. Dann legte ich mich nackt ins Bett und zog mir die Decke bis über den Kopf. Die Bilder von Moskau tanzten mir durchs Gehirn. Die Schnörkeltürmchen, das viele Gold, die riesigen Plätze, die beiden Torbögen des Auferstehungstores – oder gab es doch einen dritten? Die Menschen, die Millionen, die vielen, vielen … , immer noch redeten sie durcheinander. Nicht so laut! Ich wollte nichts mehr hören, nichts mehr sehen. Nur eines noch: den Gorki Park. Da waren wir nicht gewesen, der konnte gar nicht weit weg sein. Den wollte ich besuchen, wenn ich geschlafen hatte. Nur schlafen. Ich stellte mir ausladende Bäume vor und weite Wiesenflächen, kleine Teiche mit Schwänen und Ruhe, Ruhe … . Aber ohne Fremdenführerin!

Ich träumte, dass ich vor einem goldenen Vorhang auf einer Bühne stand und Bass spielte. Aber so sehr ich in die Saiten griff und so sehr ich mich abarbeitete, es kam kein Ton, nichts war zu hören. Ich schwitzte im grellen Lichtkegel und sah die Umrisse vieler Menschen im Auditorium. Unbeschreiblich einsam fühlte ich mich und verzweifelt. Erst nach einer Weile nahm ich wahr, dass jemand hinter mir stand. Er hielt den Stecker des Verstärkers in der Hand und lachte. Ich wollte auf ihn losgehen und ihm die Zähne ausschlagen, aber meine Arme ruderten langsam und effektlos wie in zähem Sirup, ohne dass ich meine Wut adressieren konnte. Neben mir fiel der Bass um und zerbrach.

Stunden später, die Sonne war an den Fenstern meines Zimmers vorbei gewandert, wachte ich auf. Ich schob die Vorhänge beiseite und schaute auf die Straße, die in warmem Abendlicht schwamm. Ich zog mich an, ging hinunter in die Lounge und trank eine Tasse Kaffee. Der Kellner erklärte mir den Weg zum Gorki Park. Zwei Haltestellen mit der Metro und dann nicht weit. Jetzt war alles nicht mehr so grell und penetrant. Ich genoss es, allein zu fahren und zu gehen, anonym zu sein, beobachten zu können. Eine kleine Freiheit umgab mich wie ein Niemandsland. Was ich sah, war ein riesiger Vergnügungspark mit zahlreichen Attraktionen. Aber es gab auch ruhige Zonen. Eine grüne Lunge mitten in der Stadt, ein Aufatmen und ruhig Werden mitten im quirligen Durcheinander. Ich musste das alles gar nicht erwandern und besichtigen. Ich suchte mir einfach einen vertrauten Baum, eine Linde, die noch spät und dunkel duftete. Die gekräuselten Lanzettblättchen mit den dünnen Stielchen und den Samenkugeln daran lagen schon zu tausenden im Rund. Die gußeisernen, schwarzen Seiten der Bank hielten alte, reich geschnitzte Planken in der Waage. Die Erde um die Bank herum trug ein Muster paralleler Linien. Hier hatte es jemand mit dem Rechen schön gemacht. Ich bekam so ein Samstagabend-Gefühl, das mich an den Asthrater Hof erinnerte. Als Kind hatte ich schon mal die Ferien dort verlebt. Ein Bauernhof mit Gastwirtschaft. Und wenn dann die Kühe gemolken, der Stall ausgemistet war, die Pferde ihr Futter hatten und die Hühner mardersicher im Stall gluckten, wenn es aus dem Backes nach Stuten roch und es nichts mehr zu arbeiten gab, dann saß man auf einer Bank hinterm Haus bei einem Malzkaffee und sagte nichts. Und es war Frieden, wie ich ihn nie und nirgends sonst erlebt hatte. Die Erde um die Bank trug dieselbe Signatur: ein liebevolles Muster aus Ruhe und Glück.

Ich sah Familien mit Kindern zu, die sorgsam Decken und Spielzeug einsammelten und nach Hause gingen. Ich sah Elstern, die sich um ein Stück Brot balgten. Weit entfernt spielten junge Männer auf dem Rasen Fussball. Nach jedem Tritt gegen das Leder brauchte der trockene Laut ein wenig, bis er bei mir eintraf.

Das Brausen der Stadt war wie ausgesperrt. Eine Amsel sang dasselbe Lied, das die Amseln bei mir zu Hause sangen. Grenzenlos, die Welt.

Zwischen den Büschen und Bäumen sah ich auf ein Stückchen Fluss. Die Moskwa – ein graues, ewiges Fluten. Still schob sie sich durch die vibrierende Stadt, eine stumme Beobachterin der Mächtigen und Ohnmächtigen, die kamen und gingen.

Langsam drang die gespeicherte Sonnenwärme der Holzlehne durch mein Hemd. Meine Füße baumelten, spielten im Staub wie Kinderfüße. Das Gefühl, wenn Sand und Steinchen vorne in die Sandalen eindringen, während man die Schaukel bremst. Die letzten, schwächer werdenden Schwünge, Sohlen, die über den Boden schrammen.

Über den Baumkronen ein Reigen von Vögeln, die sich zum großen Flug sammelten. Aufbruch in den Süden. Eine Ahnung brachte sie da oben zusammen, ein Wollen und Müssen – ja das winzige Zeitfenster nicht verpassen, die Passage über die höchsten Gipfel der Welt! Ein bisschen zu spät und der Überflug endete im Eis. Schwarze, lebendige, in den Himmel gestochene Punkte, die ein Wesen bildeten, ein kreisendes und dann pfeilförmiges Etwas, das fliegen konnte, das eine Intelligenz hatte und Intuition, das wusste, wann und wohin, dem sich alle anvertrauten wie etwas Großem, Sinngebenden, obwohl es doch nichts war als sie selbst und obwohl es keine bleibenden Eigenschaften hatte und sich ständig veränderte.

Einer der schwarzen Punkte verschmolz nicht mit den anderen, blieb zurück, folgte zögernd, seltsam festgehalten, als fehle ihm dieses Unbedingte, Drängende, Vertrauende. Irgendwie wurde auch er mitgezogen, aber der Abstand blieb.

Das Schicksal der Abgesonderten, derer, die auf eine geheime Weise dazugehören aber nie in der Gesellschaft der anderen aufgehen. Ein anderes Tempo, ein tieferes Denken und Fühlen, die Skepsis gegen den Gruppengeist verstetigen den Abstand, der Genuss und Leiden zugleich ist. Vielleicht liebte der Eine da oben das stille Fliegen ohne das Geschrei der Anderen, vielleicht aber hatte er es schwerer ohne den Windschatten der Anführer. Möglich, dass die Forderungen an seinen Mut und sein Durchhaltevermögen größer waren, weil ihm das Mitschwingen in der Gemeinschaft fehlte. Ganz sicher hatte er sich nicht willentlich dazu entschlossen, allein zu fliegen. Es war eben Schicksal, ein Müssen, zu dem er ja sagte. Auch in ihm brannte das Verlangen, es über den Himalaya zu schaffen, später als die anderen, mühevoller, aber eben auf seine Weise und darum um so lustvoller.

Ich war so oft hinterher geflogen. Mit der Seele noch im Kindergarten fand ich mich am Holzpult der Volksschule. Den Tornisterabdruck noch auf dem Rücken, suchte ich in Marburg auf dem Schlossberg meine Fakultät. Noch längst nicht auf zwei Beinen stehend geheiratet. Vater geworden, bevor das Kind in mir richtig laufen konnte. Ich hatte den Steppenwolf viermal lesen müssen, bis ich nickte und ihn verstand. Und Rio Reiser hatte ich erst gehört, als er längst tot war. Piazolla hatte meine Seele erst berührt, als sie alt war. Und Pecko hatte ich lange, dreißig Jahre oder mehr, immer wieder gesucht und war an ihm abgeprallt, hatte seine Musik nicht in mich eingelassen und nicht verstanden, fand aber sein Leben so unausweichlich begehrenswert, dass ich den Duft der alten Dielen in seinem Zimmer einsog, so tief ich konnte. Immer waren die Stunden mit ihm ein geflüstertes Versprechen gewesen .

Und nun, endlich, löste ich es ein, war dabei und mitten drin. Ich war alt darüber geworden. Ich hatte einiges angerichtet. Aber ich war angekommen, angekommen in einem endlich unfertigen Leben, einem sich fort und fort ändernden Ganzen, einem Wagnis, dem ich mich überließ, angekommen in einer Geschichte, in der ich schon so lange hatte mitspielen wollen. Und über alledem hatte sich meine Angst erledigt. Ich gab ihr keine Macht mehr über mich.

Ich schloss die Augen und badete im Blätterrauschen, ließ mich treiben, glitt und schwebte über geharkte Wege, kleine Teiche und Wiesen, darüber hohe Bäume ohne Unterholz – eine Versammlung tuschelnder Veteranen. Dann wieder Buchsbaumornamente und Kiesmosaiken um hübsche Gärtnerarbeit. In einer Orchestermuschel ein Blaskonzert, davor ein artiges Publikum, Hüte, Anzüge, Kostüme, Handtäschchen, Hände, die in weißen Handschuhen Schutz suchten vor dem Schmutz der Welt. Und gleich weiter, die Blasmusik verhallt, und wieder in einen Wald, aber einen dunklen, feuchten mit Ilexbüschen und Farnen und der Weg wird zum Pfad und der Pfad verliert sich und schon mache ich große Schritte über Brombeerranken, vermodernde Baumstämme und Schößlinge. Eidechsen und kleine Schlangen huschen vor meinen Tritten davon. Und mitten im Dickicht, eingewachsen in rankendes Grün, ein Pavillon, wie er ganz, ganz früher neben meinem Elternhaus im Garten stand. Jugendstil. Und aus dem Dunkel über den Stufen schauen mich Augen an wie glimmende Kohlen und ich weiß, dass ich da hin muss, und steige die beiden Sandsteinstufen hinauf und gewöhne mich an den Dämmer und dann sehe ich sie, die lederne Alte, die Schamanin, wie sie da hockt und mich anstarrt. Und wie ich ihr nahekomme, erlischt das Glimmen und ich sehe ihre dunklen, freundlichen Augen, tief wie Brunnen. Sie hebt eine Hand ans Herz und schenkt mir ein zahnloses Lächeln. Und ich frage, wer bist du, obwohl ich es weiß, und sie sagt, ich bin der Tod, und ich wundere mich und sage, aber dich gibt es doch gar nicht; es gibt keinen Tod. Und sie sagt, schau, was ich kann, und wirft den Arm hoch und greift wie ein Zauberer einen Wolf aus dem Nichts und legt ihn sich zu Füßen. Da staunst du, was? Und schau hier: Sie fährt mit dem anderen Arm durch die Luft und schon steht da ein Weißclown in glitzernden Pailletten und schwarzen Lackschuhen. Dann stößt sie die Faust in die Höhe, und ein Soldat mit Sturmgewehr sinkt am Fallschirm herab. Und bald füllt sich der Pavillon mit Tänzerinnen, Affen, Säuglingen, Dichtern, Vögeln, Taschendieben, Musikern und Anwälten. Und die reden aufeinander ein, streiten und scherzen, diskutieren und monologisieren. Du hast Recht, ruft sie durch den Lärm, mich gibt es nicht. Aber ich bin der Ursprung von allem. Ohne mich würde nichts geboren. Ohne Vergehen kein Werden. Es gibt mich nicht, aber ich schaffe alles, das ganze große Rad von lieben und arbeiten und hassen und leiden und husten und zeugen und hoffen und gebären – ich treibe es an. Es gibt mich nicht, aber ich habe mit allem, was lebt, eine Verabredung, ich bin der große Veränderer, ich kann aus allem alles machen. Ich bin der Möglichmacher.

Was kannst du aus mir machen, frage ich und stehe allein im fahlen Licht. Die Stimmen sind wie Kerzenflammen erloschen. Die Alte ist fort, der Pavillon steht dunkel und leer im Garten.

Als ich erwachte, war die Sonne bereits hinter Bäumen versunken. Das ging so schnell. Kaum war die drückende Sommerhitze vorbei, rückte das Abenddunkel merklich näher. Ein Vorbote des Herbstes.

Es war mir klar, dass das Konzert bald beginnen würde. Aber ich spürte kein Verlangen, ins Hotel zu gehen und Jelka zu fragen, ob sie mit mir gemeinsam zum Gartenring gehen wollte. Ich hatte auch nicht vor, backstage die anderen Musiker vor dem Auftritt zu treffen. Ich fühlte mich wohl allein und gönnte mir diesen Genuss noch eine Weile. Der Park hatte sich bis auf wenige Menschen geleert.

Ich suchte ein Bistro oder eine Kneipe, um etwas zu essen zu bekommen, und wurde bald fündig.

Drinnen wartete ein rundes Tischchen am Fenster auf mich. Ich bestellte ein Wasser und gemischte Vorspeisen. Gern hätte ich einen Stift und Papier gehabt, um den Zustand festzuhalten, in dem ich mich befand. Vielleicht war es gut, dass kein Schreibzeug zur Hand war, keine Fluchtmöglichkeit in die Aktivität. Stattdessen fühlte ich einfach ein tiefes Glück, das Gefühl, in die Kleider zu passen, die ich gewählt hatte, im Einklang zu sein mit dem Leben, das ich mit Klecksen, Linien und Lasuren zu malen begonnen hatte. Fühlen, Denken und Leben waren zu Harry verschmolzen. Es war paradox: Je weniger ich mein Ego bediente, desto mehr fühlte ich mich, Harry. Eine stille Neugeburt. Je mehr ich die Dinge fließen ließ, ohne sie in meinem Sinne zu lenken, desto mehr wurde ich eins mit ihnen, mit meinem Leben. Meine Vergangenheit, ein Hinweg. Das Wort »Glück« bekam Farbe, wurde Form, hüllte mich ein, beschützte mich wie ein unverlierbarer, unsichtbarer Mantel. Und der Tod, die unbequeme Verabredung, die mein Leben so lange in Geiselhaft gehalten hatte, die Quelle aller Angst, wurde zur grenzenlosen Freiheit. Was ich mir immer als dunkle Gruft, als erstickendes Ende vorgestellt hatte, war mit einem Mal – als hätte man einen Schleier weggezogen – zu einer lichtbeschienenen Weite geworden. Wenn alles sterben musste, dann musste doch nichts bleiben, wie es war. Dann durfte alles, dann durften alle sich verändern. Sie mussten nur den Mut zum Sterben haben. Alles hatte ja die selbe Essenz. Alles war Leerheit, war ohne bleibende Eigenschaften. Alles durfte vergehen, um neu zu werden. Auch ich. Auch ich.

Nichts musste ich mehr festhalten, nichts vor dem Sterben bewahren. Da war nichts Tragisches mehr am Tod. Er war ganz einfach der große Möglichmacher.

Das drückende Gewicht einer uralten Lebenslast, einer immerwährenden Anstrengung, wich von mir.

Ich blickte noch lange über den leeren Teller auf die Straße und wusste nicht, warum ich glücklich war. Worte aus dem »cherubinischen Wandersmann« wehten mich an:

»Ich komm, weiß nit woher; ich bin, weiß nit wer; ich geh, weiß nit wohin; mich wundert, dass ich fröhlich bin.« Waren es die Mystiker, die schon lange gefühlt und begriffen hatten, was ich endlich zu fassen begann? Es war sicher kein Zufall, dass ich mich so lange mit ihnen beschäftigt hatte. Die Mystik, die große Brücke zwischen den Religionen, unter deren Bögen die vielen Konventikel hausten wie Clochards und ihr kleines Reich für die Welt hielten.

Das Rätsel war nicht fern von mir, es musste mir nicht offenbart werden, es war nichts ganz Anderes, war mir nicht fremd, es war in meinem tiefsten Inneren lebendig. Schon so lange, schon seit anfangsloser Zeit. Es war unzerstörbar, grenzenlos und freudvoll und es war pure Gegenwart, pures Gewahrsein.

Auf dem Weg zum Gartenring schritt ich eingehüllt in meinen Glücksmantel durch die Menge. Das Gefühl, ganz eins zu sein mit allen und zugleich ganz selbst zu sein, füllte mich aus bis in die letzten Verästelungen meiner Blutgefäße.

Es war wie ein Schwimmen in klarem, strömendem Wasser, ein Mitgleiten im warmen Spätsommerwind. Ein Flow, wie die Psychologen sagen.

Erst als ich Pecko´s Gesicht sah, kam ich ein wenig runter. Er begegnete mir in der Eingangstür, blass und verschwitzt, in den Augen Angst, die Pupillen klein wie Stakkatopunkte.

»Dich hab ich gesucht!«, rief er schwer atmend. »Wo warst Du denn die ganze Zeit, verdammt noch mal!«

»Jetzt bin hier!«

»Seh ich. Hol mal deinen Bass!«

»Meinen Bass?«

»Deinen Bass! Könnte sein, dass ich Dich brauche.«

»Kannst du mir das ein bisschen näher erklären?«

»Es ist nicht mehr viel Zeit zum Erklären. Der Laden hier fängt pünktlich an, das ist anders als bei uns. Mir geht es nicht besonders. Ich bitte dich jetzt um einen Gefallen: Es wäre einfach ein gutes Gefühl, wenn du da wärst mit deinem Bass. Verstehst Du? Ich weiß nicht, ob ich das heute Abend schaffe, den ganzen Gig. Es könnte sein, dass du irgendwann für mich einspringen musst.

Mach das, bitte! Tu einmal, was ich dir sage!«

Ich spürte, wie die Weltkugel anhielt und ihre Drehrichtung änderte.

»Ok«, sagte ich, »ok, ok!« In meinem Blick flackerte eine Frage und Pecko schüttelte den Kopf.

»Ok!« Ich drehte mich um und lief, so schnell ich konnte, zum Hotel. Bevor ich wusste, was geschah, fuhr mein Bass schon mit mir im verspiegelten Aufzug zum Erdgeschoss. Ich bat den Portier um ein Taxi, das wenig später vorfuhr. Der Fahrer schraubte ärgerlich brummend auf meine Anweisung die Lehne des Beifahrersitzes herunter. Ich legte meinen stummen Begleiter darauf und gurtete ihn an, so gut es ging. Der Blick des Fahrers traf mich wie eine Diagnose: »Hoffnungslos durchgeknallt!« Dann fuhren wir die kurze Wegstrecke zum Konzertsaal. Mal wie ein VIP hinten sitzen, mal der Künstler sein, der einen anderen Eingang nimmt als die Besucher. Mal backstage dabei sein, bevor es losgeht. Mal nicht einfach hören, was abgeht, sondern mitgestalten, gehört werden. Zwischen Zuschauerraum und Podium liegen nur ein paar Meter, aber es sind einander fremde Welten, die sich da am Bühnenrand reiben. Die einen kommen, um ihrer bürgerlichen Welt für ein paar Momente zu entkommen. Sie zahlen dafür, dass man sie mit der Illusion füttert, dabei gewesen zu sein. Sie bekommen noch ein wenig eingepackt vom Buffet der Freiheit und der Kunst und können ihn zu Hause auswickeln, den fade gewordenen Rest von etwas, das sie traurig entbehren. Die Anderen leben die Freiheit und die Kunst, verschmelzen mit ihrer Musik, werden Kunst, klingen und verklingen, zerreiben sich in ermüdender Bewegung, bekommen ein wenig eingepackt vom Geld und bleiben doch ewig unversorgt, immer sich selbst erschaffend, bis sie im Bühnenlicht verglühen. Ich fuhr im Taxi in fünf Minuten von der einen in die andere Welt.

In den Gängen hinter der Bühne roch es wunderbar nach alten Häusern. Staub und Holz gehen mit den Jahren eine charaktervolle Verbindung ein. Das diskrete Knarren der Parkettriegel, die kalten, schon ein wenig hängenden Messingklinken der Türen, die rundgelaufenen Schwellen – ich reihte mich ein in den Zug der Geiger, Balalaikaspieler, Paukisten, Flötisten und Trompeter, die ihre Instrumente hierher getragen hatten.

Die Garderobe war erfüllt von Schweißgeruch. Ein Trompeter saß in Chet Baker – Haltung auf einer Holzkiste, den Rücken krumm, das Horn zwischen den abgewinkelten Beinen auf den Boden gerichtet. Aber seine Wangen waren nicht eingefallen, es war nicht dieser tonlose Ton, diese abwesende Anwesenheit, diese kalte Heimat in bodenloser Traurigkeit. Es waren einfach Töne, die er pausbackig aus einem gläsernen Mundstück presste. Sie starben nicht sehnsuchtsvoll, sie waren schon tot, bevor sie den Trichter erreichten.

Ein junger Gitarrist mit einer Gibson-Jazzbox dudelte unaufhörlich Sechzehntel in die verrauchte Luft. Dieter 1 konnte ich erkennen, der mit steinernem Blick an einem von einer Hängelampe beleuchteten Tisch saß. Vor ihm zwei Sticks, die wie ein Besteck gekreuzt waren und signalisierten: »Ich will mehr als das hier!« Sein Gesicht sagte: »Aber nicht mit euch!« Pecko trank einen Schluck aus einer pyramidenförmigen Flasche. Er saß im Schatten. Sein Unterhemd war durchgeschwitzt und schaukelte unter den Armen, als wäre es drei Nummern zu groß. Die Hosenträger hingen schlaff über dem Bund seiner halb zugeknöpften Hose. Ich winkte in die Runde. Als ich ihm näher kam, nahm der Geruch zu. Ich kannte das Aroma von kaltem Schweiß. Es legt sich auf´s Gemüt, es macht einen schwach und mutlos. Er sprach leise.

»Schön, dass du da bist!«, sagte er sanft und betrunken und strich mir über den Kopf. »Danke!«

Dieter 1 drehte sich herum und gab mir einen festen, trockenen Händedruck.

»Tach! Pecko hat mir schon erzählt: Du bist der Feuerwehrmann, falls es qualmt. Danke – wir werden schon klar kommen.«

Die anderen beiden winkten kurz und wandten sich dann wieder ihren Instrumenten zu.

Die zehn Minuten bis zum Auftritt zogen sich. Niemand sprach, alle schienen mit sich beschäftigt. Das Gedudel ging mir auf die Nerven, aber ich wollte als Newcomer nicht meckern. Ich saß bei Dieter 1 am Tisch und versuchte, niemanden anzuschauen, weil ich nicht wusste, was ich hätte sagen sollen.

Die Zeit vor einem Auftritt hatte ich mir anders vorgestellt, wie die Kabinenatmosphäre vor einem Fußballspiel vielleicht. Irgendwelche Rituale, die den Teamgeist beschwören. Irgend ein Ausdruck dafür, dass man das, was jetzt kommt, gemeinsam meistert. Aber nichts davon: alle stumm wie hinter Glas. Musiker reden mit ihrem Instrument, dachte ich, und konnte mir kaum vorstellen, wie die vier in wenigen Minuten zusammenfinden könnten. Noch weniger konnte ich mir vorstellen, wie es wäre, für Pecko einspringen zu müssen.

Die Türe ging auf. Ein schmächtiger Mann mit Halbglatze und ausdruckslosem Gesicht trat herein. Ob man nun bald anfangen wolle, die Zuhörer seien alle da. Wieviele es denn wären, wollte Dieter 1 wissen. Der Mann machte eine hilflose Geste und verschwand. Pecko schaute in die Runde, nickte kurz und griff dann seinen Bass. Die anderen folgten ihm. Ich ging hinterher und schaute mir durch den hinteren Bühnenvorhang ihren Aufzug an. Sie marschierten hintereinander zu ihren Untensilien. Links vorne der Trompeter, dann Pecko, der einen großen, alten Peavey–Amp einschaltete und mit Hilfe einiger Flageolett -Töne seine Stimmung prüfte, halbrechts Dieter 1, der mit gelangweilter Miene die Tom-Toms noch mal nachstimmte, und vorne rechts der Gitarrist, für den nicht viel Platz geblieben war, weil dort noch ein Flügel stand, den man wohl nicht von der Bühne bekommen hatte. Unter den wenigen Scheinwerfern sah ich leere Stuhlreihen, hier und da einen Menschen, zusammen höchstens dreißig, so weit im Raum verteilt, als fürchteten sie sich vor Ansteckung oder seien als verkrachte Familienangehörige nach Jahrzehnten hierher gekommen, um einer Testamentseröffnung beizuwohnen.

Um Pecko´s massige Gestalt strahlte ein Lichtkranz. Er

stand genau in der optischen Achse eines uralten Bühnenscheinwerfers. In dem Schatten, den er warf, konnte ich alles beobachten. Lehnte ich mich ein wenig zur einen oder anderen Seite, stachen mir die Lichtstrahlen wie Dolche in die Augen. Es musste extrem unangenehm sein, da draußen zu spielen. Niemand hatte sich die Mühe gemacht, ein gutes Bühnenlicht zu mischen. Ich sah Pecko´s Schattenriss an, dass er litt. Er litt, weil es er sich schwach fühlte, ein Zustand, für den er kein Konzept hatte. Er litt, weil der Amp ihm nicht gefiel. Er litt, weil er die beiden jungen Mitmusiker nicht gut fand. Am meisten litt er, weil kaum jemand ihn hören wollte an diesem Abend. Und der uferlose Zuschauerraum steigerte das Dilemma bis zur Unerträglichkeit. Ich kannte die Mischung aus Zorn und Verzweiflung, die ihn in solchen Augenblicken überflutete. Meist fand er nur mit einer gehörigen Menge Alkohol aus dieser Sackgasse heraus. Aber den hatte er bereits getrunken. Mehr hätte ihn jetzt ohne Zweifel völlig abgeschossen. Er musste unter enormem Stress stehen. Das hier war die Höchststrafe. Aber wofür? Der Trompeter quetschte, wie es schien unter äußerster körperlicher Anstrengung, einen kaum hörbaren, dünnen, wurmartigen Ton heraus. Der Gitarrist antwortete mit genau der Dudelei, die ich in der Garderobe gehört hatte. Dieter 1 saß mit durchgedrücktem Rücken und verschränkten Armen vor seiner Snare, als wartete er noch auf den Anfang. Und Pecko´s Greifhand sprang treffsicher wie gewohnt in die Daumenlage. Er spielte eine aufwärts gerichtete Linie immer wieder, maschinenartig, minutenlang, bis Dieter 1 schließlich einsetzte und in einem halsbrecherischen Tempo, das keiner vorgegeben hatte, über Felle und Becken jagte. Er trieb die anderen mit der Peitsche vor sich her. In immer neuen Eruptionen brachen sich die zischenden Beckenlaute mit kurzen von einem Knall auf den Trommelrahmen beendeten Wirbeln. Darüber Dieters rotes Gesicht mit einem satanischen Grinsen. Er fegte diese Schwachmaten mit eisernem Besen von der Bühne und Pecko tat es ihm gleich. Wie zwei Brüder, so lange vertraut, dass einer sich blind in des anderen Seele auskannte, stürmten sie los, rissen die paar Leute, die gekommen waren, mit und überließen Trompete und Gitarre vor dem unsäglichen Rüschenvorhang ihrer Einfalt.

Ab und zu tauchte ein Gitarren – oder Trompetenton für einen winzigen Moment aus dem Getöse auf, wie ein Ertrinkender in einem schäumenden Meer. Anderes war von den beiden Russen nicht zu hören. Etwa eine Dreiviertelstunde tobte es wie ein Orkan. Gegen Ende hielt Pecko ein gestrichenes »D« auf der leeren Saite und die dazu gegriffene Oktave. Er sank über den Korpus seines schwärzlichen Lebensgefährten und presste einen Subbass aus der Kehle, der trotz des Lärms deutlich zu hören war und aus dem Jenseits zu kommen schien. Sein Hemd lag schwer und nass auf seinem Rücken. Sein Schädel glänzte im Gegenlicht, der Schweiß rann in Strömen. Aderbäume, verästelt wie Blitze, schwollen an den Schläfen. Alles, was noch in ihm war, musste durch das Nadelöhr, wurde Ton, mündete in einem knatternden, kehligen, unvorstellbar tiefen Laut, der alles aufzusaugen schien. Ein Ton wie aus einem tiefen Schacht, ein Schrei, ein Klagen und Wüten, ein Vernichten und Geborenwerden, eine übermenschliche Kraftanstrengung. Bis Dieter 1 mit der Handkante über die Kehle fuhr und alles mit einem gewaltigen Schlag auf das Crashbecken beendete.

Ruhe, spärlicher Beifall von zweimal dreißig Händen, dann der Vorhang, Pause. Pecko stand noch immer über den Bass gebeugt und atmete schwer. Ich schob das schwarze Tuch beiseite und betrat den Bühnenraum. Das Dreibein aus Bass und Mensch drohte zu kippen. Ich winkte die Anderen herbei. Vorsichtig lösten wir den Bass aus Pecko´s Griff und stützten den kalten, nassen Körper, der nicht mehr alleine gehen konnte. In der Garderobe legten wir ihn auf eine Couch.

»Jetzt bist du dran«, sagte er leise. »Wir haben schon mal ordentlich was vorgelegt.« Wir standen ratlos und schweigend um ihn herum, bis es ihm besser zu gehen schien.

»Rauschel«, sagte er zu Dieter 1, »bring die Jungs durch´s zweite Set. Ich geh schon mal in´s Hotel.«

Dieter 1 nickte.

»Ich bestell dir ein Taxi«, sagte ich und ging, ohne seine Reaktion abzuwarten, zum Portier. Das Taxi kam postwendend. Wir buxierten Pecko noch während der Pause zum Wagen. Er sank in den Sitz und schloss die Augen. Der Fahrer schaute mich fragend an. Ich nannte den Namen des Hotels und gab ihm Geld. Schon bogen zwei rote Rückleuchten auf die große Straße ein und wurden vom Strom der anderen Lichter verschluckt.

Jetzt war ich dran.

Auf dem Rückweg zur Garderobe spürte ich, wie mir das Blut in den Kopf stieg und hörte, wie es pulste.

Eilig und fahrig schälte ich meinen Bass aus seiner Hülle und trug ihn auf die Bühne, wo Pecko´s Bass noch lag, mächtig und schwarz. Voller Skrupel legte ich ihn beiseite, als würde ich ein Heiligtum schänden. Ich schaute mir den Amp an. Ein paar Minuten hatte ich noch, um einen brauchbaren Sound zu mischen, einen anderen, meinen Sound. Mitten rausregeln, Compressor weg, Lautstärke reduzieren. Mehr war im Augenblick nicht möglich. Einige ruhige Töne, bis es sang, und dann der Blick ins Auditorium. Die Leute waren sitzen geblieben während der Pause. Ich schaute von oben auf sie hinunter und fühlte mich scheußlich, anonymen Blicken ausgesetzt, ohne Vorbereitung auf eine Bühne gestellt, wie ein ausgesetzter Hund an der Autobahn.

»Nimm dein Ego da raus!«, tönte es in mir mit hundertfachem Echo – aber wie?

»Was sagst du, mein Ego, was fühlst du?«

Mein Ego sagte so etwas wie:

»Du musst jetzt überzeugen, du musst mindestens so fetzen wie Pecko, du musst ihn ersetzen und keiner darf unzufrieden sein.«

Ich fühlte Angst, zittrige Angst, die durch meine Beine empor kroch wie eine Schlange durchs Hosenbein und sich in meinem Bauch ausbreitete. Katastrophale Angst, die hämisch grinste und zischelte:

»Alle werden sehen, wie deine Hände zittern, wie deine Hose flattert, du wirst aufgeben, bevor du einen Ton gespielt hast. Du wirst zusammenbrechen und da liegen – ein hilfloses Bündel!«

Nimm dein Ego da raus! Was, zum Teufel, konnte das jetzt bedeuten? Ich versuchte es mit der Negation, Kopfstandideen: »Du musst nicht überzeugen, du musst nicht so gut sein wie er, du bist nicht Pecko und du bist nicht verantwortlich dafür, dass alle zufrieden sind. Du musst nicht groß sein, es reicht, wenn du Harry bist, und du machst es auf deine Weise.« Das fühlte sich schon besser an. Aber was war meine Weise? Hatte ich auf diese Bühne gewollt? Nein. Wollte ich mich von diesen Leuten aus der Ferne beobachten lassen? Nein. Wollte ich mit diesen Musikern spielen? Mit Dieter 1 ja, mit den anderen beiden? Irgendwie schon, weil sie mir wenigstens keine Angst machten. Vielleicht, – ja. Also, was musste ich ändern? Den Saal, der Saal war´s, der war mir am unangenehmstem. Den Saal musste ich ändern und dieses auf der Bühne Stehen. Das war mein Ehrgeiz, der da gut sein wollte, das war nicht ich. Dieses Überzeugenwollen, Großseinwollen, Eindruckmachen, das war mein Ego, das musste weg, damit ich spielen konnte. Dieses aufgeblasene Ich, gefüllt mit Größenphantasien, stand mir im Weg und ich hatte in diesem Moment und auf dieser Bühne nur eine Chance: Ich musste es wegräumen, wie ich Pecko´s Bass weggeräumt hatte. Das hier war ein Stück von meinem Leben und ich konnte daraus machen, was ich wollte, weil ich Verantwortung nur für mich hatte, für nichts sonst.

Die Anderen kamen auf die Bühne, Dieter 1 voran. Es wurde Zeit, dass etwas geschah. Ich musste von der Bühne, da gehörte ich nicht hin. Aber Fahnenflucht ging jetzt nicht. Dass ich einsprang für Pecko, das war nicht mein Ego, das war schon ok so, das war jetzt mein Job. Aber dieser verdammte Saal und dieses Scheißlicht! Hätte ich Samsonkräfte gehabt, ich hätte die Säulen dieser alten Halle auseinander gebogen, bis alles zu Schutt und Staub zusammengestürzt wäre. Aber da stand ich schwacher Mensch und hatte nichts als meinen Geist, der alles wahrnahm, glasklar, in dem sich alles abspielte und der zum Raum wurde, in dem sich die Wirklichkeit, oder das, was ich dafür gehalten hatte, fließend zu etwas Neuem wandelte wie Wolken am Himmel. Nichts hatte bleibende Eigenschaften, auch nicht solch eine erdrückende Aussichtslosigkeit.

Ich sah mich Saal und Bühne ändern, mich schützen vor Scheinwerfern und Blicken, vor einem falschen Ich, das trennte zwischen sich und den Anderen, zwischen sich und Außenwelt. Ich dachte an Jelka und den Duft des Heidekrauts in Kysyl, den Geruch von frischem Holz und wusste in diesem Moment, was ich tun würde.

Ich legte den Bass noch einmal ab, während die Anderen ihre Plätze einnahmen. Dann trat ich mitten in´s Rampenlicht, schaute in den dunklen Saalabgrund und lud die verwirrten dreißig Menschen ein, auf die Bühne zu kommen. Immer wieder fuhren meine Hände durch die Luft und malten den Weg zu der kleinen Treppe, die die eine mit der anderen Welt verband. Und endlich stand ganz hinten tatsächlich ein alter Herr auf und folgte meiner pantomimischen Einladung. Ein Pärchen schloss sich verlegen lächelnd an. Und dann kamen sie alle, kletterten die Stufen empor, blinzelten in das grelle Licht wie aus dem Schlaf geweckt, wussten nicht wohin, bestaunten die Instrumente, hockten sich meinen Gesten folgend in einem großen Kreis auf den Boden und wurden still.

»Danke.«, sagte ich, »danke, danke.«

Ich hatte mich seitlich zum Licht gestellt, war Teil des Kreises geworden. Gitarrist und Trompeter taten es mir wortlos nach. Dieter 1 saß hinter seinem Schlagzeug und schaute mit einer Mischung aus Überraschung und Anerkennung amüsiert in die Runde.

»Na, dann mach mal!«, schien er zu denken.

Ich strich nah am Steg einen wispernden Flageolette-Ton, wie ein »Psssst! – es geht los«. Was dann geschah, geschah mit mir, war aus dem Moment geboren, nicht ausgedacht, ziellos und wunderbar.

Ich summte ein »D«, Pecko´s »D«. Ich summte es einfach, wie jeder das kann, und gab es mit einer Handbewegung in die Runde. Alle summten jetzt ein »D«. Der Bass resonierte, ohne dass ich die Saiten berührte, er summte einfach mit. Der Trompeter legte sich leise auf den gesummten Grundton und spielte dann ein Quinte dazu. Ich legte den Bass weg und schritt hinter den Leuten den Kreis ab. Einigen hob ich vorsichtig die Hände ein wenig und änderte dabei meine Tonhöhe, bis sie verstanden, dass sie das nun selber tun konnten. Dann nahm ich den Bass und strich leise, was mir zuflog. Inzwischen war ein vielstimmiger Chor entstanden. Hände bewegten sich auf und nieder, folgten den sich wandelnden Klängen, entdeckten mit der Zeit, dass sie nicht nur zeigen konnten, was da klang, sondern auch verändern, dirigieren konnten. Die Gitarre mischte sich zögernd, tastend ein, Dieter 1 ließ über alles einen silbrigen Klangregen aus den Chimes niedergehen. Irgendwann stand eine Frau auf und forderte mit Gesten mehr Lautstärke, ein anderer dämpfte die Symphonie mit sich senkenden Handflächen zum piano. Ein junges Mädchen erhob sich, lief einige Schritte, bog den Oberkörper wie im Wind, kehrte um und folgte ihren ausgestreckten Armen. Alle folgten ihrem Tempo, wurden mit ihr schneller, hielten ein und setzten sich wieder in Bewegung. Sie tanzte und tanzte, bis sie wieder in den Kreis zurückfiel. Eine energische Männergeste, die einen Vogel im Flug fing, brachte alle augenblicklich zum Schweigen. Bis sich irgendwo wieder eine Stimme erhob und eine neue Klangwelt schuf.

Ich spürte, wie die Angst aus meinem Bauch vertrieben wurde, sich durch die Beine in den Boden verzog und unsichtbar machte – ein für dieses Mal besiegter Gegner. Die Hände wurden fest, mein Atem ging mit dem Strich über die Saiten. Alles geriet heilsam außer Kontrolle und es geriet gut. Ich war einer von allen, Teil dieses wunderbaren, polyphonen Klanggeschehens, kein Star, aber aufgehoben und geborgen im großen Ganzen, das sich und das mich immer auf´s Neue gebar. Ziemlich genau noch einmal eine Dreiviertelstunde hielten wir die Spannung. Dann waren alle sich einig, dass es genug war. Wie Wellen am Strand auslaufen, verebbte unsere Musik. Und ein Beifall ging durch die Runde, der aus der Freude an sich selber geboren war. Man applaudierte einander mit roten Wangen und legte sich gegenseitig die Hände auf die Schultern und ich wusste:

»Das ist die Zukunft, das war immer schon, das will ich, das bin ich: ein Teil vom Ganzen, das mich trägt.«

In der Garderobe ging ich auf Dieter 1 zu und schaute ihn fragend an.

»Ja«, sagte er in beiläufigem Ton, »kann man so machen. Ist mir neu, aber kann man so machen.« Und nach einer Pause:

»Würd ich vielleicht unter Umständen gern noch mal ausprobieren. Hab ich sicher nicht zum letzten Mal gemacht.«

Ich verstand, dass dies sein maximales Maß an Zustimmung war.

Die anderen beiden prosteten mir mit einem süßlichen Sekt zu, der mir angenehm in den Kopf stieg und mein Glücksgefühl zu einem flauschigen Teppich ausbreitete.

Ich lag auf der Couch, auf der eine Stunde zuvor noch Pecko gelegen hatte, und genoss es zu erleben, wie die Anderen sich noch einmal alles erzählten. Lachend klatschten sie sich ab, wischten sich den Sekt vom Mund und den Schweiß von der Stirn. Ein bisschen wie früher als Kind war ich dabei und nicht dabei. Spielen können, während die Großen sich unterhielten, das war so schön gewesen. Jetzt spielten meine Gedanken, ich ließ sie vorbeiziehen, ohne mich einzumischen. Ich musste nichts kontrollieren, nichts hinzufügen. Es war, wie es war. Und es war ok, weil es mit mir im Einklang war. Ich spürte wieder die Weite dieses Glücksgefühls, das mich vom Gorki Park hierher getragen hatte. Es war mir gelungen, es zu halten, diese Sicht auf die Dinge, auf die Welt und die Menschen beizubehalten und nicht zu verlieren, auch nicht in dieser dramatischen Stunde. Ich war einfach bei mir geblieben und hatte mich nicht – wie früher so oft – im Stich gelassen. Ein Gefühl von Liebe erfüllte mich wie warmes Licht. Es hatte nicht mit Jelka zu tun, es war unabhängig von ihr. Es galt mir selbst und war in mir geboren, ohne dass ein Anderer es geweckt hätte. Es war nicht die Aufgeregtheit des Verliebten. Es war die Ruhe des Einsseins mit mir selbst. Es war meine Unabhängigkeit von Jelka und von Pecko und von meinem bisherigen Leben. Es war mein Tod, mein Möglichwerden.

Eine Weile blieb ich noch liegen, nickte, wenn mir jemand zuprostete und lehnte freundlich ab, wenn mir Wodkaflaschen hingehalten wurden. Mir war jetzt nicht nach einer Vollnarkose, ich wollte wach sein, achtsam, nichts verpassen. Dann rappelte ich mich auf und ging noch einmal den Weg zur Bühne. Die rote Kontrollleuchte des Amps schaute mich an. Ich schaltete ihn ab; er verabschiedete sich mit einem lauten, ärgerlichen Rumms, als würde er sich beschweren, dass man ihn so lange wach gehalten hatte. Ich trug zuerst Pecko´s Bass in die Garderobe. Der Hals lag mir schwer auf der Schulter und ich roch den ranzigen Handschweiß auf Saiten und Griffbrett. Dann holte ich meinen Bass von der Bühne und sammelte Bögen, Kolophonium, Lappen und Kabel ein. Als alles eingepackt war, stellte ich Pecko´s Bass, Steg voran, in die Ecke hinter dem Sofa. Da stand er sicher. Dann verabschiedete ich mich von den Anderen.

Den Weg zum Hotel wollte ich langsam gehen, meinen Bass auf dem Rücken tragen. Wenn man ihn wie einen Rucksack schulterte, konnte man ohne sonderliche Anstrengung auch größere Entfernungen zurücklegen. Zu Hause erregte man Aufsehen, wenn man solch einen Riesen auf dem Rücken hatte. Hier nahm niemand Notiz von mir. Auf dem Gartenring konnte man ständig Musiker sehen, die vor oder nach Konzerten mit ihren Instrumenten unterwegs waren. Irgendwie hielt das Bassgewicht mich in einer angenehmen Balance. Es stabilisierte meine Schritte und gab ihnen eine mittlere Länge vor, die das Tempo drosselte. Ich ließ den Strom der Autos fließen, begrüßte Pärchen, die Arm in Arm mit Flaschen winkten, schaute in gleißende Schaufenster und sah mein Spiegelbild zwischen Puppengesichtern mit markanten Unterkiefern und stechendem Blick, Sieger aus Zelluloid, deren upper class-Uniform man kaufen konnte, wenn man das Geld dazu hatte. In dieser Nacht störte mich das alles nicht mehr. Ich nahm es wie ein Silvesterfeuerwerk, in das man sich mit großen Augen versenkt, ohne zu fragen – als pures Ereignis. Ich wusste: Auch das bin ich, auch das Glitzern und Gleißen gehört zu mir, weil es zur Welt gehört. Und ich fand eine Freiheit darin, eine Weile mitzuglitzern, mich mit den teuren Auslagen zu mischen, meinen Schatten über Pelze und Juwelen streichen zu lassen. Ich lebte ein paar Minuten damit, aber nicht davon. Es ließ mich staunen, aber es ließ mich nicht leben. Ich musste es nicht entwerten oder bekritteln. Ich konnte es einfach sein lassen – ein Leichtsein, das ich so noch nie gespürt hatte, ein waches Dabeisein, ein alles Sehen und alles Hören. An nichts hängen und nichts vermeiden, alles fühlen dürfen und nichts kontrollieren, alles denken dürfen und nichts verschweigen. Sein in dem, was ist.

Als ich in die Einfahrt zum Hotel einbog, wurde der Druck auf meinen Schultern stärker. Ich spürte, wie sich die Tragegurte in meine Jacke gegraben hatten, und war froh, den Bass endlich in den Lift legen zu können. Mein Zimmer empfing mich mit abgestandenem Hotelgeruch, den ich wie ein Stückchen Heimat einsog. Jetzt ins Bett und im Dunkeln, Warmen alles noch einmal vorbeiziehen lassen, alles noch einmal träumen. Aber vorher bei Jelka vorbeischauen. Das konnte ich nicht für mich behalten, wollte es teilen, wollte den Widerschein in ihrem Gesicht sehen, wenn ich ihr alles erzählte. Wollte sie mitnehmen in den Schlaf.

Ich ließ den Flur dunkel und folgte dem schwachen Lichtschein ins Treppenhaus. Der Flur darunter, ein Zwilling in anderer Farbe, lag gleichfalls im Dunkeln. Unter Jelkas Zimmertür schimmerte es silbrig durch den Teppichflor. Ich klopfte, bekam keine Antwort, rief leise ihren Namen, klopfte noch einmal und drückte dann die Klinke. Es roch nach kaltem Schweiß. Ein bedrohliches Schweigen lastete im Raum. Jelka kniete auf dem Boden, ich sah ihre Schulter, ihr dunkles Haar. Sie hielt etwas im Arm. Zwei Schritte auf sie zu, dann erst bemerkte ich die Hosenbeine, die groben Schuhe. Jemand lehnte an ihrer Brust, der Kopf seitlich abgerutscht über den ausgeleierten Rand des durchgeschwitzten Unterhemdes, eine Hand auf dem Herzen, die andere ohnmächtig neben dem massigem Körper. Jelka hatte ihren Arm um ihn gelegt. Sie schaute kurz auf. Tränenbahnen schimmerten auf ihren blassen Wangen.

»Was ist … ?«

Sie wandte ihren Kopf wortlos Pecko zu, der flach und mühevoll atmete. Sein Gesicht war teigig, grau, abwesend, in einen stummen Kampf verwickelt, der den Rest seiner Lebenskraft aufsaugte.

»Ich rufe einen Arzt!«, rief ich.

Jelka schüttelte den Kopf.

»Das will er nicht.«

»Das will er nicht? Er braucht dringend Hilfe! Es ging ihm schon vor dem Konzert so schlecht.«

Ich merkte, wie sich ein bleiernes Elend in mir ausbreitete, wie sich mein Gewissen meldete. Viel früher hätte ich merken müssen, wie ernst es mit ihm war. Ich hätte ihn nicht einfach in ein Taxi setzen dürfen. Ich hätte sofort nach dem Konzert herkommen sollen. Ich hatte nicht einmal daran gedacht, nach ihm zu schauen. Ich hatte auf ganzer Linie versagt, die Lage falsch eingeschätzt, das Notwendige nicht getan. Und jetzt, wo ich da war, gab er mir keine Gelegenheit, nachzuholen, was ich versäumt hatte.

Für einen Moment glotzte mein Vater durch die Folie des Sauerstoffzeltes. Dann sah ich, wie Pecko´s Mund sich öffnete.

»Kein – Arzt,« flüsterte er, »leg mir – nur – die Hand – auf mein Herz! – Bitte!«

Jelka schob ihre Hand unter seine. Ein ferner Blick streifte mich, dann sanken seine Augenlider herab.

»Ich spüre dein Herz schlagen,« sagte Jelka ruhig.

»Müde – müde...«

»Es lässt sich viel Zeit.«

»Ja – Zeit ...«

»Ich bin bei dir, Harry ist auch da.«

Ein kaum vernehmbares Nicken.

»Jetzt ruht dein Herz sich aus, die Pausen werden länger. Endlich darf es Ruhe haben. Endlich Ruhe, tiefe Ruhe. Alles darfst du loslassen. Lass es los! Nichts musst du festhalten. Ruhe am Ufer, dein Schlafboot gleitet, und dein Geist geht auf eine weite Reise. Siehst du das Licht? Da willst du hin. Alles löst sich in Licht auf. Die Welt löst sich auf. Und es ist nur noch Licht, pures Licht. Kein Rennen und Hasten mehr, keine Anstrengung mehr, kein Lärm mehr, keine Angst mehr, kein Atem mehr, kein Herzschlag mehr, nur Licht … .«

Sie wiegte ihn leise und summte eine Melodie.

Ich brauchte ein wenig, um zu begreifen, denn nichts hatte sich verändert. Er lag in ihren Armen und ließ sich wiegen. Sie summte ihm ein Lied und er nahm es mit auf die Reise, erfüllt von dem Licht, das Jelka ihm in die Seele gelenkt hatte. Er war bei uns und es blieb noch eine Weile so. Ich setzte mich neben Jelka, legte einen Arm um sie und einen um Pecko und schloss die Augen. Eine Ruhe kehrte ein, eine Weltenruhe. Jelka´s Kopf ruhte an meinem und wir sanken in Schlaf. Vielleicht eine halbe Stunde schliefen wir so aneinander gelehnt. Eine Skulptur aus drei Menschen, zweien, die tief und ruhig atmeten, und einem, der gegangen war und dennoch so nah war wie nie zuvor.

Ich erwachte und küsste Jelka auf die Wange. Unter meiner linken Hand war es kühl geworden. Ich zog sie zurück, ohne den Arm von Jelka zu nehmen. Sie schaute mich an, wissend und traurig. Dann machte sie sich vorsichtig los. Wir betteten Pecko auf dem Teppich und schoben ein Kissen unter seinen Kopf. Jelka zündete Kerzen an und stellte sie rund um ihn her. Sie setzte sich im Meditationssitz neben ihn.

»Willst du allein sein?«, fragte ich.

»Nein, bleib!«

Ich nahm einen Sessel und setzte mich. Alles war erwärmt von Kerzenlicht. Jelka saß mit geradem Rücken, ihre Lippen formten fremde Worte. Pecko lag friedlich im Lichtschimmer, als würde er lauschen. Vielleicht lauschte er auch. Und in mir fing ein Wort an, Gestalt zu werden, – das Wort »Schönheit«. Es zog durch mein Gefühl und meine Gedanken wie ein buntes Band. Das, was hier gerade geschah, war Schönheit, war Leben.

Ich war nicht traurig, es regte sich keine Angst. Ich überlegte nicht, was zu tun wäre. Ich war nur erfüllt von diesem Gefühl der Schönheit, das sich unsterblich anfühlte und freudvoll. Ich wollte es durch nichts vertreiben und ließ einfach geschehen, was geschah.

In diesem Gefühl hatte alles Raum, konnte alles sein. Ich sah mich noch einmal an der Straße stehen und hörte mich rufen: »Nimm mich mit!« Sah unseren Bus auf schlammigen Pisten, roch noch einmal den Wein beim großen Fest, sah Jelka an einem der Tische sitzen, sah Pecko, wie er bei den Musikern stand und zuhörte und schließlich mitmischte. Ich roch Jelka´s Duft, als sie in meinen Armen lag. Ich schaute in die graue Weite Sibiriens, sah die Erdlawine sich über die Straße wälzen und die alte Schamanin an Pecko´s Bett, die kleine, dunkle Feder im Umschlag. Ich schlenderte durch die Straßen von Kysyl, sog draußen vor der Stadt den Heidekrautduft ein, stand in der Nacht am Fluss und spielte und spielte. Ich saß mit Dieter 1 und Dieter 2 beim Frühstück, grau zuckte der Schatten des Wolfes über die Straße, hoch loderten die Flammen, die Haus und Menschen und Mord zu Asche machten. Ich sah die große Stadt immer größer werden, streckte zusammen mit Pecko die Beine unter Jelkas Plumeau, da saß ich schon im Park, ließ mir von Pecko sagen, dass er mich brauche, dass ich für ihn einspringen solle, spürte den vernichtenden Druck auf der Bühne, hörte heilsam Menschen summen, singen, sah sie tanzen, lag auf dem Sofa in der Garderobe und öffnete die Tür zu Jelka´s Zimmer. Alles war jetzt, nichts vergangen.

In diesem Ganzen hatte auch mein Versäumnis Raum. Ja, ich hätte mich kümmern müssen. Ja, ich war mit mir selbst beschäftigt gewesen, mit meinem Auftritt, meiner Angst und meinem Lampenfieber. Und ich hatte ihn darüber vernachlässigt, vergessen. »Verzeih, Du Lieber, Du Großer! Vielleicht habe ich da einen Teil deiner Ängste ausgestanden. Vielleicht habe ich ja gar nichts falsch gemacht und habe dir etwas abgenommen. So konntest du in´s Hotel. So konntest du dich, während ich auf der Bühne mit deinen Dämonen kämpfte, zu Jelka schleppen. Konntest deine letzten Stunden in ihren Armen, in ihrem Schutz erleben und bist nicht im grellen Licht zusammengesunken, angegafft von hilflosen Leuten aus einem dunklen Auditorium.«

Vielleicht war ja alles gut, so wie es gelaufen war, und niemand musste sich etwas vorwerfen. Es war, wie es war.

Eines hätte ich ihm gern noch erzählt. Es war die Idee, die mich so glücklich machte, die Idee, den Saal zu verändern, Bühne und Zuschauerraum zu verschmelzen, mich mit den Zuhörern zu vereinen, das Publikum als Mitmusiker zu gewinnen, den Spot zum Flood zu machen und dem Druck zu entkommen. Das hätte ich ihm gern noch erzählt. Das war so neu, so befreiend.

Aber es war meins. Hätte er damit etwas anfangen können? Er war eben seinen Weg gegangen und der hatte bis hierher geführt, bis in dieses Zimmer mit der Nummer zweihundertzweiundzwanzig.

Es war für meinen Weg wichtig und der war noch nicht zu Ende.

Irgendwann schlug Jelka die Augen auf und fand in den Raum zurück. Sie lächelte.

»Was tun wir jetzt?«, fragte mein Blick.

»Wir warten, bis er ganz gegangen ist«, sagten ihre Augen.

Mir fiel ein Freundespaar ein. Die beiden waren lange verheiratet gewesen. Der Mann war schwer erkrankt. Eines Morgens erwachte die Frau und fand ihren Mann neben sich tot in den Kissen.

»Was mache ich jetzt?«, war ihr erster Gedanke.

Dann fühlte sie, dass er, der keinen Puls mehr hatte und sichtlich ein Toter war, noch nicht fort war. Sie nahm ihn in die Arme und blieb so liegen, einige Stunden, bis in ihr das Gefühl vollständig war, dass er nicht mehr neben ihr lag.

»Was tun die meisten Menschen?«, fragte ich mich.

Die meisten Menschen würden in dieser Situation so schnell wie möglich einen Arzt rufen, damit er den Totenschein ausstellt. Und dann den Bestatter, damit die Leiche rasch aus dem Haus kommt. Aber das wäre das Ende der Intimität, der Übergang zum Offiziellen, der wirkliche Tod.

Gut, dass das alles noch nicht geschah. Gut, dass wir uns Zeit ließen, nicht zu früh eingriffen in ein Geschehen, das sich ganz allein, ganz ohne unser Zutun vollendete.

So saßen wir da, jeder bei sich und beim Anderen. Taten nichts, ließen geschehen, was geschehen wollte.

Und ganz langsam, kaum wahrnehmbar, veränderte sich etwas. Pecko ging, das heißt, er ging nicht, er glitt davon. Seine kräftige Gestalt, sein energischer Mund, sein kahler Schädel blieben unverändert, aber er löste sich aus alledem und entglitt der Welt, die wir für wirklich halten. Und wir blieben zurück, waren Überlebende, würden uns mit dem beschäftigen, was er uns hinterließ: seine Stimme, seine Gedanken, die Berührungen, die vielen Bilder von unseren Begegnungen, seine Erfahrungen, das kleine Brillentetui, diese ganze, große Reise.

Als es draußen zu dämmern begann, löschten wir die Kerzen. Für ein paar Stunden wollten wir in meinem Zimmer schlafen. Jelka ging, ohne sich umzuschauen, aus der Tür. Ich hängte von außen das »Nicht stören!« – Schildchen an die Klinke und schloss ab.

Eine Etage höher zogen wir die Vorhänge zu und legten uns ins Bett. Jelka schmiegte sich an mich, knöpfte die Ärmel meines Hemdes auf und schob ihre Hände hinein. So schliefen wir ein.

Als ich erwachte, lagen wir noch immer dicht an dicht. Vorsichtig löste ich mich von ihr und schlich ins Bad. Das graue Stoppelgesicht im Spiegel schaute wissend und traurig. Dennoch glomm ein Funken Freude, eine unerklärliche Lust auf heißes Wasser, Kaffee und Frühstück, die ich trivial und unpassend fand, die mir aber in den Tag hinein half. Aus der Asche meiner Gefühle und Gedanken wuchs ein kleiner, grüner Keim. Der Duft der Seife, das heiße Strömen über meinen Kopf. Ich stand da und ließ es rauschen wie als Kind im Schwimmbad, wenn ich ausgekühlt und fertig vom Training die reinliche Wärme genossen hatte. Und Hunger bekam ich. Ich stellte mir Brötchen vor und Ei, Käse und Marmelade, gebratenen Speck und Obstsaft. Ich spülte den Schweiß vom Konzert ab, ließ die Duschstrahlen durch meinen Hintern fahren und vergrub mein Gesicht tief in einem sauberen, maisgelben Handtuch. Dann zog ich leise frische Wäsche an, streifte ein hellblaues Hemd über und ging runter in den Frühstücksraum. Wenig später balancierte ich ein randvolles Tablett durch die Zimmertür und weckte Jelka mit einem Kuss auf die Stirn. Sie setzte sich auf, lächelte und strich sich die Haare zurück.

»Erst duschen«, sagte sie.

»Erst frühstücken!«

Sie schüttelte den Kopf und legte ihre Hand auf meine.

»Erst duschen!«

Als sie aus dem Bad trat, einen Handtuchturban auf dem Kopf, hatte ich schon die Vorhänge aufgezogen, gelüftet und den Kaffee eingeschenkt. Wir frühstückten im Bett, sagten lange nichts und tasteten uns langsam in den Tag hinein.

»Irgendwann«, sagte ich, »müssen wir einen Arzt anrufen. Wir brauchen einen Totenschein.« Jelka nickte.

»Jetzt kannst du das tun, jetzt ist er gegangen.«

»Ich frage mich die ganze Zeit, wer uns helfen kann. Woher sollen wir wissen, welchen Arzt wir rufen können? Wie kommen wir an einen Bestatter? Was machen überhaupt die Leute in Russland, wenn jemand gestorben ist? Wen müssen wir jetzt benachrichtigen? Wer muss das zu Hause, in Deutschland, wissen?«

Jelka nahm noch einen Schluck Kaffee. Sie zuckte mit den Schultern.

»Wir könnten an der Rezeption fragen«, fuhr ich fort, »aber vielleicht rufen die die Polizei. Halt, Moment! Victor – der Typ, der uns bei der Anreise begrüßt hat, der Mann, der alles regelt!«

Jelka zog eine Augenbraue hoch und schaute skeptisch.

»Ich fand ihn auch nicht gerade sympathisch, aber er hat uns versichert, dass er für uns da wäre, was auch immer geschähe. Er hat gar nicht gewusst, was er da angekündigt hat. An der Rezeption ist seine Rufnummer hinterlegt, Pecko hat das gemacht. Ich versuche mal, ihn zu erreichen.«

»Tu das!« Jelka legte mir eine Hand auf die Schulter, als gebe sie mir etwas weiter. Nun sollte ich die Dinge in die Hand nehmen. Ich ging hinunter zur Rezeption und ließ mir Victor´s Telefonnummer geben. Er meldete sich sofort. Ich schilderte ihm kurz und sachlich, was geschehen war.

»Werden sie uns helfen?«

»So gut ich kann.« Seine Stimme klang ohne den aufgesetzten Überschwang viel angenehmer und verlässlicher.

»Ich brauche ein wenig Zeit«, sagte er. »Ich versuche, einen befreundeten Arzt zu erreichen. In spätestens einer Stunde bin ich bei Ihnen.«

»Ich warte an der Rezeption.«

Er kam bereits nach einer halben Stunde und brachte einen großen, schlanken Mann mit, der mich an Gary Cooper erinnerte. Er trug Hut und Mantel und hielt einen kleinen Lederkoffer in der linken Hand. Die rechte streckte er mir entgegen.

»Dr. Kolesnikow«, sagte er freundlich. Victor war sichtlich erschüttert. Er konnte kaum etwas sagen und strich nur leise mit dem Handrücken über meinen Oberarm. In seinen Augen glitzerten Tränen.

»Wo ist der Tote?«, fragte der Arzt.

»Oben«, antwortete ich, »in Zimmer zweihundertzweiundzwanzig. Ich bringe sie hin.«

»Ich bleibe solange hier«, sagte Victor leise.

Wir fuhren wortlos mit dem Lift nach oben. Das Schildchen hing noch immer an seinem Platz. Ich schloss die Tür auf und zog die Vorhänge zurück. Alles war wie wenige Stunden zuvor. Und doch war alles anders. Der Schimmer war fort. In dem bläulich-kalten Morgenlicht sah Pecko aus wie ein Etwas.

Der Arzt kniete sich neben die Leiche und begann, sie zu untersuchen. Er fragte, ob ich ihm helfen könne, sie zu entkleiden. Ich nickte. Er suchte Pecko´s Körper vermutlich nach Spuren eines gewaltsamen Todes ab. Er drehte ihn auf die Seite, untersuchte den Rücken, auf dem sich die ersten Totenflecken gebildet hatten.

»War er krank?«, fragte er mich.

»Er war sehr erschöpft. Schon lange. Er hat sich viel zu viel zugemutet. Gestern Abend hat er sich total übernommen.«

»Hatte er Schmerzen?«

»Er hielt sich die Brust. Er hatte Schmerzen in der Brust. Er konnte nur schwer sprechen.«

»Warum haben sie keinen Arzt gerufen?«

Ich erschrak. War das unterlassene Hilfeleistung? Was mir so stimmig und schön erschienen war, fühlte sich nun in Gegenwart des Arztes an wie ein Verbrechen.

»Er wollte keinen Arzt. Es ging alles so schnell.« Es kam mir banal vor, was ich da stammelte, wie eine billige Entschuldigung.

»Wahrscheinlich«, sagte Dr. Kolesnikow, »hätte niemand ihm mehr helfen können. Es war höchstwahrscheinlich ein Infarkt.

Ein Fremdverschulden kann ich im Moment nicht feststellen, aber Genaues können wir erst nach der Obduktion sagen.«

»Obduktion?«

»Ja, sie werden die Leiche doch sicher in ihr Heimatland überführen lassen. Dann ist eine Obduktion obligatorisch. Bevor die Leiche das Land verlässt, muss die Todesursache vollständig geklärt sein. Ich stelle jetzt einen Totenschein aus, dann beauftragen sie einen Bestatter, der die Leiche in die Pathologie bringt. Bis zur Obduktion wird sicher eine Woche vergehen. Wenn sie nicht solange hier bleiben wollen, beauftragen sie den Bestatter, die Überführung zu veranlassen. Alles weitere wird er dann regeln. An wen kann ich meine Rechnung schicken?«

»Victor«, sagte ich automatisch, » er macht hier alles für uns. Ich werde ihm Geld geben.«

Plötzlich war alles geregelt. Ich hatte einen klaren Plan, natürlich, war doch logisch! Was hatte ich mir für Gedanken gemacht! Ich schloss die Zimmertüre hinter mir, hing das Schildchen wieder auf und verabschiedete mich von Dr. Kolesnikow.

An der Rezeption fand ich Victor, der inzwischen seine Fassung wieder gewonnen hatte.

»Wie kann ich ihnen helfen?«, fragte er.

»Sie können einen Bestatter anrufen. Pecko, ich meine, die Leiche, muss in die Pathologie.« Er zögerte.

»Das tue ich gern, aber … .«

»Aber?«

»Pecko ist hier kein Unbekannter. Es gibt einige Musiker, die ihn gut gekannt haben. Die werden sich von ihm verabschieden wollen. Die Menschen, die gestern Abend mit ihm auf der Bühne gestanden haben … es gibt da auch eine Frau, an die ich denke, und auch ich, ich habe ihn sehr geschätzt. Ich will ihre Pläne nicht durcheinanderbringen, aber meinen sie nicht, es müsste eine Gelegenheit geben, ihm lebwohl zu sagen?«

»Ja, natürlich. Danke! Meine Güte, daran hab ich gar nicht gedacht. Nein, nein, sie bringen nichts durcheinander. Ich bin ja froh, wenn sie das sagen. Ich kann jetzt gar nicht so klar denken, wie es nötig ist. Was schlagen sie vor?«

»Wir könnten den Bestatter beauftragen, Pecko aufzubahren. Das ist bei jedem Bestatter möglich. Dann vereinbaren wir eine Zeit, zu der alle kommen können.«

»Ja – ja, das machen wir.«

Ich verabschiedete mich und ging hinauf zu Jelka. Dabei fiel mir ein, dass wir gar nicht besprochen hatten, wer wen einladen, wer wen benachrichtigen sollte. Ich wäre auch gar nicht mehr in der Lage gewesen, Vereinbarungen zu treffen. Ich war einfach nur froh, dass Victor die Sache in die Hand genommen hatte. Also ließ ich es dabei.

Schon bald nachdem ich Jelka alles erzählt hatte, meldete sich der Bestatter am Telefon. Er werde den Verstorbenen in zwei Stunden abholen. Der Tod, von dessen Nicht–Sein ich gestern noch überzeugt gewesen war, setzte eine Kette von Ereignissen in Gang. Wie eine Person, die etwas verfügt, oder bei deren Erscheinen allen klar ist, was sie zu tun haben.

Wenig später standen zwei schwarz gekleidete Männer

vor mir und erklärten, dass eine Aufbahrung erst nach der Obduktion möglich wäre, wahrscheinlich am Freitag. Was der Verstorbene denn tragen sollte, wenn er vorläufig eingesargt würde?

»Warum vorläufig?«, wollte ich wissen. Weil es sich um einen Transportsarg handele, einen metallenen, später verlöteten Behälter, in dem die Leiche per Flugzeug in die Heimat geschafft werden könne. So seien nun mal die Vorschriften.

»Ach ja, – natürlich ... . und in diesem Sarg wird er dann aufgebahrt?« Ja, in diesem Sarg werde er aufgebahrt, aber es sehe nicht so schlimm aus, wie ich es mir jetzt vielleicht vorstellen würde. Die Leiche müsse geschminkt werden, damit die Spuren der Obduktion nicht sichtbar seien. Alles werde mit Blumen geschmückt.

»Das möchte ich nicht!«, hörte ich Jelka hinter mir mit fester Stimme sagen.

»Ich möchte, dass wir das machen – ja? – Keine Blumen!«

Keine Blumen. Natürlich sei das möglich. Wir sollten dann eine Stunde vor dem Termin da sein und alles so richten, wie wir es für richtig hielten. Und welche Kleider solle der Verstorbene denn nun tragen?

Ich bat darum, man solle mir den Schlüssel rausreichen, der vermutlich in einer von Pecko´s Hosentaschen war. Weder Jelka noch ich wollten dabei sein, wenn der Bestatter seine Arbeit tat.

Er verschwand mit seinem fahlen Gehilfen in Zimmer zweihundertzweiundzwanzig und hielt mir wenig später durch den Türspalt den Schlüssel entgegen.

Wir gingen in Pecko´s Zimmer, um unter seinen Klamotten etwas Passendes zu finden. »Maximale Entropie« nannte

Ulrich, ein befreundeter Physiker, das, was wir sahen: die gleichmäßige Verteilung aller möglichen Dinge über den Raum. T-Shirts, Schriftstücke, angebissene Äpfel und Brotreste, leere, halbleere und volle Flaschen, Bilder, Zeitungsausschnitte, Verträge, Abrechnungen, Geldscheine und eine zerfranste Zahnbürste.

»Was er alles bei sich hatte ...«, murmelte ich. Mein Blick fiel auf ein Zeitungsphoto, das Pecko mit mir unbekannten Musikern zeigte. Bild und Kommentar stammten aus dem Vorjahr. Unter einem noch feuchten Handtuch lugte sein Brillenetui hervor. Zögernd klappte ich es auf. Drinnen lagen die Kugelschreibermine und ein eng bekritzelter Zettel. Der letzte Satz lautete: »Du erschaffst dich selbst und schaffst dich selbst ab.« Ich klappte es eilig zu, als hätte ich jemanden belauscht.

Unterdessen hatte Jelka auf dem Bett etwas bereitgelegt, eine von den Bollerhosen mit Hosenträgern. Ich schaute sie verwundert an.

»Darin will ich ihn sehen«, sagte sie. Wir suchten ein passendes T-shirt aus – oliv. Unterwäsche, Socken, Schuhe? Trägt man Schuhe im Sarg? Keine Ahnung! Wir staffierten ihn aus, wie er uns jeden Morgen entgegengetreten war. Er sollte aussehen wie immer, Pecko eben. Das alles übergaben wir dem verdutzten Bestatter und standen dabei, als der Sarg ins Treppenhaus getragen wurde.

Jelka ging noch einmal in ihr Zimmer mit der Nummer zweihundertzweiundzwanzig und packte ihre Sachen.

»Ich ziehe jetzt bei dir ein – ist das in Ordnung?«, fragte sie.

Ich nickte und nahm ihre Tasche. Pecko´s Klamotten schafften wir in den Bus und bestellten an der Rezeption die anderen beiden Zimmer ab. Wie ein Theaterspot, den man enger stellen kann, konzentrierte sich das Leben jetzt auf einen kleineren Bereich.

Jelkas Welt und meine Welt. Die wirbelnde Energie, die uns immer wieder nach vorne getrieben hatte, war nicht mehr da. Die Tage, die kamen, waren ruhiger, gelassener, stimmiger, wie ein Treiben im Strom. Wir schliefen viel, standen morgens spät auf und hatten manchmal Mühe, am Frühstücksbuffet noch etwas zu ergattern. Wir wanderten über Friedhöfe und durch Parks. Wir lasen und schrieben Gedanken auf. Es war ein stilles Beieinander, das keine Aktion brauchte, kein Programm, kein Konzept. Eins ergab sich aus dem Anderen, ohne Lenken und Planen. Ein wortloses Glück, das durch nichts bestätigt werden musste. In meinem bisherigen Leben hatte ich den Dialog gebraucht, die ständige Vergewisserung, dass alles noch in Ordnung war. Schweigen war Unsicherheit, ein Raum für Missverständnisse und Unklarheiten, den ich dringend füllen musste. Jetzt entstand eher ein Raum für eigene Gedanken, für die wechselnden Gefühle, die aufsteigen, wenn ein Mensch für immer gegangen ist. Leere. Leere ist nicht nur ein Zustand, sie ist auch ein Gefühl. Ein Mensch, der geht, hinterlässt Leere, die man fühlen kann, die in einem nistet und sich breitmacht. Trauer, die man nicht wegtrösten kann. Nichts und niemand kann Trauer vertreiben. Sie bleibt wie ein stummer Gast, der selbst entscheidet, wann er geht. Wut. Wie konnte er uns allein lassen mit einem Haufen unerledigter Post, mitten auf einer Tournee, deren weiteren Verlauf wir nicht einmal kannten. Daneben eine Art Beklommenheit, ein Getroffen- und Verwundetsein. Ein Sack voll kaltem, feuchten Sand, der schwer an der Seele lehnt und sich nicht wegrührt. Und manchmal auch eine Leichtigkeit, etwas Frohes, Buntes, wie ein kleines Fest des Lebens, ein Aufatmen nach einer überstandenen

Gefahr. Eine Dankbarkeit, dass das Herz noch schlägt und der Kaffee schmeckt.

Einige Male ließ Victor sich sehen, um uns den Zwischenstand seiner Bemühungen mitzuteilen. Es war ihm gelungen, Kontakt zu Pecko´s Familie zu bekommen. Seine Schwester wusste Bescheid und wollte seine Mitbewohner und Freunde verständigen. Die Liste der benachrichtigten Musiker wurde immer länger. Einige wollten anreisen, es werde eine richtige Abschiedsfeier geben. Ob ich bereit wäre, etwas zu sagen, so etwas wie einen Rahmen um einige bereits angekündigte musikalische Beiträge?

Ich merkte, wie mir das Blut in den Kopf stieg, fühlte Unruhe und Angst, wusste, dass ich das auf gar keinen Fall tun würde, und sagte: »Ja.« Victor nickte erleichtert.

»Vielen Dank! Dann ist jetzt die letzte Lücke geschlossen.«

Er gab uns die Adresse des Beerdigungsinstitutes.

»Freitag«, sagte er, »Übermorgen um elf Uhr.«

Nun hatten wir einen Termin, ein Woraufhin. Und es war nicht mehr lang.

»Mach du das mit den Worten«, sagte Jelka. »Ich schmücke alles. Und nimm seinen Bass mit, ich kann ihn nicht tragen.«

»Seinen Bass?«

»Der muss dabei sein, der war immer dabei!«

Am folgenden Tag war Jelka lange allein unterwegs. Ich sah sie erst am Abend. Sie hatte mehrere Tüten bei sich, die mit Laub vollgestopft waren, alle möglichen Blätter und Baumfrüchte. Sie baute sich im Zimmer eine Ecke aus Kissen und Decken, zündete Kerzen an und meditierte. Ich war noch einmal zum Gartenring gefahren und hatte Pecko´s Bass abgeholt. Er lag jetzt im Bus. Die Zeit danach hatte ich gebraucht, um mich auf meine Aufgabe bei der morgigen Feier vorzubereiten. Was hatte ich mir da eingebrockt! Ich, der mehr oder weniger zufällige Mitfahrer, sollte nun der Redner bei Pecko´s Abschied sein! Ich, der ich noch nicht einmal Worte für mich selber fand, sollte Worte für alle finden! Weiß der Teufel, wer da alles kommen würde! Und ich würde im Mittelpunkt stehen, genau da, wohin ich nicht wollte. Eine Weile kam ich aus dem engen Fokus von Selbstmitleid und Ärger nicht heraus. Dann fiel mir der Konzertabend am Gartenring ein. Mittelpunkt? Stand ich wirklich im Mittelpunkt? War ich tatsächlich so etwas wie der top act? Kam alles auf mich an? Oder konnte ich mein Ego da rausnehmen, am nächsten Morgen die Bühne zum Saal machen, wie es mir schon einmal gelungen war, ein paar Abende zuvor? Was hatte Victor gesagt? Er hatte »Rahmen« gesagt. Der Rahmen ist nicht das Bild. Er führt das Auge unauffällig in die Mitte, gibt einen diskreten Halt, eine Grenze nach außen, nicht mehr. Das Eigentliche ist das Bild. Das Eigentliche würden die Musiker sein, ihr musikalisch – poetischer Abschied. Ich war nur der, der eröffnete und beendete. Und Jelka würde für den sichtbaren Rahmen sorgen. Und alle zusammen würden wir uns von Pecko verabschieden, ihm lebwohl sagen, jeder auf seine Weise. Darum, nur darum ging es.

Das Wenige, das ich sagen wollte, war schnell geschrieben. Es mussten nicht alle meine Gedanken sein, es mussten nicht letzte, große Worte über einen Menschen sein, dessen Leben ich gar nicht fassen konnte. Es musste überhaupt nichts Bedeutungsvolles sein. So lag am Ende nur ein Zettel da, den ich am Morgen liegen ließ. Was in mir war, brauchte ich nicht abzulesen.

Bei Abschied und Tod denkt man vielleicht an düstere Regentage. Dieser Tag war anders. Beim Frühstück war der Himmel noch eine einzige Wolke gewesen. Jetzt schimmerte er stahlblau. »Kaiserwetter« sagten die alten Leute früher. »Peckowetter« murmelte ich, als ich den Motor abstellte. Wir standen vor einem mächtigen Jahrhundertwenden – Gebäude. Sandstein und Ziegel, hohe Fensterbögen, alte, eisenbewehrte Türen. Ich wuchtete den Bass aus dem Bus. Jelka trug ihr Gebinde aus prallen Tüten die Stufen hinauf. Die Türe öffnete sich, bevor wir geklingelt hatten, automatisch und lautlos. Drinnen eine kühle Noblesse, Designersessel, Palmen in wuchtigen Bottichen und große, rautenförmige Bodenfliesen, die den Weg wiesen. So automatisch und lautlos, wie sich die Tür geöffnet hatte, trat uns eine Dame im Kostüm entgegen, begrüßte uns mit professioneller Freundlichkeit und führte uns zu einer Flügeltüre, hinter der sich ein Raum öffnete, der mich an eine Kirche erinnerte. In Blautönen bleiverglaste Fenster, wie Soldaten angetretene Bankreihen, ein roter Sisalläufer im Mittelgang und ein Rednerpult, bedeutungsvoll in Breite und Höhe wie eine Kanzel. Tatsächlich fand sich über der Tür, durch die wir eingetreten waren, eine kleine Orgel. Und vorne, unter den Fenstern, die so etwas wie eine Apsis bildeten, stand leicht erhöht wie auf einer Bühne schräg der Sarg. Der Deckel war abgenommen. Daneben – wie Wächter – hohe Kerzenleuchter. Pecko´s Nase zeichnete sich scharf vor dem Fensterlicht ab. Wir blieben erst einmal stehen. Die Dame von eben war verschwunden. Wir waren zu Dritt allein, wie im Hotel, wie auf der Fahrt. Aber jetzt, nachdem ein paar Tage seit Pecko´s Tod vergangen waren, hatte sich der Abstand vergrößert. Es war nicht mehr leicht, ihn in dem Körper wieder zu finden, dem wir uns langsam näherten. Er, der Querdenker par exellence, lag da, wie Tote eben da liegen. Allerdings trug er wirklich das T-Shirt, das Jelka ihm ausgesucht hatte, darüber die breiten, gestreiften Hosenträger. Aber man hatte ihm eine weiße, glänzende, an den Rändern mit Spitzen verzierte Satindecke bis zur Brust übergelegt, darüber lagen seine immer noch kräftigen Arme, die Hände wie zum Gebet gefaltet. Er hätte sich über diese Pose lustig gemacht, hätte er sich so sehen können. Sein Gesicht war geschminkt. Ein Tuch verdeckte den Hinterkopf. Irgendetwas sollte man da nicht bemerken. Das war nicht mehr Pecko, es war eine Abbildung von ihm, ein gerahmtes Bild, retuschiert, in einem unnatürlichen grau-grünen Hautton. Ich trat an den Sarg und tat, was man tut, wenn man einen Toten noch einmal sieht. Ich legte meine Hand auf seine Hände. Kaltes Blei. Ich legte sie noch kurz auf seine Stirn, wie um die Bestätigung zu bekommen, dass er nicht hier war. Ich schaute mich um und blickte in Jelka´s Gesicht.

»Er ist jetzt überall«, sagte sie. Ich nickte und war mir sicher, dass er bei uns stand und alles mit ansah, gewiss mit einem grimmigen Lächeln um den Mund, weil er die Szene absurd fand.

Ich packte den Bass aus, den schwärzlichen Riesen, und legte ihn parallel zum Sarg auf den Bühnenboden. Er verdeckte das Metall dieser Transportkiste und gab der Leiche etwas von Pecko´s Leben zurück. Jelka begann, die Tüten auszuschütteln, bis ein großer Laubhaufen zusammen war. Dann warf sie die Blätter in die Luft und ließ sie niederregnen, wie sie wollten. Sie bestäubten den Boden, lagen im Sarg auf der unsäglichen Decke, rieselten auf den Bass und umspielten die strengen Kerzenleuchter, die mitmal wie Bäume aus dem gefallenen Laub ragten. Dann pflückte sie der Leiche ein paar Blätter aus dem Gesicht und war zufrieden. Nun lag er da wie nach einem Herbststurm, wie wenn die Natur sich sacht und leise zurücknahm, was sie spielerisch hervorgebracht hatte.

Still schauten wir auf das, was da entstanden war. Ja, so war es gut. Mehr musste, durfte nicht sein. Es sollte ja Raum für die Musik bleiben, für die, die ihn noch einmal sehen, etwas spielen oder sagen wollten. Wir saßen stumm in der ersten Bankreihe und warteten, bis die Besucher kamen. Irgendwann öffnete sich die Türe und Victor erschien. Er ging langsam den Mittelgang entlang, hielt inne und verneigte sich stumm vor dem Toten. Dann begrüßte er uns und sagte leise, es hätten sich erstaunlich viele Menschen angesagt. Auch aus Pecko´s Heimatstadt würden Angehörige oder Freunde kommen. Wir dankten ihm für seine Hilfe, Jelka umarmte ihn und streichelte seine Wange. Er setzte sich zu uns. Immer wieder hörten wir hinter uns das Geräusch der sich öffnenden Türe. Leise Schritte, Rascheln, Dinge wurden ausgepackt, aufgestellt, Taschen rutschten unter Bänke, Naseputzen, Flüstern, leise Klänge, Saiten-, Blasinstrumente und Trommeln wurden gestimmt. Ich überlegte, ob ich die Gäste begrüßen sollte, und verwarf den Gedanken sofort wieder. Wir waren alle in der gleichen Lage, waren alle aus dem selben Grund hier. Ich war weder Gastgeber noch Veranstalter. Was geschehen würde, würden alle tun. Als es ruhig geworden war, wie wenn man auf etwas wartete, drückte Jelka meine Hand. Ich stand auf und ging zum Pult. Was ich sah, beeindruckte mich zutiefst. Der Saal hatte sich gefüllt. Überall standen Instrumente. Ich sah Menschen auf dem Boden sitzen, kleine Trommeln zwischen den Knien. Ich sah Flöten, Posaunen und eine Tuba blitzen. Im Hintergrund die Silhouette eines Kontrabasses. Und viele, aufmerksame Gesichter. Jelena war auch darunter.

»Schön!«, sagte ich. »Pecko freut sich bestimmt, dass ihr alle da seid. Gern würde er jetzt mit euch Musik machen. Aber sein Bass liegt da wie er auch. Niemand wird ihn heute spielen. Oder doch! So ein Bass ist ja ein großer Resonanzkörper. Wenn ihr eure Instrumente spielt, werdet ihr ihn zum Klingen bringen und es geschieht nichts anderes als das, was immer geschehen ist. Er spielt mit euch, ihr erfindet miteinander die Musik, lasst sie in diesem Moment entstehen und einer oder eine wird beginnen.« Ich machte eine einladende Geste und beschrieb mit den Armen einen Halbkreis um das Blättermeer.

Damit trat ich ab und setzte mich. Eine Weile geschah nichts. Dann trugen zwei asiatisch aussehende Frauen ein großes, liegendes Saiteninstrument auf vier Beinen nach vorn und stellten es neben den Sarg. Sie schauten stumm auf den Toten und begannen dann, mit Händen und Holzstöckchen eine sphärische Musik, die sich silbrig an Wänden und Decke brach und den Raum nach oben in die Unendlichkeit zu vergrößern schien. Immer wieder strichen schlanke Arme vielfältige Glissandi von den Saiten und ließen sie den Toten umschwirren wie wispernde Geisterscharen. Dann versiegte die zarte Klangflut, die beiden blieben einen Moment still stehen und setzten sich dann neben ihr Instrument auf den Blätterboden. Wenig später drangen warme Posaunentöne durch den Saal. Ein großer, schwarz gekleideter Mann mit einer Zugposaune schritt spielend durch den Mittelgang, ihm folgten andere Bläser wie bei einem dieser Beerdigungsmärsche für Jazzmusiker, die es viele Jahre lang in New Yorks Straßen gegeben hatte. Eine Prozessionsmusik, die langsam näher kam. Vorne teilte sich die Gruppe und bildete einen Kreis um den Sarg. Wie eine dunkle Klage mischten sich die langgezogenen Klänge und deckten ein schweres, schwarzes Tuch über den Toten. Und noch während die Klage verklang und die Musiker sich setzten, trat ein kleiner, kräftiger Mann mit spärlichen, grauen Haaren und silbergrauem Bart in ihre Mitte. Ich erkannte den genialen Schlagzeuger, mit dem ich

Pecko so oft in unserer Heimatstadt gehört hatte. Er stand da, lächelte fast ein bisschen spitzbübisch und zog langsam eine kleine, weiße Okarina aus der Jacketttasche. Mit bedeutungsvollen, verzögerten Bewegungen führte er sie zum Mund und blies dann überraschend eine fröhliche, tänzerische Melodie, ein Volkslied, hätte man meinen können, das aber wohl in diesem Augenblick seine Geburtsstunde hatte. Unwillkürlich begann man, sich ein wenig im Rhythmus zu wiegen und erleichtert und dankbar mitzugehen, als die Melodie jäh endete – mitten im Schwung. Der Mann nahm die Okarina vom Mund und schaute verwundert in die Luft, dem letzten, verklingenden Ton nach, wie ein Kind, dem eben der Luftballon davon geflogen ist. Dann schaute er ernst und traurig in den Sarg, trat in den Hintergrund und setzte sich. Eine Geigerin, sichtlich bewegt und kaum in der Lage zu spielen, strich eine kleine, leise Improvisation um einen Ton herum, wie Pecko das immer wieder gelehrt hatte. Mehrere Trommler hockten auf dem Rand der Bühne. Sie hatten gebogene Trommelsticks mit einer kleinen Kugel am Ende. Ich hatte so etwas noch nie gesehen. Drei Obertonsängerinnen in mongolischer Tracht stimmten ihren traditionellen Gesang an. Und aus dem Hintergrund konnte man einen Kontrabass hören, ein wenig zaghaft, als würde der Spieler das Gefühl haben, dass hier eigentlich ein anderer spielen müsste. Einige Menschen sagten etwas, leise zu Pecko oder laut in den Saal. Fast eine Stunde lang gab es immer neue Abschiede, immer andere Worte und Klänge. Bis es sich so anfühlte, als müsse Pecko langsam müde sein. Am Schluss waren alle um seinen Sarg versammelt. Einige hatten ihm Dinge mit auf die Reise gegeben: geschnitzte Tiere, Papierröllchen mit fremden Schriftzeichen, Blumen, Medaillons, eine Mala, Räucherstäbchen, kleine, gemalte Bilder. All das lag um ihn her wie ein Proviant an Leben. Noch einmal gab es Klang, in dem alle Spieler und alle Instrumente vereinigt waren. Wie von einem unsichtbaren Dirigenten geleitet, wuchs eine Musik aus dem Kreis, erhob sich, tanzte in weiten Wellen und verebbte schließlich in einem einzigen langen Ton.

Ich dankte allen, ich sagte einfach: »Danke – dankedanke!«

Dann setzte ich mich zu Victor und Jelka, die sich ganz in sich zurückgezogen hatte, und wartete, bis alle gegangen, die letzten Wortfetzen verhallt waren und die Tür ins Schloss geglitten war. Keiner von uns sagte etwas. Victor starrte unter Tränen auf den Sarg. Jelka war aus Stein. Und ich stand auf und nahm Pecko´s Bass. Ich stellte ihn hoch, drehte ihn zum Sarg und wiegte ihn ein wenig.

»Sag auf Wiedersehen!«, flüsterte ich, den einen Arm am Bass, mit dem anderen winkte ich.

»Sag auf Wiedersehen!«

Dann packte ich ihn ein, schulterte den Riesen, nickte Jelka kurz zu und ging.

Draußen wehte ein frischer Wind durch die Baumkronen. Die Sonne stand schon tiefer, wie ich es vom Herbst kannte. Ich spürte das Gewicht von Pecko´s Bass auf der Schulter.

»Ich bring ihn für dich nach Hause, verlass dich drauf! Irgend jemand wird ihn spielen. – Ich nicht.«

Ein paar Schritte ging ich auf und ab. Ich wollte jetzt weg. Alles Nötige noch mit Victor besprechen und dann weg, raus aus der Stadt, den Bus betanken, wieder auf die Straße, Steppe sehen, Büsche, Seen, Vögeln zuschauen, Brombeeren pflücken, durch einen Bach waten, feuchte Erde riechen, rennen, bis das Herz fliegt, und essen. Hunger hatte ich.

Endlich kam auch Jelka aus der Tür. Sie hielt Victor am Arm und steuerte auf mich zu. Lächelnd schauten wir uns an.

»Und jetzt?«, fragte sie.

»Jetzt klären wir, was zu klären ist, und packen unsere Sachen. Außerdem bin ich hungrig.«

Wir ließen uns von Victor in ein Restaurant einladen. Ich dankte ihm noch einmal für seine wunderbare Hilfe und wollte wissen, was wir, Jelka und ich, noch zu regeln hätten. »Nichts«, war die Antwort. Das Bestattungsinstitut würde alles Weitere in die Wege leiten. Pecko´s Familie sei informiert. Der Sarg mit der Leiche werde überführt. Es gebe, so viel er wüsste, in der Heimat eine Bestattung im engsten Kreis. Wir hätten hier keine Aufgaben mehr. Allerdings wisse er von Pecko, dass es noch einige Engagements gebe. Pecko habe davon gesprochen, dass er auf der Rückreise an einigen Orten spielen wolle. Wo genau, das wisse er nicht. Auch sei ja nun schon einige Zeit verstrichen, sodass manch ein Termin möglicherweise schon geplatzt sei.

Nach dem Essen wanderten wir zu Dritt zurück zum Bestattungsinstitut, wo unsere Wagen standen. Wir legten uns die Arme um die Schultern, wiegten uns ein wenig im Sonnenschein und drückten die Köpfe aneinander.

»Wenn ihr das nächste Mal nach Moskau kommt«, sagte Victor, »dann besorge ich euch Karten für die besten Konzerthäuser .«

Jelka lachte.

»Wenn wir das nächste Mal nach Moskau kommen, machen wir selber Musik – Straßenmusik!«

Sie schaute mich herausfordernd an.

Im Hotel ging ich Pecko´s Schriftverkehr durch. Tatsächlich gab es Verträge mit Veranstaltern an verschiedenen Orten. Drei Termine waren bereits verstrichen. Zwei waren nicht mehr zu einzuhalten, weil die Orte zu weit entfernt waren, als dass wir sie in den nächsten Tagen hätten erreichen können. Dazu gehörte natürlich auch Batumi.

»Es gibt Dinge im Leben«, sagte ich zu Jelka, »die erledigen sich, weil sie einfach unmöglich sind. Batumi war von Anfang an nicht zu machen. Pecko muss das gewusst haben. Ich kann mir überhaupt nicht erklären, wie er das planen konnte. Hast du mal auf die Landkarte geschaut, wie weit Georgien entfernt ist? Er hat etwas völlig Verrücktes geplant.«

Als ich weiter forschte, entdeckte ich die Kopien mehrerer Briefe, eilig und unleserlich mit der Hand hingeworfene Sätze.

»Kann leider nicht kommen .... bin müde, so müde, dass ich das nicht mehr wegschlafen kann .... tut mir sehr leid ...«

Es waren Absagen. Ich schaute auf das Datum. Er hatte die folgenden Termine schon vor seinem letzten Konzert abgesagt! Fünf an der Zahl. Es blieb nur einer, der letzte. Und die Stadt, in der er spielen sollte, Chisinau, ich schaute auf der Karte nach, lag zwischen Bolskaya, dem Dorf, in dem er und ich nach unserem Unfall gesund gepflegt worden waren, und Avrig, Jelkas Heimatdorf. In genau zehn Tagen. Ich reichte Jelka die Briefkopien herüber. Sie weinte.

»Schaffen wir das?«

»Ja.«

V

Wir entschlossen uns, Moskau noch am selben Tag zu verlassen. Pecko´s Gepäck bekam eine eigene Ecke im Laderaum. Die kleine Leinentasche, sein herrenloser Bass, ein Vorrat an Flaschen mit unbestimmtem Inhalt. Die Segeltuchtasche mit seinen Klamotten, eine Menge Kleinkram und Papiere, die ich inzwischen ein bisschen geordnet hatte. Wir legten unser Gepäck dazu. Es sah aus wie immer. Nur vorn im Wagen nicht. Zum ersten Mal waren Jelka und ich allein miteinander unterwegs. Ein kleines Stückchen Reise hatte sich schon einmal so angefühlt. Als wir vor dem brennenden Grauen in Richtung Moskau davongefahren waren. Aber da hatte er im Laderaum geschlafen. Jetzt war da niemand mehr. Dieses Gefühl wechselte sich mit dem anderen ab: dass er mit uns vorn im Wagen saß oder gar selber steuerte. Das sollte uns noch lange erhalten bleiben.

Wir tankten und suchten die nächste große Ausfallstraße nach Westen. Die Sonne begleitete uns. Je später es wurde, desto mehr legte sie sich über die Straße und füllte die Pfützen mit Gold. Häuser, die links und rechts Schlange gestanden hatten, machten sich rar. Nach den Vorstadtbezirken kamen kleinere Städte und Dörfer, dann endlich waren wir wieder allein.

Wir fuhren weg und auf nichts zu. Es gab eine grobe Richtung: Südwesten. Erst mit der Zeit bildete sich in mir die Vorstellung, dass da ein Ziel war. Das griechische Wort »Telos«, wusste ich, bedeutet Ziel und Ende zugleich. Ein leises Erschrecken. Ich wollte kein Ende. Ich konnte den Gedanken nicht zulassen, dass alles, was geschieht, zu etwas führen muss, und konnte ihm doch nicht ausweichen.

Wohin fuhren wir? Wir bewegten uns auf einer Route, die irgendwann im spitzen Winkel auf den Weg unserer Hinreise treffen würde. Am Ende würden wir ein Stück auf den selben Straßen fahren, die uns hergeführt hatten. Dann würden wir auch Bolskaya wiedersehen. Dann der letzte Gig in Chisinau, was immer da geschehen würde, und dann Jelka´s Heimatort – und dann?

Wie würde es sein, wieder dort zu sein? »Du steigst nicht zweimal in den selben Fluss«, heißt es. Es würde anders sein. Aufbruch ist anders als Wiederkehr, der Beginn hat einen anderen Zauber als das Ende. Diese Weite des Ungekannten, würden wir sie behalten können oder war sie einfach zu Ende, wenn wir dort angekommen waren? Was sagten wir dann? – Auf Wiedersehen oder gar nichts?

Jelka – wer war Jelka? Die junge, exotische Schöne in den rumänischen Bergen? Eine Ferienliebschaft, ein Reiz, ein Spiel, eine Herausforderung? Nein, so hatte es sich nie angefühlt. Von Anfang an war ein tiefer, warmer Ernst dabei gewesen. In dieser kurzen Zeit war sie zur Heimat meiner Gedanken geworden, zu der Frau, mit der ich auf unendlicher Fahrt war, mit der ich Hoffnung, Angst, Lust, Lebensfreude teilte. Sie war Quelle, Fluss und See, Weisheit, Geliebte, Weib, Tochter, Mutter. Sie war die Frau, die mein Leben zu einem Hinweg hatte werden lassen, zu einer langen, langen Suche. Kann man jemanden suchen, den man nicht kennt? Noch ein Erschrecken. Was mich erfüllte, war Liebe, – Liebe! Wenn auch zu einem Menschen, mit dem ich nie würde leben können. Wir standen an verschiedenen Stellen im Lebensbogen. Sie gehörte ihrer Welt und ich meiner. Mir gehörte die Erfahrung, ihr die Zukunft. Das gab es ja, dass die wichtigste Begegnung auf der Lebenslinie die Ausdehnung eines Punktes hatte. Ein Onkel vertraute mir einmal an, dass er die bewegendste Zeit mit einer Frau während eines Fliegerangriffs in einem Luftschutzbunker gehabt hatte. Eine halbe Stunde Glück, aus der es Jahrzehnte danach noch immer leuchtete. Glück ist unzerstörbar, sagte ich mir traurig und tröstend.

Und Harry – wer war Harry? Der alternde Beamte und Hobbymusiker, der einfach mal türmt, einem mäßigen Leben in Sicherheit und Unerfülltheit dringend noch eins draufsetzen muss, wie so viele alte Säcke? Der ewig Sehnsüchtige, der ab und zu an etwas schnuppert, das nie seins wird? Nein, so war es ja nicht. Nicht mehr. Ich sah mich nicht mehr so spöttisch – kritisch. Ich hatte Achtung vor mir bekommen, war freundlicher mit mir geworden. Harry war spät gereift, hatte die Kontrolle abgegeben, sich dem Unvorhersehbaren überlassen, hatte in der gefährlichen Begegnung mit seinem Idol das Eigene gefunden, war nicht zum Abziehbild geschrumpft und untergegangen, hatte sich unterscheiden gelernt und doch eine Menge Pecko in sich aufgesaugt. Harry hatte sich mit Pecko aufgeladen, ohne ihn zu kopieren. Das war schon eine Menge. Es war verdammt nicht leicht, in Pecko´s Nähe etwas Eigenes zu behalten. Gleichwohl hatte er eine Erbschaft angetreten. Das Leben der vergangenen Wochen mündete jetzt langsam in seinen Blut- und Gedankenstrom ein. Es hatte viele Jahre gedauert, bis er dazu bereit war. Jetzt endlich konnte er sich dem Strömen öffnen. Aber es war nicht einfach Pecko, der da wie Wasser in Wasser floss. Es war das, was er von Pecko annehmen wollte. Und es wurde nur deshalb seins, weil er es veränderte. Er war nicht zu Pecko geworden, aber etwas von Pecko war in ihm. Immer schon war er in ihm gewesen, als Potenzial, als Anlage und versteckte Bereitschaft. Deshalb hatte Harry so beharrlich all die Jahre die Kollision mit ihm gesucht, den Schmerz ausgehalten, dass er nicht so sein konnte wie er, nicht so wild und gefährlich leben, nicht so rücksichtslos saufen, lieben, verlassen und improvisieren. Der Schmerz war die Erinnerung, die Wunde, die nicht heilen wollte. Mit jeder Bassstunde, mit jedem Konzertbesuch, mit jedem Pecko – Abend im Café du Congo, mit jedem Grappa hatte er sich geritzt, die Haut zerschnitten, damit er sich fühlen konnte, die bürgerliche Hülle zerkratzt, bis Blut kam. Wenn er Pecko´s Leinentasche aufgeklappt und das Kolophonium von der kleinen Tonabnehmer – Spindel geschabt hatte, roch er New York, Athen, Barcelona, sah Trompeter mit bunten Kappen und Sonnenbrillen, angelaufene Saxophone, wirbelnde Schlagzeugsticks und den Dunst von tausend Zigaretten im Scheinwerferlicht. Dann war der Pickup fit gemacht für die nächste Reise und alles kam wieder in den Beutel zurück und ging bei einem kurzen Treffen von Hand zu Hand, raus in die Welt und raus aus Harry´s Leben. Das war´s dann gewesen. Das war gestern. Jetzt schwamm Harry in diesem Leben wie in einem wilden Gebirgsfluss. Etwas in ihm war wach geworden, aus der Lähmung aufgestanden und hatte auf eine eigene, eine neue Antwort auf die große Herausforderung gedrängt. Und er hatte sie gefunden, wenigstens für den Augenblick. Wieder einmal hatte er nicht die geringste Ahnung, wie es weitergehen konnte. Harry war ganz einfach im Fluss, er schwamm mit, ließ sich treiben, wich scharfen Felskanten und umgestürzten Bäumen aus und hatte bei alledem seltsamerweise nicht einmal Angst. Er begann, sich zu mögen.

Wir fuhren, als gäbe es kein Ende. Wir bereiteten uns jedenfalls auf kein Ende vor. Ich hatte so oft erlebt, dass Menschen, die wissen, dass sie gehen müssen, anfangen vorzubeugen. Sterbende lösen sich irgendwann, koppeln sich ab vom Zug, stellen die letzte Weiche ohne die Anderen. Angehörige von Sterbenden tun dasselbe, legen eine heilsame Distanz zwischen sich und den, der geht, lassen erste Bilder vom Leben danach an Schärfe gewinnen.

Urlauber richten am Ende der Zeit den Blick auf´s Zuhause, sind da und nicht mehr ganz da, packen schon mal die Sachen.

Wir taten nichts von dem, waren einfach beisammen, ganz da, vergangenheits- und zukunftslos. War das unwirklich? War diese Zeit irreal, weil sie keine Zukunft hatte? Wenn alles Glück Ewigkeit will, hört es dann auf, Glück zu sein, wenn es nicht ewig sein kann?

War es verantwortungslos, einem Menschen Liebe zu schenken, den man verlassen musste? War jetzt nicht der Zeitpunkt gekommen, sich langsam zu lösen? Wahrscheinlich. Aber es geschah nicht. Es geschah überhaupt nichts, was man sich hätte ausdenken oder was man hätte lenken können. Nichts glich einer bewussten Entscheidung. Es entwickelte sich ganz einfach Eins aus dem Anderen. Alles war eine Folge von etwas, die Entfaltung von etwas Angelegtem, das Aufgehen einer Saat. Karma. Ja, wahrhaftig. Es war anders als in den Wochen zuvor, leiser, behutsamer. Die ewig drängende Kraft, die keine Grenzen kannte, war nicht mehr. Aber dass wir hier in Pecko´s Bus nach Rumänien fuhren, dass wir überhaupt zusammen waren, kam aus seinem Leben, floss direkt aus seinem Lebensstrom, der jetzt weiter strömte, sich mit unserem vereint hatte und uns mit sich zog in eine anfangslose und endlose Verwandlung. Das alles hatte er möglich gemacht. Auch er ein Verwandler. Das war seine Stärke gewesen: Menschen zusammen zu bringen, sie miteinander und aneinander wachsen und lernen zu lassen. Ruhelos und rastlos immer neue Begegnungen »anzuzetteln«, wie er es genannt hatte. Ohne ihn hätten wir nicht sein können, die wir jetzt waren. Und ohne uns hätte seine letzte Reise anders ausgesehen. Alles war von allem abhängig und alles war letztlich eins. Ich hatte Pecko nicht einfach erlebt und beobachtet, ich war eins mit ihm geworden, so, wie ich mich eins fühlte mit Jelka. Und dieses Einssein, wusste ich, würde mit dem Abschied nicht aufhören. Wenn man dem Tod begegnet, muss man den Rahmen größer ziehen, erinnerte ich mich. Man darf nicht nur die eine, kleine Lebensspanne sehen, den Katzensprung von der Geburt zum Sterben. Man muss das anfangslose Strömen sehen, aus dem das eigene Leben sich erhebt und in das es wieder zurück sinkt. Das war so ziemlich das Gegenteil von dem, woran ich vor wenigen Monaten noch fest geglaubt hatte und wovor ich so lange davon gelaufen war: das Ende, der Verlust des Lebens, diese unerträgliche Kränkung, dass einem genommen wird, woran man sich Jahrzehnte lang abgearbeitet hat. Ein Heer trüber Gedanken war die Folge gewesen, auch eine quälende Unrast, der Zwang, die Leere mit Geschäftigkeit und Neuanschaffungen zu füllen. Das alles war wie von der Tafel gewischt. Ich war jetzt mitten in diesem Strömen, ich war der Strom. Wie kann man etwas verlieren, das man ist? Eine Art innerer Neugeburt hatte alles Bisherige in den Schatten gerückt. Wie dieses Neugeborene je zu Hause ankommen würde, ob es überhaupt möglich war, auf irgendeine Weise am alten Ort fortzuleben, die Frage stellte ich mir gar nicht. Wozu auch? Ich saß jetzt ohne Plan am abgegriffenen Steuer eines Busses, der mir nicht gehörte, neben der Frau, die ich liebte, die mir nie gehören würde und mit der mir noch eine Frist blieb, ein kleiner Ausschnitt Leben, nicht viel größer als ein Punkt. Das war jetzt, die einzige Zeit, die es wirklich gab.

Eine Weile konnte ich diese Sicht halten, dann meldeten sich Gedanken.

»Was machen wir eigentlich, wenn wir in Chisinau sind?« Ich schaute zu Jelka hinüber und zog eine Augenbraue hoch.

»Musik!«, war die knappe Antwort.

»Welche Musik?«

Sie nestelte aus ihrer Tasche die kleine, silberne Flöte hervor und blies ein paar Töne. Es klang wie vom Berg über die Täler gespielt.

»Was ist das?«

»So spielen die Hirten in unserem Dorf. Es ist ein Lied, ein Abendlied. Ich hab es oft gehört, als ich klein war, wenn ich schlafen ging.«

»Denkst du viel an zu Hause?«

»Ich bin jetzt hier zu Hause.«

»Und du meinst, wir können so spielen in Chisinau? Ich hab nachgeschaut, das ist eine sehr große Stadt in Moldawien. Da gibt es eine Universität, Kulturstätten – jede Menge. Die Leute erwarten Pecko!«

»Was die Leute erwarten, ist ihre Sache. Wir sind nicht Pecko, wir spielen unsere Musik.«

»Gibt es die: unsere Musik?«

»Halt mal an! Ich will auf die Karte schauen.«

Ich zog den Bus auf den rechten Randstreifen. Wir näherten uns einer Stadt.

»Kaluga!« Jelkas Fingernagel, unter dem ein feiner, schwarzer Rand zu sehen war, fuhr den Namen entlang.

»Wir sind kurz vor Kaluga. Da machen wir Musik – Straßenmusik.«

Ich verschränkte die Arme vor der Brust.

»Wie stellst du dir das vor? Wir haben noch nie miteinander gespielt, wir haben nichts geübt.«

»Ich denke, du improvisierst?«

»Ja, schon, aber auf der Straße … .«

»Auf der Straße muss man improvisieren. Auf der Straße weiß man nie, was kommt.«

»Hast du denn Erfahrung, ich meine, hast du schon mal …«

»Ich habe genau so oft Straßenmusik gemacht wie du. Aber ich war am Nachmittag vor Pecko´s letztem Konzert in der Innenstadt. Ich bin noch ein bisschen gebummelt. Und da waren eben Straßenmusikanten. Das hat mir gefallen.«

»Erzähl!«

»Sie stehen überall, du hörst sie in beinahe jeder Straße. Die meisten spielen Akkordeon oder Balalaika, viele Gitarre oder Geige. Ich habe lange einem Mädchen zugehört, das auf einer Rohrflöte spielte. Ganz allein stand sie in einer Toreinfahrt. Sie hatte dunkle Zöpfe und trug eine Kappe, wie die Mongolen sie tragen. Ihr Kittel war schmutzig. Aus ihren Schuhen schauten die Zehen heraus. Sie spielte einfach, sie spielte in den Lärm hinein, sie spielte, was in ihr war, und das war eine Klarheit und Reinheit, wie ich sie nie gehört hatte. Ich habe mich auf den Boden gesetzt und zugehört und sie hat für mich gespielt. Ganz lange. Ich glaube, sie ist für mich aus den Bergen gekommen und hat mich stark gemacht für alles, was dann kam. Ich hab ihr gegeben, was ich bei mir hatte, Geld, ein wenig Schmuck. Nur meine Flöte nicht. Sie hat sie bestaunt und vorsichtig darüber gestrichen. »Spiel!«, hat sie gesagt, »spiel, solange du kannst!« Und dann war sie auch schon verschwunden. Stell dir vor: Sie ist vor meinen Augen verschwunden. Ich hab mich dann an ihre Stelle gestellt und hab geflötet, einfach, was mir einfiel. Ein Mann kam vorbei mit einer Münze in der Hand und suchte etwas, wo er sie hineinlegen konnte. Ich nahm meine Kappe ab und legte sie vor mich. Am Ende waren zwölf Münzen drin, so viele, wie ich dabei gehabt hatte.«

»Dann hast du mehr Erfahrung mit Straßenmusik als ich. Was glaubst du, wer das Mädchen war?«

Jelka schaute zur Seite. Ihre Augen füllten sich mit Tränen. Ich legte ihr eine Hand auf die Schulter und strich ihr mit der anderen über das Haar.

»Du hast eine Ahnung, nicht wahr?« Sie nickte.

»Magst du´s sagen?«

»Ich war mal schwanger, ich hab es dir erzählt. Es war ein Mädchen und sie hat sich meinen Schoß ausgesucht, um sich aus dem Erdenleben zu befreien. Sie ist gegangen, in die höchste Freude ist sie gegangen. Und dann ist sie mir in Moskau an diesem Tag, an dem Pecko starb, noch einmal erschienen, weil ich ihre Hilfe brauchte. Ich konnte mit niemandem darüber sprechen. Ich habe es gesehen.«

»Was hast du gesehen?«

»Ich habe gesehen, dass Pecko sterben würde. Ich kann das sehen, schon seit ich ein Kind war. Es ist furchtbar. Ich wünschte, ich könnte das ändern. Aber es ist ein Teil von mir. Ich sehe, wenn Menschen sterben müssen.«

»Wann hast du das gesehen, dass er sterben würde?«

»Am ersten Abend, als ich euch kennengelernt habe, in Avrig. Deshalb bin ich mit ihm gegangen, als er mich in euer Zimmer einlud. Ich wusste, dass nicht viel Zeit war und dass er Nähe brauchte und Wärme. Verstehst du das?«

»Ja, das verstehe ich. Bist du uns deshalb gefolgt? Du warst in Bolskaya plötzlich da. Wie konntest du uns da ausfindig machen, wie bist du überhaupt da hin gekommen?«

Sie schüttelte den Kopf.

»Nicht plötzlich – ich habe mich angekündigt.«

»Die Feder, eine Vogelfeder.«

»Eine Rabenfeder.«

»Warum Rabe?«

»Mein Vater hat mich ›Rabe‹ genannt, als ich klein war. Weil ich so schwarze Haare habe.«

»Du wusstest die ganze Zeit über, was geschehen würde!«, sagte ich nachdenklich und widerstand dem Impuls, sie zu fragen, was sie mir angesehen hatte.

»Warum hast du mir nichts davon gesagt?«

»Was hätte das geändert?«

»Ich weiß nicht. Das war eine dumme Frage.«

»Du willst an allem teilnehmen, was ich sehe, was?«

»Nein,«, sagte ich. »Es ist gut, wenn ich nicht alles weiß.

Deine Tochter ...«

»Nadesha.«

»Nadesha, – ich hätte sie gern erlebt.«

Jelka nickte und schluckte. Ich rückte nah an sie heran.

»Hat neben dir noch ein Rabe Platz?«

Sie nickte wieder.

»Dann fahren wir jetzt nach Kaluga und geben ein Rabenkonzert!«

Die Stadt war nicht besonders schön. Die üblichen Plattenbauten, viel Industrie, aber ein See, der zur Hälfte von Wald umsäumt war. Nach einer ersten Rundfahrt hielten wir Kurs auf die Stadtmitte. Verschiedenste Baustile mischten sich – alte Holzhäuser, liebevoll bunt gestrichen, Jahrhundertwenden-Fassaden, Beton im Siebzigerjahre-Stil, dazwischen Villen hinter schmiedeeisernen Zäunen. Eine moderne Innenstadt, von Straßenverkehr durchflutet. Wir entschieden uns für eine Kreuzung, auf der viele Passanten unterwegs waren. Dort begann die Fußgängerzone. Der Eingang zu einer Passage bot uns ein wenig Schutz für den Anfang. Hier blieben wir erst einmal stehen und beobachteten die Szene. Nach einer Weile packte ich den Bass aus und Jelka die Flöte. Sie blies eine ihrer Hirtenmelodien und ich strich leise ein paar Grundtöne dazu. Menschen blieben stehen, schauten, hörten. Ein Mann kam aus einem der Läden, lächelte und warf eine Münze in Jelka´s Kappe, die sie vor uns auf den Boden gelegt hatte.

»Das gefällt mir!«

Eine Frau mit zwei Kindern hielt inne und drückte dem blonden, schüchternen Jungen etwas in die Hand. Vorsichtig kam er näher, legte seine Münze in die Kappe, fasste einmal kurz den Korpus des Basses an, als würde er einen fremden Hund streicheln, und lief dann zurück zu seiner Mutter. Wir spielten einfach. Ich wunderte mich, wie leicht das war. Jelka´s Melodien zogen feine, silbrige Spuren durch die graue Gleichgültigkeit der hastenden Passanten und der Bass gab das warme Fundament dazu, den Boden, auf dem sie tanzen konnte. Ein Tanz aus Klängen, die in den Himmel wollten und die Erde brauchten, um nicht ganz zu entschweben. Wir improvisierten, ohne die Erdenschwere zu verlieren. Es war längst nicht mehr Hirtenmusik, aber es klang nach gelebtem Leben, nach Regen und Erde, nach Herbstfeuer und Sonne über feuchtem Laub. Schließlich war ein kleines Sümmchen in Jelka´s Kappe gelandet, von dem wir uns ein ordentliches Essen leisten konnten.

»Unser erstes selbst verdientes Geld«, sagte sie triumphierend und genussvoll, und schob die Münzen zu einem kleinen Berg zusammen.

Immerhin besserten wir unsere Kasse auf, sammelten in großen und kleinen Städten jede Menge Straßenerfahrung, mussten uns gegen Bettler behaupten, in deren Revier wir unwissend eingedrungen waren, ärgerten uns mit Prostituierten herum, die ihren Kiez für sich allein haben wollten, verteidigten unsere Einnahmen gegen Straßendiebe und Junkies. Es war nicht leicht, in dieser fremden, manchmal rohen Umgebung seinen Platz zu verteidigen. Aber wir schafften das, mutig und entschlossen, das war mehr mein Weg, oder nachgebend und trickreich, das war mehr Jelka´s Strategie, am Abend dann selig und müde. Und immer blieb das Gefühl, dass wir ein wenig Schönheit in die Welt gebracht hatten.

Etwas zwischen uns begann sich zu verändern. Eine Art stiller Übereinkunft, eine unausgesprochene Behaglichkeit und Selbstverständlichkeit. Es lief einfach gut. Wir lebten ohne lange Absprachen mehr und mehr in einem gemeinsamen Rhythmus. So wie Schrittlängen sich anpassen, wenn man miteinander wandert. Wir wachten gemeinsam auf, wurden zu ähnlichen Zeiten müde, teilten das Gefühl, wann es dran war, allein zu sein, teilten unsere Einkünfte und unsere Gedanken, wurden ein Paar und wurden von den Menschen auch so wahrgenommen. Die Blicke der Leute veränderten sich mit unserem Gefühl von uns selbst. Anfänglich schienen sie zu fragen: Tochter? Geliebte? Frau? Vor allem ältere Frauen schauten entrüstet, mit einer Beimischung von Anklage: Da war er, der Prototyp des alternden Draufgängers, der es noch mal wissen wollte und sich etwas ganz, ganz Junges geangelt hatte. »Schwein!« Oder sie schauten traurig mit den Augen der verlassenen Ehefrau: »Da siehst du, was du angerichtet hast – Mörder!« Männer eher mit einem anerkennenden Lächeln: »Gratuliere! – Tollen Fang gemacht!« Es war nervig und ungemütlich, diese Blicke einzufangen. Zu wissen, was die Anderen über einen denken, und zu wissen, dass es falsch ist, strengt an. Es schafft das Gefühl, benutzt zu werden, dafür herhalten zu müssen, dass andere ihre Welterfahrungen in Formen gießen, punchingball für fremde Wut zu sein.

Es brauchte eine Weile, aber dann wandelte sich etwas. Je mehr wir zum Paar wurden, desto gleichmütiger wurden die Blicke. Sie waren nicht mehr so sehr von falschen Vorstellungen und Konzepten vernebelt und offener für unser wirkliches Auftreten. Ohren öffneten sich für die Musik, ein Lächeln deutete an, dass man verstanden hatte, gern hinhörte, sich bereitwillig verzaubern ließ. Und an den Münzen und Scheinen konnten wir die Zustimmung abzählen, auf die wir inzwischen angewiesen waren, weil unsere Barschaft langsam zur Neige ging.

Hätte mir ein Freund das alles erzählt, hätte ich gesagt: »Schön! Genieß es!« Aber da es nun meine eigene Geschichte war, kamen mir Zweifel. Es begann sich etwas zu etablieren, das keine Zukunft hatte. Jetzt, wo wir viel mehr beisammen und die einzigen Akteure waren, gewöhnte ich mich an ihre Nähe. Ich lernte ihre Schlafgeräusche kennen und vermisste sie, wenn sie nachts manchmal am Fenster saß und dem Mond zuschaute. Ich sah, wie sie sich wusch, sich ankleidete, wie sie die Haare eindrehte, nachdem sie sie getrocknet hatte. Wie sie aus der Dusche stieg und nach einem Handtuch angelte. Wie sie sich die Strümpfe anzog. Ich liebte all diese Bewegungen. Aber so wunderbar es sich anfühlte, musste doch einer nüchtern bleiben und die Entwicklung bremsen.

Und das war, weil ich älter war, ganz sicher ich. Jelka gab sich dem Geschehen hin wie immer. Sie ließ die Dinge fließen und steuerte nicht. Aber am Ende würden wir in Avrig ankommen und uns trennen müssen. Und je weiter wir uns einander annäherten, je mehr wir zum Paar zusammenwuchsen, desto schmerzhafter musste der Cut werden. Das Ende der Reise deutete sich an und begann, den Raum meiner Vorstellungen einzuengen. Alles schien in einem einzigen Punkt zusammen zu laufen: Avrig. Dorthin musste ich Jelka zurückbringen, sie heil abliefern und dann? An dieser Stelle war mein Bildervorrat erschöpft. Es gab keine Vorstellung von dem, was dann war. Niemandsland.

Eines Abends bei einem deftigen Essen in einem Wirtshaus schnitt ich das Thema an. Jelka zog mit dem Messer eine Linie in die Brotkrumen auf ihrem Teller. Sie schaute mich an und zielte mit der Messerspitze auf mich.

»Sag, was du sagen willst, und rede nicht drumrum!«

»Ich will sagen, dass unsere Tour bald zu Ende ist. Wir werden in einigen Tagen in Bolskaya sein. Dann gibt es noch einen Gig in Chisinau und dann kommen wir in Avrig an.«

»Das weiß ich – und?« Sie hielt das Messer noch immer in meine Richtung.

»Und dann wirst du wieder in deiner Schneiderei arbeiten und ich werde nach Hause fahren.« Das Messer steckte senkrecht in der Tischplatte. Sie war weiß um die Nase.

»So? Warum?«

»Jelka, ich bin ein alter Mann und du bist eine junge Frau. Wir haben eine dramatische und wunderschöne Zeit miteinander erlebt, aber diese Zeit ist bald zu Ende, und du wünschst dir für dein Leben einen anderen Mann als mich, einen jüngeren Mann, mit dem du Kinder haben kannst, mit dem du

Zukunft hast. Du lebst in einem Bergdorf in einer ursprünglichen, natürlichen Welt. Du riechst Kräuter und Blumen. Du kaufst Milch beim Bauern. Ich lebe in einer Großstadt, in der es laut ist, und die Luft ist voller Abgase. Die Menschen sind unwirsch und eilig, sie arbeiten von früh bis spät. Alles dreht sich ums Geld, die Straßen sind vierspurig, die Küchen sind hochglanzweiß und haben polierte Granitplatten, die Kinder werden im SUV in den Kindergarten kutschiert. Ach, Jelka, wenn du wüsstest, wie anders das ist.«

»Wir waren gerade in Moskau. Bin ich da in Tränen ausgebrochen?«

»Nein, bist du nicht. Aber das war nur eine kurze Zeit und das war nicht deine Welt.«

»Das war die Welt – und Avrig ist auch die Welt. Und wo du wohnst, das ist auch die Welt. Es gibt nicht meine Welt und deine Welt.«

»Ich meine, da könntest du dich nicht wohlfühlen. Wenn Du mit mir kommen würdest, würdest du unweigerlich unglücklich werden.«

»Du hast also daran gedacht.«

»Woran habe ich gedacht?«

»Du hast dir vorgestellt, wie es wäre, wenn ich mitkäme.«

Ich fühlte, dass ich rot wurde.

»Ich hab es mir nur vorgestellt, um mir klar zu machen, dass es nicht geht.«

»Und wie fühlst du dich, wo du weißt, dass es nicht geht?«

»Das ist doch jetzt egal, es geht nicht um Gefühle, es geht darum, wie wir es schaffen, diese Zeit so zu beenden, dass wir wieder in unser Leben zurückfinden.«

»Willst du denn in dein altes Leben zurück?« Ich schwieg.

»Was bedeuten dir die letzten Wochen?«, setzte sie nach. Ich spürte Tränen in meinen Augen.

»Die Erfüllung meiner Wünsche. Jetzt ist mein Leben irgendwie ganz.«

»Und du meinst, jetzt kannst du gehen?«

»Ja, schon, – ja.«

Ein Blitz durchzuckte mich, ich hörte meinen schrillen Schrei. Jelka´s Stuhl war umgestürzt, die Tür schlug ins Schloss. Die anderen Gäste glotzten mich aus starren Augen an. Ich zog das Messer aus meinem linken Oberschenkel.

Eines Nachmittags waren wir plötzlich da. Was man lange erwartet, kommt am Ende doch schnell. Eine Kurve noch und noch eine und dann: Bolskaya. Das Dörfchen lag noch immer so schweigsam zwischen endlosen Feldern, wie wir es verlassen hatten. Inzwischen waren die Ackerflächen abgeerntet. Das Gold der Stoppelreihen stieß in der Ferne mit dem Himmelsblau zusammen. In der Schmiede war niemand zu sehen. Ein Hund bellte irgendwo und meldete unseren Besuch. Wir stellten den Bus an der kleinen, mit Zwiebeltürmen gekrönten Kirche ab. Ich humpelte um den Wagen herum und öffnete die Beifahrertüre.

»So hast du vor einigen Wochen auch da gesessen.«

»Tut´s noch weh?« Sie kletterte aus dem Wagen.

»Nur wenn ich lache.«

»Das hätte Pecko auch gesagt.«

»Von da sind wir losgefahren.« Ich zeigte hinüber zur Schmiede.

Wir schauten uns um, reckten uns und gähnten.

»Das Haus ist nicht weit, komm, wir gehen rüber!« Ich hakte Jelka unter und stützte mich ein bisschen mehr als nötig bei ihr auf.

»Armer Harry!«, schnurrte sie und strich mir über die Schulter.

Und dann standen wir vor dem blauen Holzhaus, das ich eben noch mit Pecko verlassen hatte. Ich sah ihn blass aus der Tür treten. Nicht mehr als ein Wimpernschlag lag zwischen unserem Abschied und meinem Klopfen. Noch einmal. Die Tür öffnete sich mit einem schleifenden Geräusch und das Gesicht des Mannes tauchte aus dem Dunkel, blieb einen Moment verständnislos und leuchtete dann auf. Er rief seine Frau. Sie kam angelaufen und trocknete sich die Hände an der Schürze. Feucht und kalt fasste sie mich an den Armen und drückte mich an sich.

»Ihr seid wieder da! Ihr habt die weite Reise gut überstanden?« Ihre Fingerkuppen suchten auf meiner Stirn die Narbe. Dann reckte sie sich vor und schaute sich nach beiden Seiten um. Ich schüttelte den Kopf.

»Er ist nicht hier.«

»Wo ist er denn? Kommt er später?«

»Pecko kommt nicht später. Er kommt gar nicht mehr. Pecko ist auf der Rückreise in Moskau gestorben.« Die beiden erstarrten. Der Mann legte die Hand auf seinen Mund. Die Frau schaute mich mit großen Augen ungläubig an und weinte leise.

»Er ist gestorben! Er war so schwach. Ich hätte euch gar nicht fahren lassen dürfen.«

»Er hat es so gewollt. Er wollte unbedingt auf diese lange Tour. Ihr habt nichts falsch gemacht. Ihr habt uns so wunderbar gesund gepflegt und uns geholfen. Ihr habt alles getan, was man tun kann.«

Erst jetzt schien die Frau Jelka zu bemerken. Sie hatte hinter mir gestanden, was sie manchmal tat und was ich nicht gerne mochte.

»Das ist Jelka«, erklärte ich. »Von ihr stammte der Brief, den ihr mir gegeben habt, als Pecko und ich bei euch waren. Sie hat hier auf uns gewartet und ist dann mit uns gefahren. Wir sind jetzt zusammen unterwegs.« Die Frau nickte, ohne zu verstehen, und trat dann beiseite.

»Kommt herein! Deine Freunde sind auch unsere Freunde.«

Lange saßen wir traurig um den Tisch. Wir mussten alles erzählen, jede Einzelheit, die ganze, lange Tour. Immer wieder fragten sie nach, wollten mehr wissen, wollten verstehen, warum wir diese enormen Entfernungen hinter uns gebracht hatten, was Improvisation sei, was man in den Geschäften in Moskau kaufen könne, wie es genau gewesen war, als Pecko starb. Ob denn kein Schamane da gewesen wäre, oder wenigstens ein Arzt. Mit der Zeit taute auch Jelka auf, die anfangs schweigsam gewesen war. Sie ergänzte meinen Bericht, steuerte eigene Geschichten bei, musste erzählen, woher sie kam, wer zu ihrer Familie gehörte, legte ihre Hand auf die Hände der Frau, wenn sie weinte, und gewann rasch das Vertrauen der Beiden.

Irgendwann kamen die Kinder herein, kneteten verlegen die Hände und lächelten. Die Frau schickte sie noch einmal raus zum Spielen.

»Lasst uns noch ein bisschen allein! Wir haben uns viel zu erzählen.« Ich stand auf und ging zur Toilette.

»Was ist mit deinem Bein?«, fragte die Frau. »Ist es noch von dem Unfall?«

»Nein, nein. Es ist nicht schlimm. Ich war ungeschickt, nur eine kleine Wunde.«

»Wenn sie klein wäre, würdest du nicht hinken. Ich rufe Wasilisa, sie besucht ihre Kranken am Abend. Ihr bleibt doch! Ihr seid unsere Gäste und könnt hier schlafen.«

Wasilisa, das war offenbar die Schamanin. Ich brauchte ihre Hilfe nicht, aber ich wollte sie wiedersehen. Ich nickte.

»Danke!« Und zu Jelka: »Bleiben wir?« Sie lächelte.

Wieder ging ich über den dunklen Flur in den Wellblechanbau mit der Toilette und der gusseisernen Wanne. Darüber der verrostete Boiler. Kinderhausschuhe unter einem Hocker. Der Hahn tropfte in eine hellbraune Rostspur. Der Spiegel zeigte milchig umrahmt einen anderen Harry: schärfere Züge, klarer Blick. Ich schaute beim Pinkeln aus dem Fenster. Der Sturmhaken war ausgerissen, die Fetzen der Gardine schaukelten im Wind. Draußen begann ein Kirschbaum, sich herbstlich zu färben. Ein Falter klappte die Flügel auf einer blauen Distel. Ich war zu Hause.

Die beiden richteten mit unserer Hilfe die Wohnküche als Gästezimmer her. Wieder standen da zwei Bettgestelle, die wir aus dem Keller holten, das Tischchen mit den verrosteten Beinen und die beiden blassgrünen Plastikstühle. Auf dem Herd der Kessel. Alles war wie vor einigen Wochen. Gegen Abend saßen wir mit den Kindern um den Holztisch am Kachelofen und aßen. Es gab Tee, selbstgebackenes Brot und Käse, getrocknete Wurst, die intensiv nach Knoblauch duftete. Ein Teller blieb leer. Davor brannte ein kleines Talglicht in einem Steinguttöpfchen. Die Kinder schauten uns neugierig an, ohne zu fragen, und tuschelten stattdessen miteinander. Die Kleinste, ein blondes Mädchen mit Zöpfen, hob die Hand und strich vorsichtig über Jelkas schwarzen Zopf. Sie hatte eine erstaunliche Wirkung auf Kinder. Das war mir schon in den Städten aufgefallen, in denen wir Straßenmusik gemacht hatten. Kinder sahen offenbar in ihrer kleinen Gestalt und ihrem offenen, freundlichen Wesen etwas Verwandtes, Vertrautes, dem sie sich öffnen konnten.

Es dauerte auch hier nicht lange, bis Jelka mit den Dreien am Boden saß und spielte.

Ich war mit Kindern hölzern geworden. Merkwürdig. Als Felix und Julius klein gewesen waren, war ich gerne Vater, hatte vielleicht sogar einen Teil meiner eigenen Kindheit nachgeholt, wenn ich mit ihnen spielte. Jetzt empfand ich einen Abstand. Als gehörte ich da nicht mehr hin. Die Zeit war einfach vorüber. Wie viele Leben ich schon gelebt hatte! Konnte man von einem ins andere nur in eine Richtung wechseln?

Es klopfte. Der Mann stand auf und ging zur Tür.

»Kommt, kommt!«, rief die Frau. »Es ist Zeit. Ihr müsst ins Bett!«

»Wer hat denn da geklopft?«, wollte der Junge wissen.

»Das ist Wasilisa.«

»Uuuhhh, Wasilisa, die schwarze Wasilisa!«, riefen die Drei und rannten aus dem Zimmer.

Und dann stand sie da, klein, gebeugt und doch aufrecht, die langen, schwarzen Haare um einen braunen Kittel, unter dem sie diesmal eine Hose trug. Immer noch der Gürtel mit den obskuren Utensilien. Dunkel zerfurcht die Haut. Sie erschien älter als Wochen zuvor, hielt aber dieselbe Spannung, sprach mit derselben Energie. Als sie erfuhr, was mit Pecko geschehen war, schoss sie einen wütenden Blick auf mich ab.

»Ich habe dir gesagt, du solltest auf sein Herz aufpassen! Warum hast du nicht auf sein Herz aufgepasst?«

»Ich habe ihm einige Male gesagt, dass er sich zu viel zumutet. Nicht nur ich, auch Jelka. Wir haben beide immer wieder versucht, ihn dazu zu bringen, Pausen zu machen, sich weniger vorzunehmen. Wirklich! Aber er hat es so gewollt.«

»Er hat es so gewollt!« Sie machte eine wegwerfende Handbewegung. »Er könnte noch leben, wenn er auf mich gehört hätte! Die Geister haben alles für ihn getan. Man darf sie nicht ärgern, das nehmen sie übel.«

Sie zeigte auf mein Hosenbein, unter dem sich der Verband abzeichnete.

»Ist das die Wunde? Lass mich mal sehen!« Ich zog die Hose aus und sie winkte mich an das andere Ende der Bank ins Licht der Lampe.

Unter dem Verband sah es schon ganz gut aus. Die Wunde nässte noch ein wenig, blutete aber nicht mehr. Ich hatte mich gefragt, ob sie genäht werden müsse. Die Alte tastete den Oberschenkel ab, und murmelte dabei emsig, leise und unverständlich. Um die Wunde herum ließ sie die runzligen Finger lange liegen.

»Nicht sehr tief.«, sagte sie dann. »Und kein Wundbrand. Glück gehabt! Wie ist denn das passiert?«

»Ist das wichtig?«

»Alte Frauen sind neugierig!« Sie grinste zahnlos und ordinär.

»Dann sollte man ihnen nicht zu viel erzählen.«

Sie gab mir einen Klaps auf´s Knie, löste von ihrem Gürtel ein Täschchen, aus dem sie ein Salbentöpfchen zog, und strich einen tranigen Balsam über die Wunde und die Umgebung. Aus zwei Mullstücken, die sie aus meinem Verband riss, formte sie zwei Röllchen, die sie links und rechts neben die Wunde legte, und wickelte dann den Rest des Verbandes so um den Schenkel, dass die beiden Röllchen die Wunde zusammendrückten. Ich dachte, dass ich auf diese Idee auch selbst hätte kommen können.

»Das bleibt jetzt so«, sagte sie, »bis zum Vollmond. Dann beginnt eine neue Zeit und dann ist die Wunde heil.«

Damit stand sie auf, nahm Jelka, die sie zuvor einige Male aufmerksam angeschaut hatte, zog sie neben mich und legte uns die Hände auf die Köpfe.

»Zwei Raben habe ich davon fliegen sehen und zwei Raben sind zurück geflogen.«

Damit war sie verschwunden.

Chisinau war keine kleine Stadt. Sie war mehr als doppelt so groß wie meine Heimatstadt. In Pecko´s Unterlagen hatte ich einen Prospekt gefunden, der Auskunft gab über Sehenswürdigkeiten, wirtschaftliche, kulturelle und politische Belange, die Einwohnerzahl und die Flächenausdehnung. Es war die letzte Station vor Avrig. Wir wollten den Gig möglichst schnell abhaken und schon am nächsten Tag weiter fahren. Irgendwie waren wir es Pecko schuldig, diesen Termin nicht platzen zu lassen. Er hatte ihn nicht abgesagt. Jelka deutete das als Auftrag. Mir ging es ähnlich, obschon eine Großstadt mit siebenhunderttausend Einwohnern nicht das war, was ich mir jetzt wünschte. Ich wusste, dass die lange Fahrt durch eine topfebene Landschaft eintönig werden musste. Und ich merkte, dass meine Stimmung litt, weil unser Streckenvorrat zur Neige ging. Vor uns lagen nicht mehr unendlich, sondern endlich viele Kilometer. Und das Ende schimmerte schon durch, ganz gleich, was wir redeten oder taten.

Ich schlief schlecht, ein Motel gefiel mir nicht, ein Gasthof war schmuddelig. Die nächste Nacht war eine Vollmondnacht. Ich musste zur Toilette, weckte Jelka auf und saß am nächsten Morgen ohne Verband aber derangiert beim Frühstück. Die Wunde war heil. Ich dachte, dass jetzt Schluss sein könne, dass wir Mühe haben würden, das Niveau zu halten. Es war so viel Bedeutungsvolles geschehen, dass alles Weitere nur zu einem Manko werden konnte. Ich bekam

Angst, Fehler zu machen, etwas von dem Wertvollen, Unwiederbringlichen, das wir erlebt hatten, kaputt zu machen. Ich wurde vorsichtig, skrupulös und übertrug dieses Gefühl auf Jelka. Zum ersten Mal wurde sie unsicher.

Erst als wir in Chisinau ankamen, flackerte noch einmal die Unternehmungslust auf. Der Reiz, sich auf eine unbekannte Herausforderung einzulassen. Ein wenig auch die verzweifelte Anstrengung, das Ende mit einem Highlight hinaus zu schieben. Wir kurvten durch Chisinau, wie wir durch Moskau geirrt waren. Alles war ähnlich, nur ein bisschen kleiner. Nicht so glanzvoll, nicht so dekadent überzeichnet. Auch das Hotel, das Pecko angekreuzt hatte, erinnerte verteufelt an Moskau. Und als der Typ an der Rezeption sagte: »Sie werden erwartet.«, und wenig später ein schlanker, etwas zu elegant gekleideter Herr um die Vierzig hereinschwebte und die Arme ausbreitete, als würde er prominente Gäste willkommen heißen, da hätte ich schwören können, es sei Victor.

»Gnädige Frau!«, sagte er mit einer tiefen Verbeugung und hauchte über Jelkas Hand einen Kuss in die Luft, »Wie angenehm, sie begrüßen zu dürfen! Und da ist er ja! Ich habe schon so viel von ihnen gehört – Pecko?«

»Ja.«

Epilog

Der Sturm wühlt in den riesigen Kronen der alten Linden. Noch immer verströmen sie eine süße Schwere, die sich duftend über die Wiesen legt. Man ist ständig ein bisschen angekifft davon.

Am Himmel wechselt metallenes Blau mit Wolkengebirgen, der Wind bewegt mit warmer Hand alles, was nicht aus Stein ist.

Die Bäume sind trutzige Riesen, Heldengestalten, die Narben und Kampfspuren tragen. Zwischen den rundgeschliffenen Findlingen stemmen sie sich in den Himmel und wuchten mächtige Kronen nach oben. Linden, Erlen, Eichen, Pappeln, Weiden bestimmen das Gesicht dieser Gegend. Alles gründet mit dicken Stämmen in der hellbraunen, fruchtbaren Erde. Darüber werfen sich Schwalben in den Wind. Weihen, Reiher, Kormorane, Milane und natürlich Kraniche wechseln sich ab. Ein unüberschaubares Völkchen von Röhricht- und Sumpfbewohnern lässt sich nicht sehen aber hören. Über dem Reetdach liegen die Seeadler mit stoischer Ruhe in der Luft und schreiben geheime Zeichen an den Himmel.

Im Turm der kleinen, tausend Jahre alten Kirche hat der Waldkauz Posten in einer Luke bezogen. Er blinzelt in einen makellosen Morgen. Die Äpfel im Garten beginnen, im Grasgrün ihrer speckigen Schale den ersten Hauch von Rot zu zeigen. Die Fischerhütten am See stehen mit den Beinen im Wasser und mit den Stegen im Schilf, geduldig, seit vielen Jahren.

Die DDR hat diesen Streifen Land und See unberührt gelassen. Zonengrenzgebiet. Keiner rein, keiner raus. Keine Industrie, keine Investitionen, keine Umbauten, keine Neubauten. Die BRD hat ihn zum Naturreservat erklärt. Vor siebenundzwanzig Jahren gab es noch Stahlnetze, die den Schaalsee in gut und böse teilten – egal, von wo man schaute. Tunnels und Geheimpfade, auf denen RAF-Größen einst in den sozialistischen Osten und wieder zurück gelangten. Es gab den gerne mal besoffenen Schaalseefischer, der regelmäßig unter Alkohol die Grenzmarken überfuhr und von den Vopos freundlich zurückgebracht wurde. Wirklich! Es gab auch verwundete und erschossene Republikflüchtlinge. Es gab so viel, was es heute nicht mehr gibt.

Den Bäumen ist das gleich. Die Vögel flogen schon damals von hier nach drüben und zurück und kannten keine Grenze. Und die Menschen teilen sich in diejenigen, die diese Gegend lieben, und die anderen, die sie schnell durchfahren, um in ihr Hotel auf Rügen zu gelangen. Ich gehöre zu denen, die sie lieben.

Gestern war ich beim Ziegenbauern und habe Käse gekauft. Da gibt es ein ehemaliges, winziges Spritzenhaus der freiwilligen Feuerwehr, in dem heute ein Kino ist. Alle paar Wochen wird ein Film gezeigt. Man sitzt auf einem Sammelsurium von ausrangierten Stühlen. Immer ausverkauft.

In einem Bauwagen daneben ist eine winzige Ferienwohnung. Hühner laufen überall herum, Ziegen klettern auf Leiterwagen und Hochbeete. In einer alten Schreinerei hat ein Bildhauer ein Atelier eröffnet.

Ich fahre gern mit dem Fahrrad nach Zarrentin. Dort ist der nächste Bäcker. Wenn ich schnell fahre, bin ich in etwas mehr als einer Stunde zurück. Aber ich bummle meist.

Wenn ich über die Wiese schaue, kann ich den Giebel vom

»Eulennest« sehen, einem Haus, das zu DDR–Zeiten geteilt war. Garten geteilt, Eingang geteilt, Treppenhaus geteilt, Dachboden geteilt. Kann man heute noch sehen. Darin gibt es eine kleine Bilbliothek. Moni, die Journalistin, hat sie zusammen getragen.

Dahinter verläuft der Weg zum Kranichkieker, einer Aussichtsplattform. Da sammeln sich im Herbst die Kraniche zum Flug in den Süden. Die ganze Senke ist dann voll von ihnen. Jetzt kann man sie in kleinen Gruppen oder als Pärchen auf den Feldern beobachten. Ich habe ein Fernglas und sitze manchmal stundenlang auf einem Steg am Neukirchner See oder auf dem Friedhof an der alten Kirche und schaue.

Zeit spielt für mich kaum eine Rolle. Ich habe mich entschieden, Zeit zu haben, was immer ich tue.

Überhaupt ist mein Leben gelassen und genussvoll geworden. Am Anfang war es nicht leicht. Die Leute hier möchten nicht, dass Wessi´s zuziehen. Es gibt zu viele reiche Hamburger, die den schnellen Euro machen wollen. Aufkaufen, sanieren, was Nobles draus machen, teuer verkaufen, Leerstand und Bauruine. Das will hier niemand. Deshalb wird man kritisch beäugt, wenn man sich niederlassen will.

Es muss schon passen, auch für einen selbst.

Da ist Ines, die ein altes Schulhaus bewohnt, die »Elfenschule«. Mit ihr kann man den schmalen Pfad am See entlang wandern. Und wenn die Luft kalt und das Wasser noch warm ist, steigen Nebelfetzen auf. Sie schwört, dass es Elfen sind, die über´s Wasser und über die Wiesen huschen. Wer dafür keine Augen hat, gehört hier nicht hin.

Oder Adelaidem, die singt und auf einer »Hang« spielt: sphärische Klänge, die wie Luftgeister aus ihrem Haus dringen und die alte Kirche umspielen. Einmal im Monat lädt sie Musiker in ihr Wohnzimmer ein. Singer-songwriter, Blueser,

Fingerstile- Gitarristen. Oder die Kulturscheune, wo man mit Papier experimentiert, das Café »Alte Schule«, in dem es Kuchen gibt wie nirgends sonst auf der Welt.

Es ist nicht gleichgültig, wo man lebt. Glück hat nicht überall die gleichen Chancen.

Es gibt Leben, das hier angeht und gedeiht, besser als irgendwo sonst. Aber es muss erfahrenes, erprobtes Leben sein. Man muss eine Robustheit mitbringen und einen Willen und eine Kraft, man muss sich selbst kennen und mögen, dann hat man eine Chance.

So wie die kleine Schneiderei, die neben der Schreinerwerkstatt eröffnet wurde. Ein buntes Lädchen, aus dem es abends schimmert und in dem Frauen lernen, wie man Kleider entwirft und näht, die Ausdruck für ihre jeweilige Gefühlslage sind. Es gibt nur Unikate und die Frauen verlassen das Häuschen mit dem polierten Messingschild »Fadenschein« in dem Gefühl ihrer Einmaligkeit und Kostbarkeit. Sie hat sich eingewurzelt hier, die Schneiderin, obwohl man sie anfänglich misstrauisch beäugte, die auffällige Person, schön, alterslos, weise. Frauen beobachteten ihre Männer, ob sie ihr nachschauten oder nicht. Dann erste neugierige Blicke durch´s Fenster. Scheue Versuche, Kontakt aufzunehmen, wie vorsichtiges Tasten auf knisterndem Eis. Und dann beim Nähen und Anprobieren die Entdeckung der eigenen Weiblichkeit, der Freude, sich unverwechselbar und wertvoll zu fühlen. Tatsächlich, so etwas gibt es hier.

Und es gibt noch mehr. Seit einiger Zeit improvisiere ich mit einem genialen Schlagzeuger, einem knorzigen Typen, der nach einem Schlaganfall langsam wieder zur alten Form findet. Dazu stieß ein Gitarrist, der eigentlich Schriftsteller und Cartoon-Zeichner ist. Er hat sich dem Grotesken verschrieben, schreibt und zeichnet, was nur wenige verstehen, spielt wild und virtuos.

Und ich bin lebendig, lese, schreibe, komponiere, improvisiere, bin mittendrin.

Ich denke oft an Pecko. Dieser Sommer ist so großzügig, so freigebig, dass er mich an Tuwa erinnert und Moskau und Avrig. Wenn es auf seinen Todestag zugeht, öffnet sich in mir ein Album mit all den Bildern. Jedes Jahr ist das so. Dann sitze ich im Garten, wenn es nicht regnet, und nehme mir Zeit. Ich bin nur einer von vielen, die sein Erbe angetreten haben, und habe nur ein kleines bisschen davon abbekommen. Aber schmälert das die Bedeutung? Ohne ihn wären meine vielen Befreiungsversuche vergeblich geblieben. Ohne ihn lebte ich jetzt vermutlich in einem Reihenhaus mit Satellitenschüssel und Garage. Es ist ein Glück und eine Kostbarkeit, solch einem Menschen zu begegnen.

Die Krähen auf dem Dach sind meine Freunde geworden. Rabenvögel. Auf meinem Schreibtisch liegt seit damals ein Kuvert mit einer kleinen, schwarzen Feder und die Narbe auf dem Oberschenkel ist ein kurzer, heller Strich. Ein unauslöschliches Ausrufezeichen.

Ich weiß nicht – wachsen die Ideen aus der Wirklichkeit? Wenn ich mich umschaue, dann denke ich, ja. Aber dann wieder bin ich vom Gegenteil überzeugt: Die Ideen schaffen die Wirklichkeit.

Jetzt zum Beispiel, während ich hier im Garten sitze und Tee trinke.

Die Terrassentür öffnet sich und Jelka tritt heraus, in Pluderhosen, eine rote Schärpe um die Hüften. In ihren schwarzen Zöpfen erste Silberfäden. Das inzwischen fadenscheinige Käppchen ist von Avrig bis Sibirien und wieder zurück und bis hierher dasselbe geblieben. Auf ihrer Weste glitzern tausend kleine Perlen.

Und ihr Lächeln und das Augenzwinkern

Heiner Bontrup & Dieter E. Fränzel
Die Ernst Höllerhagen-Story
Wiederentdeckung einer Swinglegende
Ein Jazz-Musiker zwischen Nationalsozialismus
und Wirtschaftswunder
Mit Diskographie (1934-1955)
Paperback, 184 Seiten, 85 Abbildungen
Euro 15,00 [D]
ISBN: 978-3-935421-42-3

Eines der großen und zu Unrecht vergessenen Ausnahmetalente des deutschen Jazz wurde 1912 geboren. Die Lebensgeschichte des großartigen Klarinettisten und Saxophonisten haben der Wuppertaler Jazzexperte E. Dieter Fränzel & Heiner Bontrup rekonstruiert, Zeitzeugen interviewt, in Archiven geforscht und legen nun das Ergebnis ihrer Arbeit in Form einer Monographie vor.

Der Name Ernst Höllerhagen ist in der Musikgeschichte weitgehend in Vergessenheit geraten, obwohl er zur Zeit der Swingära für die europäische Jazzwelt einen sehr guten Klang hatte.
In Wuppertal-Barmen 1912 geboren, steht er schon als 13-jähriger Junge als Kinomusiker auf der Bühne, mit 20 Jahren wird er bereits zum besten Saxophonisten Deutschlands gekürt.

Während der 30er Jahre spielt Höllerhagen bei den besten deutschen Swing-Orchestern in den legendären Amüsiertempeln des »Swinging Ballroom Berlin«. Als der Krieg beginnt und der Jazz von den Nazis zur entarteten Musik erklärt wird, verlässt er Deutschland und geht in die Schweiz ins Exil. Dort trifft er Hazy Osterwald und spielt in dessen Showband. In den Wirtschaftswunderjahren führen Gastspielreisen Höllerhagen kreuz und quer durch Europa. Von der internationalen Jazz-Kritik wird er als »europäischer Benny Goodman« gelobt.

Das Berührende an der Biographie Höllerhagens ist, dass er sich und der Liebe zu seiner Musik in den entscheidenden Augenblicken seines Lebens treu geblieben ist. Davon erzählt dieses Musikerportrait – und vom Jazz und Swing in den verrückten Zeiten der ersten Hälfte des vorigen Jahrhunderts.